高能政务

政务新媒体高效运营指南

申琦 赵鹿鸣 著

中信出版集团 | 北京

图书在版编目（CIP）数据

高能政务：政务新媒体高效运营指南 / 申琦，赵鹿鸣著. -- 北京：中信出版社，2020.4
ISBN 978-7-5217-1492-0

Ⅰ. ①高… Ⅱ. ①申… ②赵… Ⅲ. ①电子政务－研究－中国 Ⅳ. ①D63-39

中国版本图书馆CIP数据核字(2020)第024193号

高能政务——政务新媒体高效运营指南

著　　者：申　琦　赵鹿鸣
出版发行：中信出版集团股份有限公司
（北京市朝阳区惠新东街甲4号富盛大厦2座　邮编　100029）
承 印 者：三河市中晟雅豪印务有限公司

开　　本：787mm×1092mm　1/16　印　　张：21.75　字　　数：230千字
版　　次：2020年4月第1版　印　　次：2020年4月第1次印刷
广告经营许可证：京朝工商广字第8087号
书　　号：ISBN 978-7-5217-1492-0
定　　价：60.00元

服务热线：400-600-8099
投稿邮箱：author@citicpub.com

前 言

政务新媒体是一个新概念，但怎样和老百姓打交道一直是执政者面临的老课题。尤其是，面临突发事件和重大舆情时，谣言怎样遏制、舆论怎样引导？政府与群众如何良性沟通？政务新媒体是一门必修课。

近几年，我们一直在向政府领导干部和政务新媒体从业人员讲授政务新媒体运营，也一直在寻找一个好的切入点来写一本系统介绍怎样做好政务新媒体的书。

2018年，国务院出台了《关于推进政务新媒体健康有序发展的意见》，并发布了《政府网站与政务新媒体检查指标》和《政府网站与政务新媒体监管工作年度考核指标》，首次将政务新媒体纳入量化考核。国家大力推进政务新媒体工作，建设人民满意的“指尖上的网上政府”，这也是我们一直在思考研究的内容，也更让我们下定决心撰写本书。

通过这些年的教学，针对学员关心的问题和心中的困惑，以及我们了解到的各级政府部门在运营新媒体过程中遇到的问题，我们结合专业知识将政务新媒体运营的方法总结成《高能政务——政务新媒体高效运营指南》一书。

习近平总书记说：“网民来自老百姓，老百姓上了网，民意也就上了网。群众在哪儿，我们的领导干部就要到哪儿去。”① 政务新媒体本质上解决的是政府和老百姓打交道的问题，只不过现在“老百姓上了网”，因此我们要采用新的媒介技术 “到群众中去”。

近年来，政务新媒体蓬勃发展，在推进政务公开、提供政务服务、凝聚社会共识和创新社会治理等方面发挥了很大的作用。但是，我们也要清醒地看到，政务新媒体在发展中出现了如账号定位与运行设计不清晰、内容策划与设置不合理、信息审核与发布不严谨等诸多问题，导致“僵尸睡眠账号” “雷人雷语” “不互动无服务”等现象频出。各地相继披露的抽查结果显示，政务新媒体的合格率整体偏低。

我们深知“知易行难”，不少政务新媒体运营者面临着“道理我都懂，就是不知道该怎么做”的问题。因此，本书将侧重实务，通过理论阐释、案例解读、实操教学与线上社群学习相结合的方式，从政务新媒体的平台运营、舆情治理、数据新闻创作、短视频生产和智能化发展等重要议题入手，为我们的领导干部、政务新媒体管理者和一线从业者，以及有志于从事政务新媒体运营的朋友提供前沿、实用、易懂的理论与操作方法。

我们认为，一个好的政务新媒体可以从信息发布、政民互动和用户需求三个框架出发明确自己的定位，在明确了自身账号属性的基础上，进行团队组建培育、内容策划设置和信息审核发布，进而响应公众诉求，监测并处理舆情事件。成熟稳定的运营能力是政务新媒体立足的根基，高质量的内容生产则是政务新媒体获得人民群众认可的核心竞争力。随着互联网技术的发展，媒体格局、舆论生态、传播对象、传播技术都在发生着深刻的变化，推动新旧媒体融合向纵深发展。

在本书中，我们将重点介绍数据新闻、H5（第五代超文本标记语言）页面和视频三个内容的生产方向，为政务新媒体从业者解决好“本领恐慌”

① 新华社，《习近平总书记在网络安全和信息化工作座谈会上的讲话》。网址为 http://www.cac.gov.cn/2016-04/25/c_1118731366.htm。

的问题，使大家真正成为运用现代传媒手段讲述中国故事的行家里手。

数据新闻用简单易懂的图表讲故事，这可以改变传统“讲官话”的宣传模式，让信息更贴近群众。在数据新闻生产部分，我们从选题策划、数据收集、数据分析和数据可视化等环节出发，帮助大家深入理解数据新闻，掌握政务新媒体的数据新闻生产能力。

H5 页面的多媒体融合性强，能够增强信息传播的吸引力和感染力。在这一部分，我们从 H5 页面的策划、制作、优化和分发等环节入手，介绍适合政务新媒体的页面类型，盘点制作方法与优化技巧并解读优秀案例，以供读者学习演练。

视频表意空间丰富、互动性强，能让受众实现“在场感知”。我们将重点关注微博、抖音和快手平台，并分为政务直播和政务短视频两个部分介绍视频生产。在直播内容的生产部分，本书将分析不同直播平台和直播工具的特点，帮助读者选取合适的直播平台，并介绍直播类型选择和运营优化的方法。在短视频内容的生产部分，本书将着重讲解短视频在策划、制作、宣传方面的基础知识和实用技巧，助力政务新媒体占领短视频这一新兴舆论阵地。

智能化是政务新媒体未来发展的关键词。本书还将整合前沿案例，解读政务新媒体在信息采集、生产、分发、接收和反馈等环节中的智能化趋势，引荐数据化思维，分析用户行为和信息传播效果，将“智慧政务”渗透到政务新媒体中，为政务新媒体从业者应对人工智能浪潮奠定知识基础。

政务新媒体方兴未艾，我们希望本书能够增强各级领导干部对政务新媒体的理解，为我国政务新媒体从业人员提供借鉴。我们只有真正领悟了政务新媒体的运营精髓，再结合各地区、各部门的具体情况，对内容精益求精，才有可能打造出人民群众喜闻乐见且具有影响力的高效政务新媒体。

本书能顺利出版离不开很多人的帮助。我们要感谢中信出版集团财经优品团队为本书的出版发行所付出的巨大努力。同时，感谢申春翔、邱艺、王川、王璐瑜、张文毅、沈睿、张珊和闫玲玲等人对本书做出的贡献。

当然，关于政务新媒体的解读，本书难免还有诸多不足和遗憾，希望读者朋友多多指正。本书提到的第三方平台和工具仅供参考，不代表任何倾向性。

未来，我们还将密切跟踪政务新媒体的发展趋势，提供更优质的理论和实务成果。同时，我们也会通过公众号建立线上学习社群，欢迎各位朋友参与其中。

目 录

第一章

政务新媒体的平台运营

根据2018年12月27日国务院办公厅印发的《关于推进政务新媒体健康有序发展的意见》，政务新媒体是指各级行政机关、承担行政职能的事业单位及其内设机构在微博与微信等第三方平台上开设的政务账号或应用，以及自行开发建设的移动客户端等。

政务新媒体是移动互联网时代党和政府联系群众、服务群众、凝聚群众的重要渠道，是加快转变政府职能和建设服务型政府的重要手段，是引导网上舆论、构建清朗网络空间的重要阵地，也是政府机构探索社会治理新模式和提高社会治理能力的重要途径。

为了实现上述功能，政务新媒体从业者需要熟悉各类平台的日常运营规律和原则，熟练掌握平台运营的方法，清楚平台的主要功能，并且科学、有效地与第三方服务平台展开合作。

因此，本章将基于对当前政务新媒体"两微一端一视频"平台发展现状的梳理，重点讲解政务新媒体运营的基本原则与方法，以及它们如何实现"畅通渠道，及时反馈群众诉求""精准研判社情民意"等功能。

第一节　主要平台的发展现状

作为我国最重要的两大社交应用[①]，微信和微博长期以来都对政务新媒体给予了积极的技术支持，加上政务机构自研的手机客户端（App），这三者组成了政务新媒体最主要的宣传矩阵。

近年来，伴随着短视频的加入和勃兴，"两微一端一视频"逐渐成为各地政务信息发布、舆论引导以及政民互动的重要平台，在政务新媒体日常工作中发挥着重要作用。在新时期深入了解"两微一端一视频"的定位、功能与运营逻辑，并对它们进行更前沿、更务实的阐释，对政务新媒体的管理者与从业者而言十分重要。

一、两微一端

（一）政务微博

政务微博是指通过微博认证的全国各类党政机构的官方微博。自2009年湖南省桃源县县政府开设官方微博"桃源网"以来，政务微博已有10多年的发展历史。作为公共话语空间中最受关注的政务新媒体形式，政务微博在政策解读、信息服务和舆情回应等领域都发挥了重要作用。

截至2018年6月，经过新浪平台认证的政务微博账号达到137 677个，其中以政府为主体开设的政务微博有89 832个。具体分布信息如表1-1所示。

① 中国互联网络信息中心，第42次《中国互联网络发展状况统计报告》。网址为http://www.cnnic.net.cn/hlwfzyj/hlwxzbg/hlwtjbg/201808/t20180820_70488.htm。

表 1-1　政务微博的分类构成

一级分类	总数（个）	占比（%）	二级分类	总数（个）
政府	89 832	65.2	公安	19 476
			外宣	11 053
			基层组织	8 030
			卫计	5 002
			司法行政	3 684
			交通运输	2 898
			旅游机构	2 892
社会团体	34 141	24.8	团委	30 833
党委	5 340	3.9	—	—
检察院	3 725	2.7	—	—
法院	3 596	2.6	—	—

资料来源：中国互联网络信息中心第 42 次《中国互联网络发展状况统计报告》（2018 年 8 月）。

因此可见，政务微博的分布领域较为广泛。在二级分类中，公安最多，接下来依次为外宣、基层组织、卫计、司法行政、交通运输及旅游机构等。这些账号多由县处级以下的行政单位负责运营，它们借此完善地方政务信息的线上工作。具体信息如表 1-2 所示。

表 1-2　政务微博中各行政级别的机构分布

行政级别	微博数量（个）
省部级	172
厅局级	2 623
县处级	14 036
县处级以下	120 846

资料来源：中国互联网络信息中心第 42 次《中国互联网络发展状况统计报告》（2018 年 8 月）。

地方政务微博占比增多与社会治理重心下移的趋势并行。在县级融媒体中心的建设进程中，地方政府利用新媒体平台进行政务公开和社会治理的能力也在提升。

然而，当各领域、各级别的政务微博接连设立时，相关问题也开始涌现，比如积患已久的“僵尸账号”问题——账号长期处于无人更新、无人回应的状态，也就是国务院办公厅《关于推进政务新媒体健康有序发展的意见》中指出的“僵尸”“睡眠”“不互动无服务”的现象。

2018年4月，国务院办公厅印发的《2018年政务公开工作要点》首次提出要对低质量、不更新的政务新媒体实行“关停整合”。这意味着政务微博不能只关注开设与否，或者开设多少的问题，更应该重视怎样运营的问题。

此外，一些政务微博还存在自说自话、不负责任的现象——发布的信息内容生硬老套、官腔十足，一旦出现负面舆情，只会采取删除微博、关掉评论等“掩耳盗铃”的应对方式。因此，政务新媒体如何在现阶段更好地做到精准定位、沟通政民、贴合民意，从而实现服务效能的综合提升，成为管理者和从业者都需要掌握的能力之一。

（二）政务微信

政务微信是指党政机构以微信公众号为运营载体，向订阅者提供信息服务的平台。如果说微博是具备社交功能的媒体工具，强调弱关系下的信息分享，那么微信则是具备媒体功能的社交工具，专注强关系下的交流沟通。从这个角度来看，政务微信更像是密布在人际网络中的“毛细血管”，在社会治理中发挥着更深远的作用。上至中央下至乡镇，政务微信为完成政民互通构建了多层次的服务体系。

自2015年以来，腾讯没有再公布政务微信账号的开设量，但我们依然可以从政务微信的人均关注数量上管窥其普及性。2019年1月17日腾讯公布的数据显示，政务及媒体类公众号的关注量已达35亿人次，平均每个微信用户会关注2.3个政务微信和1个媒体微信，[①] 这也从侧面反

① 中国新闻网，《微信去年共拦截谣言8.4万多条，这几个都是谣言》。网址为：http://ip.people.com.cn/n1/2019/0121/c179663-30580121.html。

映了政务微信的数量众多。

得益于微信公众平台开放的技术设计，政务微信除了能够完成政策发布、解读和舆情回应等传统任务外,还可以通过技术开发拓展功能应用。比如，通过小程序或内嵌网页的方式，政务微信可以成为一个“办事大厅”，具备在线办理、查询和预约业务等多种功能。此外，不同于政务微博“公告板”式的信息发布方式,政务微信的信息发布更封闭、更精准,信息传达效率更高。

政务微博与政务微信在定位和功能上的比较如表 1-3 所示。

表 1-3　政务微博与政务微信的比较

项　目	政务微博	政务微信
传播特点	侧重点对面的传播	侧重点对点的传播
更新速度	不断更新，下沉速度快	发布频率受限，内容稳定
自身定位	立足本地，面向全国	地区化，本土化
服务事项	公共事务的申诉、反馈	在技术支持的情况下可获得个性化服务
互动方式	可评论、可回复，内容公开	可评论、可回复，亦可以进行一对一交流
平台特点	“公告板”，适用公共议题的讨论	“办事厅”，适用个人政务事项的办理

不过，随着微博、微信两个平台的建设日趋完善，政务微博与政务微信在功能上的边界将会淡化。比如，微博承诺将会在提升政务处理效率方面给予更多技术支持，而微信也会进一步开放连接能力，助力政府机构内外部信息的有效流转。因此，在充分理解运营差异的基础上，政务新媒体从业者还要尽可能掌握它们共同的信息传播规律和技巧。

与政务微博相似，当前，大量政务微信也存在更新缓慢、质量不高和缺乏服务等“老问题”。特别是，一些细分领域以及面向县级以下地区的政务微信还因缺乏宣传资源和用户资源而陷入了进退两难的境地，由此引发了群众对其服务职能和定位的质疑。

这些问题大多会被归因为人的局限。改变缺理念、缺技术和缺资金的不利条件，实现高质量的政务新媒体运营，应当成为地方政务新媒体从业者的第一要务。

（三）政务客户端

“两微一端”中的“一端”指的是提供政务服务的手机客户端（简称政务客户端）。与政务微信和政务微博相比，政务客户端强调内容与服务并重，更突出“功能性”——既提供新闻信息，又整合了政策法规、办事预约和生活指南等功能。

随着各省市电子政务系统的共享和融媒体中心建设的推进，政务客户端多数与当地政府部门的门户网站、服务热线整合，以栏目或频道的形式呈现内容或提供服务。

截至 2018 年 8 月，全国政务客户端共计 2 393 个。[①] 这一数量远低于政务微博与政务微信，最直接的原因在于，政务客户端需要专业的技术开发与维护，时间与资金投入远高于注册账号即可开通的微信与微博。因此，除了极个别政务客户端成为主流之外，大部分政务客户端并没有发挥实质作用，甚至与政务微信和政务微博一样出现了久未更新的“僵尸”现象。

近年来，政务客户端与门户网站一样，在政务新媒体矩阵中的价值不断下降，呈现出边缘化的趋势。有声音认为这是客户端本身的局限所致——在用户手机容量有限的情况下，使用频次较低的政务客户端难免被用户卸载。同时，政务微信和政务微博对办事、查询功能的持续开发，也让政务客户端原本专长的功能性变得十分“鸡肋”。毕竟，对用户而言，下载一个软件远不如在每天都使用的微信、微博中直接操作来得方便。

上述解释有一定的合理性，但是并没有指出政务客户端发展面临困局的实质，也轻视了政务客户端在政务微博与政务微信之外的独特作用。

---

① 新民网、上海交通大学，《中国政务新媒体发展白皮书》。网址为 http://edu.eastday.com/node2/jypd/n5/20190117/u1ai20091.html。

作为一种独立的应用程序，推广政务客户端可以让开发团队对用户的行为数据进行分析，从而判断人们的使用习惯和需求，进而改进政务新媒体的内容生产与服务。

更为重要的是，如果完全依赖微信与微博这两个第三方平台，政府机构的宣传和服务工作就会失去一定的主体性，从而陷入“既无详细数据也无发言权”的被动局面。因此，政务客户端未来发展的关键词理应是“聚焦”和“定位”。

各级政府政务客户端的运营应以关注和改善民生为重点，提供“接地气”的服务，避免一拥而上，从而共同打造一个具有本地特色、统一的政务客户端，并最终获得用户的认可和依赖。同时，政务客户端要培养“产品”意识，引入“用户体验”的前沿思想，以获得关于用户态度、情感和行为等的原生数据。而这些数据将帮助政务新媒体从业者更好地打通“两微一端”的平台运营并为其提供珍贵的养分。

二、短视频

短视频这一提法出现在微视频之后，通常是指时长在 1 分钟甚至 30 秒之内的视频内容。而微视频则可以在多种网络平台中出现，20 分钟以内的网络视频通常都被称为微视频。

当前，由短视频衍生出的社交媒体平台用户黏度高、传播力强，逐渐成为政务新媒体宣传的利器，如抖音、快手和 Vlog（视频微博）等。与政务微信、政务微博以图片、文字为主的内容相比，短视频短小精悍、直奔重点，符合人们在碎片化、移动环境下的阅读需求，因此能够在短时间内积累大量用户。

以抖音、快手两大网民集聚的新平台为例：截至 2018 年 12 月，快手每日活跃用户量达到 1.6 亿；同一时期，抖音的每日活跃用户量突破 2

亿。[①]截至2018年9月11日，全国已有2 795家党政机构入驻抖音平台，开通了政务抖音号。其中，公安系统的抖音账号运营可圈可点。比如，作为首家入驻抖音的网警账号，江苏省公安厅网络安全保卫总队的官方账号“江苏网警”目前已经发布短视频138条，累计播放近4.5亿次，收获超过2 100万用户的点赞，累计评论70余万条，被分享超过60万次。[②]

“一次制作，多次发布”是当前多数政务短视频运营的主要方式。考虑到抖音和快手两个平台的内容呈现方式、运营规律基本一致，大部分政务新媒体团队都会将同一个视频在这两个平台乃至更多平台上各发布一次。同时，它们会根据视频流量的情况，在政务微博与政务微信上更新、推广。这既减轻了政务新媒体从业者的工作量，又扩大了信息的覆盖人群。

当前，如何把握视频生产的内容是政务短视频运营面临的难题。视频拍摄和处理是一个完整的媒体业务，政务新媒体从业者如果缺乏相关实践经验，很容易出现“吃力不讨好”的情况。与微信、微博相比，抖音、快手所代表的短视频对娱乐性尤为看重，而这点本身与政务宣传强调的正面性、主流化相悖。

因此，如何用恰当的传播方式与手段“软化”宣传诉求，策划、创作群众喜闻乐见的视频内容，改变人们对政府机构的刻板印象，是当前“两微一端一视频”协同发展格局下的新要求。

需要注意的是，除了短视频外，其他形式的政务新媒体也不少见。比如，入驻音频产品的账号被称为“政务音频号”，入驻今日头条客户端的账号被称为“政务头条号”。不过，这些新兴平台要么与微信、微博的运营方式类似，要么只是对互联网的经典产品进行了部分创新，我们很难判断其是否可以获得公众长期的认可，故在此不予详述。

① 中国经济网，《QuestMobile：抖音快手双巨头并进，短视频时长全面超越在线视频》。网址为http://tech.ce.cn/news/201901/25/t20190125_31360301.shtml。

② 新华网，《警民互动进入短视频时代》。网址为http://www.xinhuanet.com/tech/2018-09/17/c_1123438796.htm。

那么，如何在不同平台中把握好政务新媒体运营的重点和趋势呢？我们认为：首先，集中力量优先发展政务微博与政务微信，将其视为社会治理的基础设施；其次，有条件的机构及其运营团队，可以在各级融媒体中心的建设进程中侧重发展政务客户端，增强用户黏性，掌握用户行为，为政务新媒体矩阵的整体运营持续提供优化意见；最后，密切关注以抖音、快手为代表的短视频平台，适时切入，建设图文与视频联动的政务新媒体内容生产线，从而高质量、高效率地提供服务。

第二节　平台运营的原则与方法

良好的平台运营能力是政务新媒体从业者进行内容制作的前提。因此，政务新媒体管理者和从业者要充分了解“两微一端一视频”等平台账号的定位设计、内容审核、信息发布、宣传推广等各个流程。

本节将重点从政务新媒体的账号定位与顶层设计、从业者要求与业绩考核、栏目设置与内容来源、信息审核与发布及如何提高活跃度五个方面展开讨论。

一、账号定位与顶层设计

国务院办公厅出台的《关于推进政务新媒体健康有序发展的意见》明确指出，部分政务新媒体存在“功能定位不清晰”的问题，具体表现为部分账号发布的内容要么包罗万象，要么无关紧要，整体原创性较低，服务性较差。

这与部分地方政府一拥而上兴办政务新媒体，只重数量不重质量不无关系。更为重要的是，一些政府机构在设置新媒体账号之初，实际上并不清楚自己想要干什么，面对的人群是谁，想要达到什么目标，以至政务新媒体沦为网络内容的“搬运工”，缺少特色，无法发挥其应有的作用。

账号定位是政务新媒体运营必不可少的一个环节，需要依次在三种框架中进行。

第一种是信息发布。信息发布是政务新媒体的基础功能。每个账号在开通时都要思考两个问题：账号将主要发布什么信息？与其他政务账号提供的信息有什么不同？如果其他账号已经提供了相似的信息服务，且群众并不能很好地区分这些账号之间的差别，这就说明此类政务账号的定位不清晰或者说有重复性建设之嫌，需要清理、整合。

第二种是政民互动。政务新媒体之所以“新”，是因为它具备传统媒体所不具备的双向互动能力。因此，除信息发布之外，政务新媒体还需要从政民互动的视角出发找到自己的定位。也就是说，我们要考虑在自身的职能范围内如何利用账号搭建与群众交流的平台，专注哪些领域为群众答疑解惑、收集反馈意见和建议，以及如何针对性地展开服务。只有通过互动，政务新媒体才能够充分了解群众、联系群众和凝聚群众，成为社会舆论的“压舱石”和“稳定器”，发挥社会治理的能力。

第三种是用户需求。用户需求是做好信息发布和政民互动的隐含条件，是提高政务新媒体服务能力的高层次追求。政务新媒体的平台运营不能自说自话、自娱自乐，而要结合自身职能框定服务范围，树立用户意识和受众意识，站在群众的角度思考问题。只有提供了群众普遍关心的信息，才能让大家认为“关注这个账号是有用的”，从而提高政务账号的美誉度和影响力，找到平台运营的落脚点。

（一）综合类账号

综合类账号是指各级人民政府代表整个辖区开设并管理的账号。例如，“上海发布”“北京发布”等综合类账号在政务新媒体矩阵中起着表率和统领作用。这类账号是本地居民及外界了解本区域的直接窗口，是各级人民政府面向互联网发布重要信息的主要通道。

综合类账号的定位，应该包含两个方面。

第一个方面是做好信息发布，关键词是“权威”。信息服务分为对内、对外两个部分：对内做好政法、财经和民生等议题的信息公开，侧重发布本地居民普遍关心的信息；对外回应重大突发事件，作为权威发声平台引导舆论。同时，综合类账号要结合本区域的发展特色，做好常规宣传工作，比如，联动微博、微信与短视频平台发布推广旅游、特产和节日活动等多样化信息，运维本区域的良好形象，增进外界对本区域的了解。

第二个方面是做好政民互动，关键词是“统筹”。综合类账号可以在较显眼的位置预置查询链接或查询平台，提供基础的咨询服务。同时，面对分众化、个性化的咨询问题以及意见投诉，综合类账号要发挥好“集散中心”的统筹功能，将具体问题划归至服务类账号协调解决，或者直接联系线下部门解决公众诉求。

综合类账号的运行设计如图 1-1 所示。

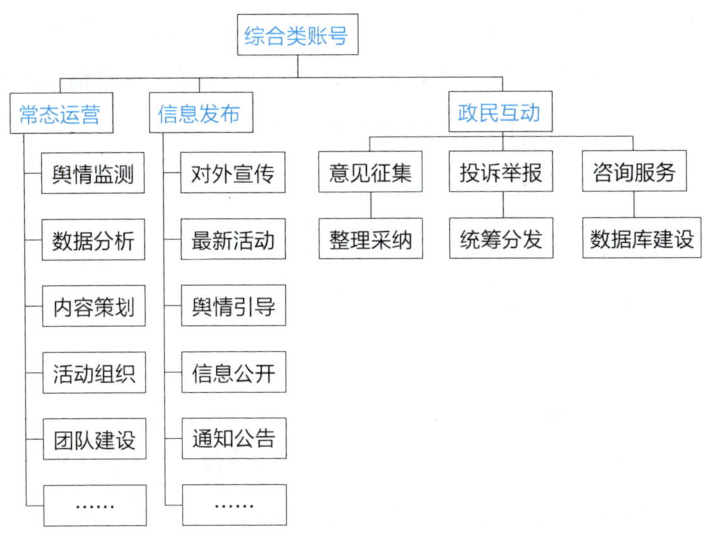

图 1-1　综合类政务新媒体账号的运行设计参考

（二）服务类账号

服务类账号是指辖区内事业单位、职能部门开设管理的账号，包括公安、卫生、医疗、教育、气象等，是政务新媒体矩阵中的主干。这类账号的运营重点需要落到实务层面，即如何切实服务群众并提高服务水平，而不是过多生产不痛不痒、自娱自乐的宣传内容。

服务类账号定位的关键词是“专注”，即专注于本单位的职能范围，发布具有专业性的政务和民生信息，而不是为了追求互动数量和更新频率，发布与自身领域不相关的内容。同时，服务类账号也要避免发布过多带有自我褒扬性的信息，以免产生相反的宣传效果。在政民互动方面，服务类账号要做到及时响应和有始有终。

服务类账号涉及的领域通常与群众生活息息相关。因此，面对本地居民的咨询、意见或投诉时，政务新媒体工作人员需要将服务类账号与综合类账号做好配合，及时处理，打通“收到反馈—快速回应—完整解决”的服务链条。

除了常规化的微博和微信运营，服务类账号的另一个运营重点是短视频。短视频不只是娱乐的平台，也是记录、展示机构和个人日常生活与工作的一个重要载体和讨论空间。常规的、看似枯燥的政务素材可以经过策划和设计，以轻松有趣的方式让群众了解。但同样需要注意，我们应恪守职能边界，避免因为内容过于冗杂而出现定位模糊的情况。

服务类账号的运行设计如图 1-2 所示。

（三）协调类账号

协调类账号是指党委、人大、政协以及各类社会组织开设并管理的账号，它们是政务新媒体矩阵的重要组成部分。这类账号的运营重点是与公众互动并协调政府建立良性的社会互动网络。

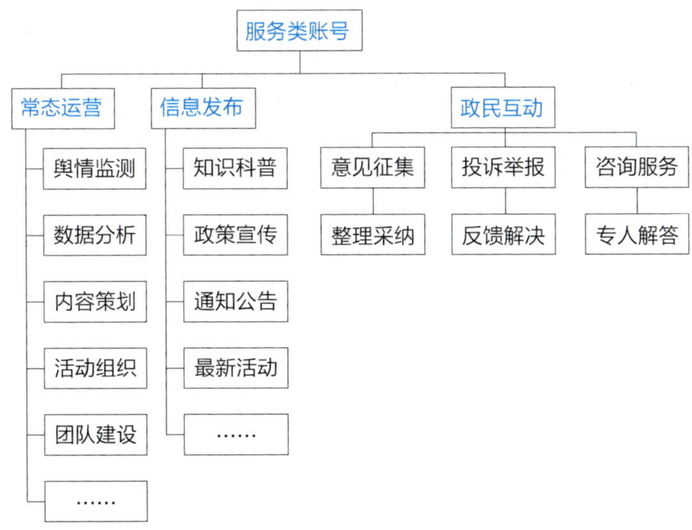

图 1-2　服务类政务新媒体账号的运行设计参考

协调类账号鼓励群众参与社会治理，主动收集他们的咨询、意见并代表人民群众对政府机构的工作提出建议，从而行使好监督政府的功能。在信息发布上，协调类账号一方面配合综合类账号、服务类账号的工作，接力发布重要的政务信息，以扩大传播；另一方面利用图文视频发布群众普遍关心的信息，做好科普与解读工作。

协调类账号的运行设计如图 1-3 所示。

二、从业者要求与业绩考核

政务新媒体从业者并非一个稳定的职业概念，但账号运营却是一个长期且力求严谨的工作。这使政务部门的宣传工作发生了一些变化——有条件的机构会聘请或成立专门的团队负责运营政务新媒体。对于中小型机构的账号运营，机构如果无法做到专人专职，就需要从业者具备团队合作意识，不断学习并逐渐形成自己的特色。

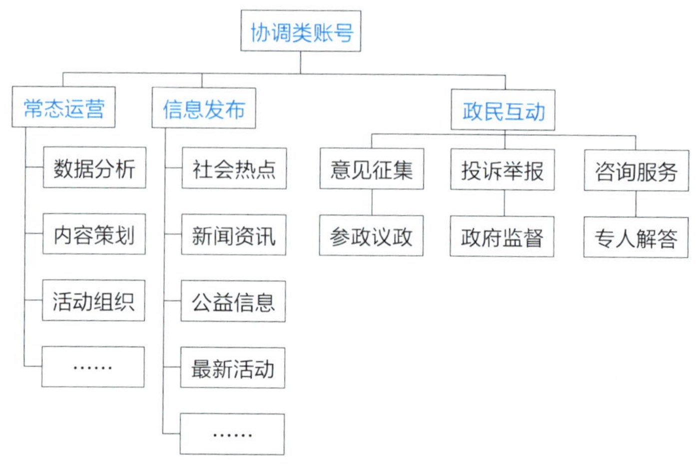

图 1-3 协调类政务新媒体账号的运行设计参考

（一）从业要求

具体来看，政务新媒体从业者在开展工作时，应满足的素质要求如表 1-4 所示。

表 1-4 政务新媒体从业者的素质要求

类别	要求
政治素养	掌握较高的政策理论水平
	有较高的政治敏感度，有全局意识
	具备为人民服务的精神
专业素养	熟知互联网法律与文化
	有较好的文字应用能力
	对舆情敏感，有一定的舆情分析能力
性格与价值观	善于沟通，有亲和力
	遇事沉着冷静，不感情用事
	有责任心，做事靠谱
技术要求	具有较好的新媒体采编能力
	掌握一定的新媒体技术
	对新媒体的前沿及发展有一定的了解

特别是在“技术要求”层面，政务新媒体从业者应该熟知各社交媒体平台的传播特点与账号管理方式，掌握微信公众平台的功能与排版技巧，并能够对图片、文字、视频素材进行基本的处理。在此基础上，政务新媒体从业者还需要具备一定的数据分析能力，能够生产图解类数据新闻作品；熟知当前主流 H5 页面和短视频的生产技巧与传播特点，能够承担一定量的内容生产工作。同时，我们建议从业者学习了解 VR/AR（虚拟现实 / 增强现实）、自动化写作等前沿新媒体领域，保持知识更新并适时采用，为适应政务新媒体的智能化转型奠定基础。

1. 综合类账号

综合类账号在信息发布与政民互动中起着表率与统领作用，这就要求从业者熟悉国家相关法律法规、党和政府的方针政策及舆情治理的主要知识，能够把握政治与网络文化的话语体系，既能进行专业的公文写作，又能结合社交媒体平台的特点撰写文案。同时，从业者要具备一定的政务工作经验，熟悉相关政府业务，便于准确整理群众的投诉建议，以及能够联络其他机构的职能人员协助解决问题。

2. 服务类账号

服务类账号的主要任务是在自己的职能领域内发布政务信息，完成服务工作。因此，我们建议选派本单位在职人员担任这类政务新媒体的运营工作，保证账号的服务质量。服务类账号的从业人员要性情稳重、灵活不古板，有一定的舆情分析能力和写作能力。同时，服务类账号的从业者还应重视内容，对新兴技术充满兴趣，具备用技术辅助生产作品的能力，且善于与第三方团队沟通，能够合作生产出高质量的作品。

3. 协调类账号

协调类账号的从业要求与服务类账号类似。它要求从业者具备基本的采编能力、写作能力和公关能力。需要特别强调的是，从业者要有足够的互联网使用经验，能够研判舆情，协助其他账号转发、扩散重要的政务信息。

信息发布频率高的账号可邀请本单位工作人员专职运营，其内容生产要求与服务类账号保持一致。信息发布频率较低的账号可邀请本单位工作人员兼职运营，以转发、发布常规政务活动与公示为主。

当然，我们还可以通过培训的方式提升部分政务新媒体从业者的能力。比如，联合高等院校、正规的社会化培训机构设计课程，内容可以包括新媒体运营、舆情治理、政策法规、文案与写作、社交媒体营销、积极心理学、数据新闻、H5 生产和智能技术等。同时，政务新媒体从业者在上岗前，应统一由单位或当地政府安排线下或线上的课程培训，结业后再从事相关账号的运营工作。

（二）业绩考核

政务新媒体的良性运行必须具备科学的考核机制。2019 年 4 月，国务院办公厅制定了《政府网站与政务新媒体检查指标》和《政府网站与政务新媒体监管工作年度考核指标》，确立了政务新媒体的常态管理和业绩考核指标。①其中，针对政务新媒体的三个突出问题，国务院办公厅设置了单项否决指标（见表 1-5）。

此外，一些针对政府网站建设情况的考核指标也可以被引入到政务新媒体的业绩考核当中。比如，可以引入群众评价机制，提供在线评价和意见征集渠道，邀请群众对本地区所有的政务新媒体进行满意度评分，及时整治内容敷衍、粗糙和服务态度不佳的政务新媒体，清理定位模糊、“挂羊头卖狗肉”的账号。我们还可以举办最佳政务新媒体评选活动，促进政务新媒体从业者改进工作品质，提升群众对政务新媒体的认知度

① 国务院办公厅，《关于印发政府网站与政务新媒体检查指标、监管工作年度考核指标的通知》。网址为 http://www.gov.cn/zhengce/content/2019-04/18/content_5384134.htm。

和满意度，扩大其在全域的影响力。

表 1-5　政务新媒体考核单项否决指标

对　象	指　标	细　则
政务新媒体	安全、泄密事故等严重问题	■ 出现严重的表述错误 ■ 泄露国家秘密 ■ 发布或链接反动、暴力、色情等内容 ■ 因发布不当内容引发严重负面舆情 上述情况出现任意一种，即单项否决
	内容不更新	■ 监测时间点前 2 周内无更新 ■ 移动客户端无法下载或使用，发生“僵尸”“睡眠”情况
	互动回应差	■ 未提供有效的互动功能 ■ 存在购买“粉丝”、强制群众点赞等弄虚作假行为 上述情况出现任意一种，即单项否决

资料来源：国务院办公厅。

另外，我们还可以引入第三方评价，由地区性的专业媒体或高等院校发布政务新媒体影响力、美誉度排行榜等。比如，上海市委网信办、市政府新闻办联合发布的“上海政务新媒体传播影响力排行榜”、苏州市新媒体联合会与苏州大学传媒学院等学术机构发布的“苏州市微信排行榜”等。第三方评价的好处在于，其评估方式更专业、中立，更注重对传播效果的评估。同时，借助第三方评价的影响力，一些具有自身优势的政务新媒体可顺势提高知名度并优化工作内容，从而带动整个政务新媒体阵营共同进步。

三、栏目设置与内容来源

（一）常规栏目

综合类账号的参考栏目设置如表 1-6 所示。

表 1-6 综合类政务新媒体账号的栏目设置示例

类　别	参考栏目
对外宣传	景点
	特产
	人物
最新活动	领导动态
	本地新闻
	生活资讯
舆情引导	正面宣传
	提前辟谣
	调查公示
信息公开	人事任免
	政策解读
	市长信箱、书记信箱
通知公告	市政建设
	民生信息

服务类账号的参考栏目设置如表 1-7 所示。

表 1-7 服务类政务新媒体账号的栏目设置示例

类　别	示例栏目
知识科普	生活常识
	专业知识
	职能提醒
政策宣传	最新政策
	政策解读
	答疑解惑
通知公告	人事任免
	职能运营情况
	调查公示
最新活动	人事任免
	机构运营情况

协调类账号的参考栏目设置如表 1-8 所示。

表 1-8　协调类政务新媒体账号的栏目设置示例

类　别	示例栏目
社会热点	热点话题
	流行文化
	幽默图文
新闻资讯	环球新闻
	国内新闻
	区域新闻
公益信息	寻人
	扶贫
	筹款
最新活动	人事任免
	机构运营情况

（二）创新栏目

除常规栏目之外，政务新媒体还可以根据自身的职能特点，创新策划、开设一些新栏目，以适用于政务短视频等新兴领域。比如，福建龙岩市检察院政务新媒体“岩检在线”推出的“岩检酱”系列普法短视频就在网上广受好评。自 2016 年 4 月创办以来，“岩检酱”共推出普法短视频 100 多期，总观看量达 6 000 多万人次，[①] 实现了微信、微博、抖音、今日头条等主流平台的全覆盖，其影响力已超越地域限制，成为全国知名的普法栏目。

在内容和风格安排上，“岩检酱”不拘泥于传统的普法宣传方式，而是自行编写情节，邀请形象气质较佳的在职人员出镜，并以小剧场的形式让观看者通过两三分钟的视频了解法律知识和检察工作。

① 福建法制报，《龙岩市检察院创设“互联网＋检察”普法短视频品牌》。网址为 http://longyan.pafj.net/index.php?m=content&c=index&a=show&catid=40&id=16081。

演员表演生动，文案风趣幽默，“岩检酱”颠覆了以往群众对检察院等国家机关的固有印象，拉近了政民间的距离。可见，只要在一个正面、积极、合法的大框架内，轻松幽默的风格并不会破坏政务形象，也不会影响宣传效果。因此，政务新媒体在设计一些创新项目时，可以适当摆脱思想束缚、“大开脑洞”，以漫画、动画和小剧场等特色栏目吸引用户关注。

（三）转发或转载

转发或转载是将别人已发布的信息借由自己的账号再次发布，代表了自己对这一信息的重视或认同，以达到更广泛传播的目的。转发或转载的内容也是政务新媒体主要的内容来源之一。

一般来说，转发或转载通常在以下几个场景中出现。

一是上下级机构间的转发或转载，通常是指由上级机构综合与下级机构有共性的信息，或者上级就网民关注的事件委托下级机构协助扩散。

二是同级机构间的转发或转载，也就是形成宣传矩阵，联合扩散突发事件、最新政策和民生服务等信息，以使群众知悉。比如，假设某地即将发生气象灾害，气象服务类账号可发布专业的预警信息，综合类账号以及其他政务新媒体可协助转发或转载。为防止个别账号错过信息，我们可以直接线下提醒或在微信平台建立群聊，以及时通知。在微博平台可充分使用“@”功能，提醒群众扩散。

需要注意的是，社交媒体平台的信息流通常按时间排序，这意味着经常会有用户错过重要内容。因此，政务新媒体需要自我转发或转载。具体做法为，定期发布紧急信息或者长期需要提醒的信息，方便群众查阅、知悉、了解事件的前因后果。这样也可以提高政务新媒体的工作效率。

其他经常出现在微博平台上的场景包括群众发布的表扬、咨询、意见或提醒微博。如果其带有一定的公共价值，那么我们有必要以“评论 + 转发”的形式对此回复，方便其他同样关心这一问题的网友了解信息。同时，我们要提高更新频率，形成良好的互动氛围，以维护政务新媒体的公共形象。

四、信息审核与发布

与自媒体不同，政务新媒体代表了所属机构的权威性。因此，无论是原创内容的撰写还是转发、转载，政务新媒体从业者都需要熟知如何进行信息审核，并且要不断优化发布流程，减少运营事故的发生，从而树立自身的权威形象。

（一）牢记法律、法规与政策底线

政务新媒体进行信息发布的第一原则是牢记法律、法规与政策底线，这是账号合法运营的前提。一旦出现了违法、违规信息，涉事机构连同整个机关单位的公信力都会受到严重影响。

比如，2017 年 12 月，某省文明办“文明 × ×”账号在“历史上的今天”栏目中，未经仔细审核，引用并发布了一段历史评述。但事实上，这段评述的立场存在严重的政治问题，引发了舆论热潮。随后，该账号发布公告称错误引用了某个人的微博内容并致歉，表示“已停止值班编辑的职务，对出现的问题进行反思整改，对有关当事人严肃追责，确保今后不再发生此类问题”。这从反面说明，政务新媒体要时刻牢记法律、法规与政策底线。

强 调

政务新媒体从业者必须加强对主要法律、法规与政策的学习。首先，要熟悉本职能领域的规章制度，严把政治关、法律关、政策关、保密关和文字关。其次，保持谦虚谨慎的心态，面对需及时处理的敏感信息和重要信息，做到不懂就问、不懂就查，树立正确的价值观与学习观，只有这样才能减少出错，才能不偏离正确轨道。最后，政务账号可以具有“拟人化”的性格，但它不是个人账号，无论是否符合法律、法规与政策，个人观点、意见和情绪都不宜在上面发布。

1. 审慎转发转载信息

政务新媒体并非只能发布原创信息，也可以将来自传统媒体、其他政务账号以及第三方的内容进行合规制作后为己所用。这在微博平台称为“转发”，在微信平台称为“转载”。政务新媒体原则上只转发或转载党委和政府网站以及有关主管部门等能够确定稿源发布单位的信息。

在转发或转载信息前，工作人员需审慎判断信息质量：内容中是否有错误或违规的表达？消息是否具有真实性、可靠性，是否具有公共价值或者与职能领域相关？其中，在消息来源的确认上，工作人员可以留意是否来自权威部门、专业媒体等渠道，如果难以溯源，那么最好在确认后再扩散这类消息。

此外，转发或转载还需要注明消息来源。这样做一方面是尊重原作者的创作成果，另一方面有利于读者延伸阅读，增加信息的可读性与可靠性。尤其在微信公众号的推送中，工作人员需要提前联系原作者，在获取其授权后再进行规范转载。

2. 建立审核程序

《关于推进政务新媒体健康有序发展的意见》明确指出，政务新媒体要严格内容发布审核制度，坚持分级分类审核、先审后发，明确审核主体和审核流程；同时建立值班值守制度，加强日常监测，确保信息更新及时、内容准确权威，发现违法有害信息要第一时间处理，发现重大舆情要按程序转送相关部门办理。

在实际操作中，大部分政务新媒体已经结合自身经验建立了一套在政治、法律和文字方面多次核查的审核制度。然而，有些政务新媒体从业者缺乏内容审核意识，擅自把账号当作个人意见和情绪表达的平台。

比如，2017 年 2 月 25 日，国家旅游局宣布对云南某古城景区等三家 5A 级旅游景区做出严重警告处理决定。古城区委宣传部账号“× × 发布”随后表态称：“接受舆论的监督，接受广大游客对我们的批评和意见。对于因工作不到位而造成的不良影响，我们表示诚挚的歉意。我们将以问题为导向，持续深入整改 × × 古城景区存在的问题。”然而，当有用户继续对该市的旅游建设提出批评意见时，该官方微博却冲动地答复：“你最好永远别来！有你不多无你不少！”这一举动再次引发网友热议。随后，“× × 发布”发布声明，否认自己发布了该条评论，称“截图之言并非我部所为，正在调查中”。可是，该声明连发布的时间都出现失误——将 2017 年误写为 2016 年，难免让网友质疑这份声明的诚意与真实性。

规范的审核制度有利于机构职责分明，免于管理混乱。但是，各机构也需注意把握好审核尺度或者使用新技术提高效率，切勿陷入冗杂、刻板的条文中，从而降低政务新媒体的运营效率，打击从业者的热情。尤其在突发事件的信息发布上，审核制度要宽严并济、留有绿色通道，力争做到速度和质量的平衡。

3. 敢于承认错误

政务新媒体在拥抱“新”技术时难免会出现错误，一旦出错，要做到敢于承认、及时改正，而不是掩耳盗铃甚至不管不顾，从而招致更大范围的批评。

比如，2017年7月，××市公安局官方微博“平安××”发布消息称：人民日报客户端开发的热门H5页面“穿上军装”中的照片自动生成功能是钓鱼链接，提醒粉丝“小心被境外势力采集信息”。随后，该消息被证实为谣言。“平安××”迅速更正并致歉：“以此为准，大家好，我是新的小编，之前那个小编已经拜拜了。”（见图1-4）。

图1-4 “平安××”用风趣的语言致歉

用风趣诚恳的语言承认错误适用于影响范围较小的事件。而对于负面影响更为严重的负面问题，政务新媒体则需要及时且诚恳地致歉，切忌“打太极”或者偷换概念的取巧行为。

（二）把握发布技巧

除了审核规范，工作人员也需牢记并留意政务新媒体的信息发布特点与流程。熟悉并掌握这些技巧，可以为政务新媒体的平台运营锦上添花。

1. 丰富信息表现形式

内容是信息发布的核心，而各类平台提供的功能可以让信息的表现形式更为科学美观，从而产生不同的传播效果。比如，在微博平台，政务新媒体可以多创建“话题标签”，有利于聚合相关议题，方便网友快速了解，也便于流量统计以进行业绩考核。同时，利用好“@”功能——“@”相当于对另一个账号的公开通知，既有利于提醒该账号参与传播，又便于网友继续跳转浏览其他账号的内容。

此外，政务新媒体还可以在每条微博的结尾增加超链接，指向更为详细的信息（如客户端、网站）或微信平台相关的公众号推文。超链接同样便于信息聚合，有利于增加各平台的访问量，并能让更多的用户了解有用的政务信息。而在微信平台中，同样有“查看原文”的超链接按钮，值得从业者学习和熟练运用。

2. 注意信息发布的时间

在发布信息时，政务新媒体应当考虑用户使用新媒体的习惯。以手机移动端媒体的使用为例，不同时段移动应用的活跃用户量有高有低。与接触电视、报纸等媒体的情况不同，人们通常会利用闲暇和碎片化时间随时随地查看手机内容。

政务新媒体若能充分考虑网友的使用习惯并据此发布信息，则可以产生更好的传播效果（图1–5为移动数据服务平台 TalkingData 统计不同人群上网活跃时段）。由图可知，9~11点、17点及20~21点是移动应用的活跃高峰，刚好对应人们上班、下班和睡觉的活动时间。因此，政务新媒体应当把握时机，在这些时段发布最重要的信息，从而让更多的人看到信息。同时，政务新媒体形成一定的信息发布规律，也便于最忠实的关注者在固定时间看到信息。

●用户洞察——活跃时期：为最佳营销时间的选择提供依据

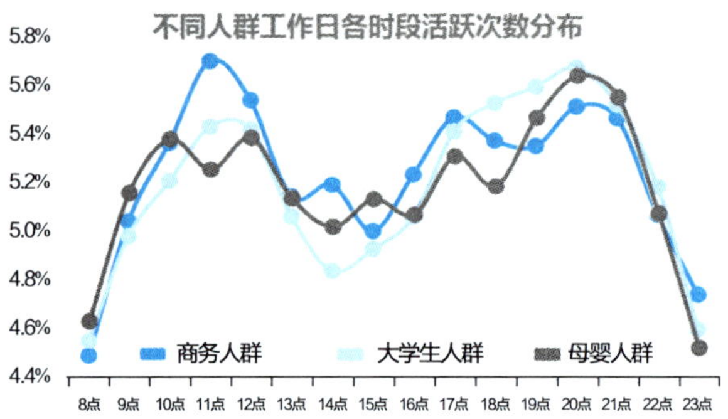

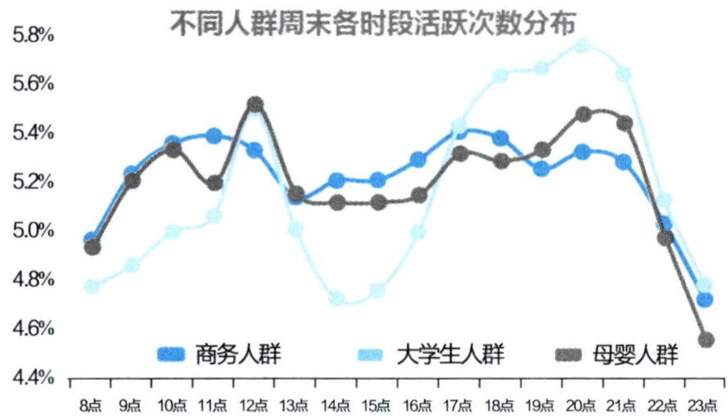

商务人群 **早起活跃**

商务用户工作日早晨出现全天活跃峰值，周末的上午活跃度也较其他两类人群高

大学生人群 **早晚活跃**

大学生用户工作日与周末的早晚活跃度均呈现两个明显峰值，且晚间更为活跃

母婴人群 **睡前活跃**

母婴用户工作日的活跃峰值出现在晚九点前后，周末的午休时段及睡前较活跃

资料来源：TalKingData 移动数据研究中心。

图 1-5　不同人群的上网活跃时段①

3．注意信息发布频率

我们也需要注意信息的发布频率——发布过于频繁会导致有价值的内容占比降低，甚至让用户反感；频率过低又会让关注度流失，陷入“死气沉沉”的批评声中。

我们需要把握的原则是，既不能为了凑数或完成任务发布与账号相

① TalkingData，《中国不同城市营销人群洞察》。网址为 http://www.199it.com/archives/ 522562.html。

关度低或者参考价值低的内容，也不能因为不知道发什么内容而长期保持“沉默”。具体方法为：活跃成熟的运营团队可以保持每日 2~10 条的微博发布频率和每日一篇的微信发布频率；团队人数较少或县级以下的政务新媒体发布的频率可以相应放缓，但以每周至少更新一次为宜。

五、增强传播力、提高活跃度的手段

政务新媒体的良性运营需要依靠粉丝数和互动量。若缺少用户的关注和参与，政务新媒体就难以实现走好网上群众路线的功能。因此，吸引用户关注、增强粉丝黏性、提高粉丝活跃度、增强传播力是政务新媒体实现政民互动的“最后一公里”。具体方法可以从内容和运营两个方面来谈。就运营而言，我们将其归纳为如下四点。

（一）设置有奖活动

在任何一个社交媒体平台，有奖活动都是吸引网民参与的有效手段。政务新媒体通过策划活动，为满足条件的参与者发放礼品，可以在短时间内提升粉丝数和互动量。有奖活动可以被分为两类：抽奖式活动和评选式活动。

对于抽奖式活动，网民仅需进行简单操作（如关注账号、转发微博、转发公众号推文或评论留言）即可获取抽奖资格。活动截止后，新媒体运营者抽选幸运用户并发放礼品。这类活动门槛低、参与人数多，适合账号开通初期需要吸引第一批粉丝的政务新媒体。

对于评选式活动，新媒体运营者则需自行设置主题、制定规则，吸引用户参加“随手晒”“意见大家谈”等活动，再从中挑选出优胜者并发放礼品。这类活动尽管有一定的参与门槛，但是可以借力网友创作，培养大家的互动习惯，进而增加账号的原创内容比重。

以福建省泉州市城市管理综合考评中心的政务微博、微信“泉州考评”为例，该账号就打通了有奖活动与举报受理服务，协同线下线上举报机制，创新推出“有奖举报”系列活动，吸引了网友的广泛参与（见图 1-6）。这说明越来越多的政务新媒体开始借助社会力量进行协同治理，这是传播自信的提升和群众理念的回归。让国家管理回归社会治理是政务新媒体打造人民满意的“指尖上的网上政府”的有效实践。

图 1-6 “泉州考评”推出“有奖举报”系列活动[①]

强 调

设置有奖活动需要注意以下三点：首先，发放的礼品可以兼顾网友的兴趣与地域特色，但不宜过于贵重，以免带来浮夸奢侈之风；其次，策划的活动需体现账号的职能或区域特色，不应脱离账号定位；最后，有奖活动需适度举办，不宜过多，以免影响政务新媒体的职责与形象。

① 泉州考评官方微博，网址为 https://weibo.com/2645886160/Hevujkc2H?type=comment#_rnd1571821974827。

（二）涉足热门议题

社交媒体平台是社会热门议题传播的源头和重要渠道。适时、适当涉足热门议题的讨论，将会给政务新媒体带来更多的粉丝数和关注量。热门议题分为两类。第一类是可预知的重要活动和节日，如奥运会、春节和建军节等。这些活动与节日的出现周期固定，话题热度到了相应时间点便会上升。针对此类议题，政务新媒体可提前组织谋划，用精心编排好的内容吸引网友关注。第二类是不可预知的突发事件或热点话题。政务新媒体如果能及时参与、延伸讨论此类话题，就可获取更多的社会注意力资源。

比如，2019 年 1 月，一份名为“啥是佩奇”的视频在网络热传。针对视频中用电焊制作“鼓风机佩奇”的情节，“警民直通车－上海”及时跟进，发微博称：“有个能干可爱的硬核爷爷是幸福的，但警察蜀黍也要提醒一下，电焊作业要有证，深夜烧电焊光线不好，也不安全……。”（见图 1-7）“警民直通车－上海”通过平易近人的方式完成了一次安全科普。

图 1-7　“警民直通车－上海”借助“佩奇”热点强调安全常识[①]

① 警民直通车－上海，网址为 https://weibo.com/2493592183/HcsPiC4rf?from=page_1001062493592183_profile&wvr=6&mod=weibotime&type=comment#_rnd1571822107136。

强 调

政务新媒体涉足热门话题需要注意的是，对热门话题的讨论应找到重点，并结合自身职能，以服务为导向提供有用的延伸信息。同时，对网络流行话题的关注应有取舍，要选择带有公共价值的热点与事件，避免盲目参与，给人以“蹭热点”之嫌。

（三）多方联动宣传

政务新媒体的良性运营应该开放而不能独行，只有与多方合作、联动宣传，才能让更多的网友关注到优秀账号。同时，政务新媒体应丰富运营生态，提高统筹联动的运营能力。

多方联动宣传中的“多方”包含意见领袖、地方媒体、平台运营商和其他账号四个部分。

意见领袖多为粉丝数较多的自媒体账号，是人际传播中的活跃分子。政务新媒体应该与它们保持密切联系，获取它们的建议并借助它们联动宣传，以扩大自己账号的知名度和影响力。

地方媒体是政务宣传工作的重要组成部分，有着丰富的基层素材和实务经验。与地方媒体合作，政务新媒体既可以优先获取它们的新闻材料，提高原创内容的质量，也可以委托其转发或转载，以增强自己内容的传播效果。

此外，加强与平台运营商的合作也是促进账号发展的有效办法。当前，微博、微信等主流社交媒体都对政务新媒体的入驻持鼓励态度。账号只要积极与平台运营商保持合作，通常都可以获得优先推荐的机会或者在需要危机公关时获得更多的曝光流量，从而为账号发展和控制提供基本保障。

政务新媒体的账号开设有先有后，较晚开设的账号应该与成熟的账号合作，委托后者协助推广、导入用户流量，从而提高账号的粉丝数和关注量。

强　调

多方联动宣传需注意的是，寻求合作的过程应坚持平等、坦诚的态度，在合法合规的前提下进行媒体资源互换。宣传推广应顺其自然，以实现服务的初衷，而不是片面地追求粉丝数和关注量。

（四）创新运营风格

虽然政务新媒体运营有着一定的原则，但事实上，其运营方法并非千篇一律。我们可以对账号风格进行创新设计，以取得更好的宣传效果。

比如，知名政务新媒体——南京市公安局江宁分局运营的“江宁公安在线”，通过一则图文并茂的微博强调了自己的名称和功能，因此迅速走红网络。网友们认为这个账号有“可爱”“幽默”的性格，称它为“江宁婆婆”“公安网络第一‘萌警’”（见图1-8）。账号负责人王海丁表示：“很多网友觉得这个微博就像家里的老人一样贴心，虽然有点儿‘絮叨’，但是又不烦。”截至2019年1月，江宁公安在线的关注数已达212万人次，实现了地区服务类账号的突破。

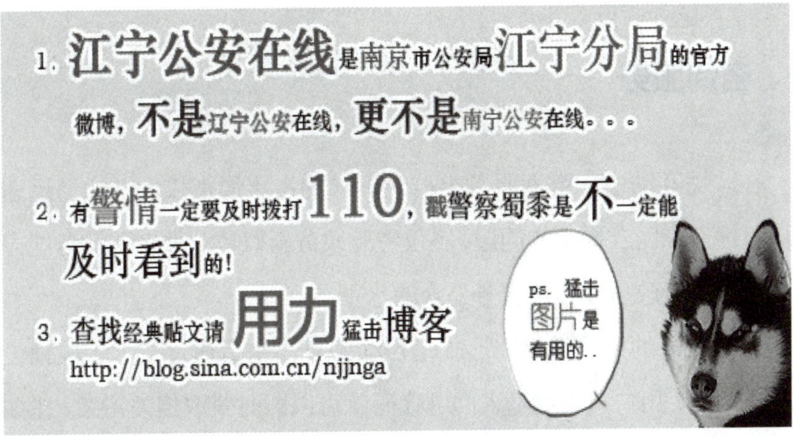

图1-8　“江宁公安在线”风趣幽默的介绍页面

强　调

需要注意的是，运营风格的创新不等于盲目模仿，也不等于过度娱乐化。形式上的哗众取宠可能导致核心信息受损，长此以往将有损政府机构的权威性，透支公信力。因此，运营风格不必刻意追求特殊化，做足内容功夫、提炼群众最关心的核心信息并以喜闻乐见的形式呈现，同样能吸引更多粉丝，赢得更多点赞。

第三节　畅通渠道，及时反馈群众诉求

政务新媒体不仅可以“推进政务公开，强化解读回应”，而且可以“加强政民互动，创新社会治理”。

新媒体的技术特性赋予了政务账号实现政民互动的能力。因此，如何畅通渠道、如何反馈并解决群众不同类型的诉求，将反映各级政府机构对政务新媒体的重视程度及其运营水平。

一、咨询服务

在政民互动中，咨询服务类群众诉求的占比通常较大。如何迅速且高质量地回应网友提出的问题，不仅考验政务新媒体从业者的业务能力，而且检验着行政事业单位服务公众的水平。

咨询服务的第一类反馈形式是自动回复，是指通过技术手段预设一些常见问题，用户只需要输入问题代码就可以即时获取相关答案。比如，“上海发布”微信公众号除了输入相应代码，还直接预设了一个查询页面，

方便用户在各功能间跳转（见图 1-9）。

图 1-9　“上海发布”微信公众号中的“市政大厅”页面

自动回复功能在微信与微博平台均可以实现。这一方面便于用户进行信息查询，提升用户体验；另一方面减轻了运营者的工作压力，提升了工作效率。

咨询服务的第二类反馈形式是人工回复。需要人工回复的问题通常是用户根据自身的特殊需求提出的。这就需要我们结合实际情况，查阅资料后给予反馈。在微博平台，这一形式可以通过评论、私信的方式实现；在微信平台，这一形式则体现为直接评论或者一对一互动。为了提高人工回复的质量和效率，我们建议政务新媒体建立一个资料库，或者将用户咨询数据寄存在 Excel、Word 等工具中，以便及时调取查阅。

对于职能之外的咨询，我们可以提醒用户转询或者主动联系相关账号完成咨询。对于较复杂或者暂时无法回答的问题，我们将其收集到意见库或者投诉库中待进一步处理。

综合来看，咨询服务处理流程的框架如图 1-10 所示。

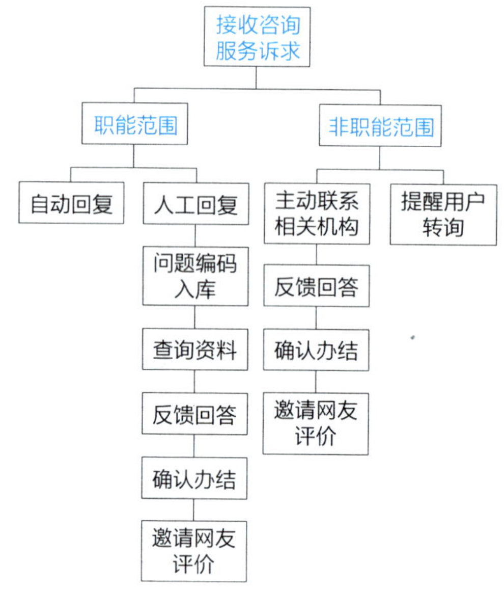

图 1-10　政务新媒体咨询服务的处理框架

当然，面对微博上以评论形式提出的问题，我们还可以在回复的基础上转发，从而提高问题的曝光量和账户活跃度，帮助更多有相似问题的人。同时，我们将微信中完成的人工咨询服务定期汇总整理为问题集锦，以原创推文的方式发出，有助于增强服务效果。

二、意见征集

意见征集是指收集群众对各单位尤其是政府工作的建议。意见通常涉及一个需要长期改良调整的方向，是针对政府未来如何才能做得更好而提出的，而投诉则是直接披露政务服务中心存在的尖锐问题。

意见体现了群众希望参与社会治理的呼声，有助于各机构提高政务处理能力。意见征集的流程和原则为：首先，从各平台接收网友提交的意见信息，并进行及时、礼貌地回复；其次，人工甄别上述信息，将有效意见分类纳入自行建立的数据库中；再次，上报意见，由主管部门审批研讨机构职能之外的意见，联动上报给其他相关账号；最后，对可行性较高且有价值的意见予以采纳，告知并感谢提出意见的网友，正确引导舆论、凝聚共识，鼓励群众参政议政的热情。

意见征集的处理框架如图 1-11 所示。

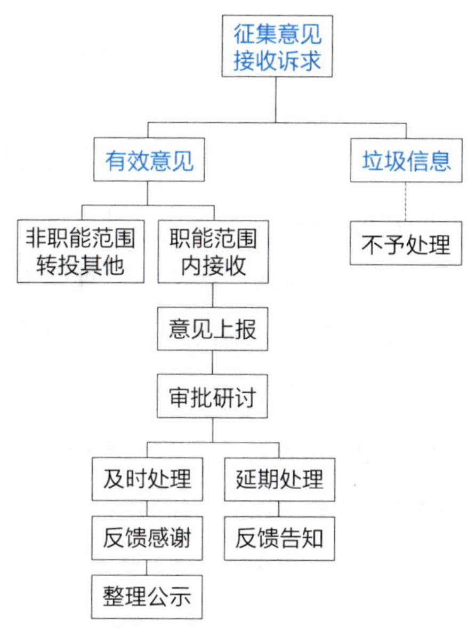

图 1-11　政务新媒体意见征集的处理框架

利用好意见征集这一互动形式，还可以提升政务新媒体运营的传播效果。以投票的形式公示一个时间段内征集到的意见，既可以号召网民参与附议，也可以积极调动公众的参与热情，筛选出亟须改善的方向以供有关单位决策。同理，我们也可定期公示已经采纳的意见，让网民感觉自己的意见受到了重视，以增加用户的黏性与活跃度。

三、投诉举报

网络举报成本低、隐蔽性大，人们不用承担过高的投诉风险便可以获得较好的监督效果。因此，网络举报的数量近年来不断增加。

在所有的群众诉求中，投诉举报类信息的处理难度最大。一方面，投诉举报需要受理人谨慎调查，判断网友的投诉举报信息是否真实；另一方面，投诉举报除了针对企业、个人的投诉外，更多地与政府自身的“揭丑亮短”有关。这需要地方政府敢于面对问题、勇于自查，从而维护好群众利益。

处理投诉举报的服务分为线上受理投诉、线下批转督办、线上反馈举报人三个步骤。各平台需要及时记录、回复受理的投诉，并在必要的情况下通过电话、邮件等方式进一步联系了解，其处理的优先级通常高于意见和咨询。在初步核实投诉真实性的基础上，各平台应委托上级管理部门督促相关职能部门纠正不作为、乱作为的行为，化解社会矛盾。最后，各平台应在线上及时告知群众处理进程乃至结果，保护好举报人的个人信息。

投诉举报的处理框架如图 1-12 所示。

近年来，各级政府在运用政务新媒体有效解决群众合理诉求方面做出了更多的努力和尝试。比如，2019 年 5 月，浙江省人民政府办公厅发布的《关于推进政务新媒体健康有序发展的实施意见》提出：要充分利用浙江政务服务网统一政务咨询投诉举报平台和“基层治理四平台”，优化“浙里办”移动客户端等政务新媒体掌上咨询投诉程序，推动用户咨询、投诉、举报实现“最多跑一次”。

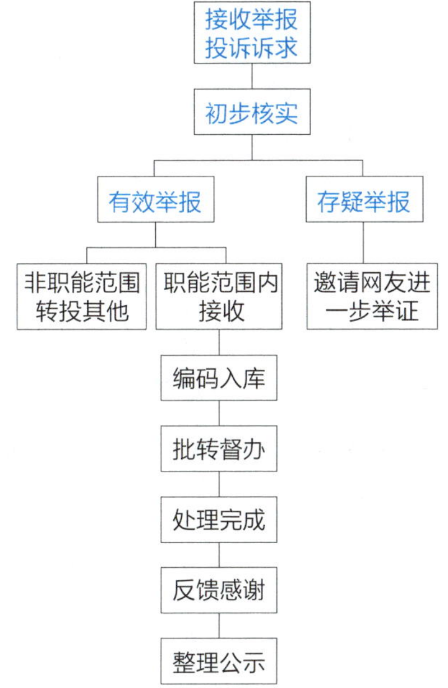

图 1-12　政务新媒体投诉举报的处理框架

第四节　重视舆情，精准研判社情民意

舆情是社会意见和情绪的集合，代表了公众对某一议题的总体态度。

舆情并非“恶虎”，而是分为正面与负面两种情况：一方面，如果我们能及时监测正面舆情，政务新媒体就可以积极介入，发挥正面宣传的功能；另一方面，面对负面舆情，政务新媒体需及时公布真相、表明态度和精准辟谣，并根据事态发展和处置情况发布动态信息，从而成为回应和引导舆情的重要平台。

一、负面舆情的产生与监测

负面舆情多由不利于政府形象建设的新闻乃至谣言组成。这些信息被部分自媒体二次加工后，通常是夸大其词甚至耸人听闻的，其目的是吸引更多的点击量。

具体来看，产生负面舆情的主要原因如下。

（一）谣言问题

谣言的产生是信息不对称造成的。当信息通道阻塞且缺乏权威解释时，公众容易散布并接受不正确的乃至虚假的信息。当真相缺席且谣言大行其道时，公众自然会产生负面的观点和情绪，从而造成负面舆情甚至社会不稳定。

近年来，社交网络成为谣言的重灾区，影响极坏。人民网舆情频道统计：近一半的虚假新闻首发于微信、微博等社交媒体平台，微信成为谣言的主要诞生地和集散地；网络媒体是假新闻的又一主要发布源，其所发布的假新闻数量占据假新闻总量的 40%。[①]

比如，2018 年 12 月，温州乐清发生 11 岁男孩失踪事件。在警方积极寻找的过程中，社交媒体平台出现了多条谣言，如“走失的小孩已被割去器官”“孩子已被人贩子拐走”等。这些谣言抓住为人父母者的情感软肋，引发社会恐慌。尽管政务新媒体“乐清公安”微博很快通报这是一起失踪男孩母亲为测试丈夫是否关心孩子而策划的假警情，但是群众由此产生的对政府工作不力的怨恨情绪一时难以消解。另外，由于谣言的歪曲和放大，乐清市公安局在此次搜救过程中共出动警力 600 余人次，浪费了大量的公共资源。

（二）行政问题

行政问题分为官员个人和政府行政决策两方面暴露出的问题。

① 人民网，《对于近期假新闻的分析报告》。网址为 http://yuqing.people.com.cn/n1/2017/0724/c209043-29424791.html。

官员个人的负面舆情通常与涉黑、涉恶和腐败有关。得益于国家反腐力度的增大，群众利用网络特别是社交媒体反腐的机会增多，甚至产生了“网络反腐”的现象。然而，由于网络信息复杂、群众情绪表达极端，一些极端仇富、仇官、仇警的心态和大量的非理性观点也误导了网络舆论。

行政决策问题则通常与政民冲突有关。例如，公共基础设施等地方建设项目的开展，通常会引发征地、拆迁等基层治理问题。

部分地方政府特别是基层政府的干部在面对问题时缺乏责任心，不是“捂盖子”就是“不揽事”。“多一事不如少一事、不求有功但求无过”的心态和口念“拖字诀”的做法，极大地伤害了人民群众的感情，透支了政民之间的信任。

（三）突发社会问题

突发社会问题是指突然发生且即将或已经破坏社会稳定的自然灾害、公共卫生事件、事故灾害和违法犯罪行为，急需政府部门应急处置。突发社会问题往往不期而至且破坏力强，需要政务新媒体具备较高的应对能力。

近年来，山东省、安徽省和贵阳市等各级政府纷纷发布有关重大突发事件政务舆情应对的通知，明确对涉及特别重大、重大突发事件的政务舆情要快速反应、及时发声，最迟要在 5 小时内发布权威信息，在 24 小时内举行新闻发布会，对其他政务舆情应在 48 小时内予以回应，并根据工作进展情况持续发布权威信息。

树立责任意识并将责任落实到位，及时报告且积极回应，无疑是突发事件舆情处置的有效办法。事实上，只要治理得当，突发社会事件本身也可以成为树立地方政府公信力的良好机会。比如，2017 年 4 月，四川省泸县太伏中学发生学生坠亡事件。在警方调查期间，“学生被黑社会打死”“出现大规模群众集会”“新闻已被封锁”的不实图片和视频在互联网上广为传播。泸州市警方经过一个星期的密集调查后，委托政务新媒体“泸州发布”与“四川省公安厅”公布了太伏中学学生坠亡的原因报告。这份长达1万字的调查报告辅以视频、图片佐证，逻辑清晰、细节详尽（见图1-13），迅速平息了公众对此事件的不满和猜疑。

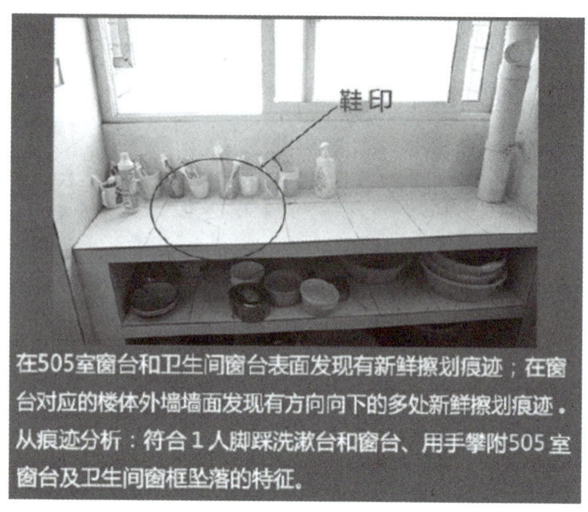

图1-13　“泸县太伏中学学生死亡事件”通报截图[①]

政务新媒体在发布相应内容时，不仅要及时、适时地把握好群众的心理，更应行文严谨、材料详尽，切忌敷衍。

强　调

若突发社会问题中的谣言纯属捏造，那么政务新媒体应及时汇总证明材料并公之于众，以维护政府正面形象；若谣言带有部分事实，那么政务新媒体应坦承工作中的错误并澄清不实内容。

① 新华社，《泸州市委市政府通报泸县太伏中学学生死亡事件相关情况》。网址为http://www.xinhuanet.com//politics/2017-04/07/c_1120770856.htm。

（四）政务新媒体的运营问题

政务新媒体自己运营不善也会导致负面舆情。人民群众通常将政务新媒体视为其所属部门的直接对外形象，认为其代表着官方的情绪和观点。那么，一旦运营者的操作失误——无论是有意的还是无意的，都会产生不可估计的后果。

比如，2017 年 3 月，备受关注的“山东聊城辱母杀人案”二审进展引发网络舆论关注。最高人民法院、最高人民检察院、山东省高级人民法院等部门的政务新媒体账号先后发声，逐渐遏制了负面舆情的持续发酵。可就当事件尚未完全解决时，某地政务微博“××公安”却在 3 月 25 日发布微博对此案评论道：“情感归情感，法律归法律，这是正道！”这无疑是对网友情绪的火上浇油。遭到舆论质疑后，该账号又在 3 月 26 日上午发布配图文字“世事多奇葩，毛驴怼大巴”，用一种嘲讽的语调对网友的合理批评进行奚落。这既让“辱母杀人案”的舆情彻底失控，也严重损害了该地公安的公共形象。这些内容完全是个人情绪的宣泄，而且相当刻薄，不符合政务新媒体的文案规范。

可见，我们不仅要制定完善高效的审核管理机制，更需要不断提高运营者的职业素养和专业技能。同时，在条件允许的情况下，政务新媒体所在团队或部门应建立舆情监测机制，具备基本的舆情分析能力和素养，并以下述两点为抓手。

1. 提高互联网素养

互联网时代，政府机构需读懂网友心声，切忌与之为敌。提高互联网素养有利于政务新媒体运营者乃至上级领导转变作风，以及更接地气、更好地了解社情民意。

首先，政务新媒体运营者应具备敏锐的信息判断能力——知道哪些信息具有较高价值，可以用来作为内容生产素材；知道哪些信息极易转化为负面舆情，需要转递给行政部门。其次，具备信息检索和整理能力，懂得一定的数据分析知识，同时在搜索工具的使用上和社会媒体平台的操作上不断反思并学习。最后，要具备“网感”，无论是对网络流行文化还是热门社交媒体平台，都要有兴趣去了解，这样才可以及时更新对网络事件、网络文化的认识，掌握网友心理。

2. 灵活运用技术平台

政务新媒体利用技术平台监测舆情主要分为两个方向。

第一个方向是监测政务新媒体账号自身的舆情。以政务微信为例，除微信公众平台提供的基础数据分析功能外，网络上已有多个提供微信数据监测、智能语义分析及危机传播管理的第三方商业平台。

第二个方向是监测社会舆情，包括与本机构相关的负面舆情，以及整个社交媒体平台所流行的公共话题等。当前，已有多个工具提供热门舆情的分析服务。比如，微博推出的“微热点”平台既可以实时监测当前微博中各类新闻事件的热度，也可以就某个账号、某个省市或某个微博事件等进行单独的数据分析。

公安、新闻办等重要政府机构，有条件的话还可以通过直接委托第三方专业服务公司的方式进行舆情监控。通过这种方式，政府机构可以快速发现舆情，有利于政府将问题在初始阶段就解决掉，以减少不必要的损失。需要注意的是，地方政府向第三方购买舆情监测服务的方式尽管已在 2014 年得到民政部的许可，但仍需注意其带来的风险。

二、负面舆情的回应

（一）快速回应，把握黄金时间

当负面舆情在互联网上发酵时，相关部门需要尽快核实，并与专业人士共同研究回应对策与内容。

在详细的调查结果出来之前，一个重要的技巧是快速回应。或许第一次回应并没有太多的信息量，但依然可以对负面舆情的传播、分化起到一定的遏制作用。因为虽有部分网友总倾向于对党政部门发表批评言论，且长期持有一种质疑的态度，但更多群众还是趋于理性的，他们对政府的信任度较高，期待看到事件的真相，认为官方回应的可信度会高出第三者的言论。

强　调

即使只是一句“正在调查此事件，会及时向社会公布调查结果”，也远远比保持沉默更让群众心安。

那么，什么样的应对时机更合适？

在传统媒体时代，应对舆情的黄金时限为 24 小时，即考虑到纸媒、门户网站等媒介应用的传播规律，政务机构只有在 24 小时内公布对事件的权威回应，才能及时遏制负面舆情，主导舆论。2010 年 2 月，人民网舆情实验室结合 QQ、博客等工具及平台的传播规律，首次提出黄金回应时限 4 小时的概念。这意味着政务部门理应在事件明确发生的 4 小时内完成调查、分析和公示文书等环节。[①]

“黄金 4 小时”是当前公认的舆情应对的有效时机。但是，各地依然结合网络生态环境的发展现状对此进行了调整。比如，深圳市规定，对较大级别的突发事件，政务新媒体要在两小时内向全网公布简要信息；南京市高淳区出台的政务新媒体管理办法甚至规定，在发生事件的 1 小时内，责任单位就要向全社会披露事件动态、及时回应社

① 人民网，《赢得时间就赢得舆论引导权 善用“黄金 4 小时”引热议》。网址为 http://media.people.com.cn/GB/22114/178716/178718/10954519.html。

会关切并澄清误解和疑虑。

以小时计算回应时限，要求是否过高？其实不然。一方面，所谓的“事件发生”，已经考虑了舆情在网上形成、发酵的过程。问题发生时间滞后于问题实际出现的时间，因此，政务新媒体完全可以在舆情监测阶段提前准备，与所属责任单位打好配合，完成调查和公示工作。另一方面，无论是黄金 4 小时还是两小时甚至 1 小时，它们都是一种理想的要求。

随着 5G 技术的全面应用，舆情通过移动网络传播的速度会更快，场景会更加丰富，舆情从萌芽到发酵、再到全面爆发，或许会以分钟计算。这对我们快速响应舆情和有效处置舆情提出了新要求。

在现实中，部分行政机构、执法部门对人民群众的质询置若罔闻、装聋作哑，直至被网络舆论“倒逼”时才想到去灭火。此时它们的公众形象已一落千丈，十分被动。

比如，2019 年 8 月，某电视台都市频道一则关于“西瓜被人偷，还要倒赔 300 块？瓜农哭诉‘以后偷瓜不敢拦了’”的报道在微博等社交媒体快速传播。当地公安局的官微“平安 ××”发布信息，将盗窃西瓜的行为描述为“摘了八九个西瓜”，引发公众不满。虽然当地公安事后对处理事件的警务人员进行了停职处理，但其不作为、“和稀泥”的警方形象，已被媒体和网民贴上标签并广为扩散（见图 1–14）。

人民日报 V

8月3日 21:16 来自 微博 weibo.com

【人民微评：是“偷”还是“摘”，必须厘清】“偷”还是“摘”？一字之差，性质大不同。情节再轻微，只要是偷，就是违法。若偏袒违法者，不仅让受害者遭受双重伤害，还会助长违法者气焰，侵袭法律尊严。有良法，更需落实，经得起“吃瓜群众”审视，经得起正义打量。

图 1–14　人民日报官微“人民微评”对此事的评论[①]

① 人民日报，《人民微评：是“偷”还是“摘”，必须厘清》。网址为 https://weibo.com/2803301701/I0y9oFWKo?from=page_1002062803301701_profile&wvr=6&mod=weibotime&type=comment。

强　调

高效、严谨地回应负面舆情是政务新媒体正确回应的关键。高效不代表之后的处理可以“烂尾”，一些政务新媒体嘴上回应“及时向社会公布调查结果”，但再也没有后续进展，这对人民群众来说无疑是一种欺骗。同时，政务新媒体在快速回应时不能为了追求黄金时间而忽视内容质量，更不能为了安抚民心而提前研判、妄下结论，给自己造成骑虎难下的尴尬局面。

（二）持续发声，厘清来龙去脉

除快速回应舆情之外，政务新媒体还应当持续发声，帮助公众厘清事件的来龙去脉。负面舆情的产生通常伴随着网友的焦虑和愤怒等多种情绪，持续发声有利于塑造政府机构“坦诚面对”“一直与大家同在”的真诚形象。此外，持续发声还意味着事件细节的不断披露与真相的不断还原。

持续发声是一场配合战，对各渠道、各账号的联动要求较高。一方面，政务新媒体应与专业媒体、社会化媒体平台及新闻聚合平台（如今日头条等）积极沟通，主动提供调查材料与说明文字，便于它们进行采编和转发。另一方面，不同的社交媒体平台还可与对应的意见领袖（如当地的生活类自媒体账号）合作，使其协助转发，以提升信息传播的广度和深度。具体到回应方式，主要责任单位所属的政务新媒体应根据事件进展有节奏地发布信息，多角度地呈现内容，从而正面引导舆论。

强　调

无论是哪种回应，公众最关心的都是如何解决问题。也就是说，这些信息需要让公众知道事件处置的进程及取得了什么成果，还面临着什么问题。

比如，2019 年 6 月，宜宾市长宁县多次发生中小型地震——尽管震级不大，但持续时间长且余震不断，社会焦虑情绪在不断蔓延。针对此种情况，四川政务新媒体的集体发声是一个很好的案例。它们的处理方法是组织“成都发布”“宜宾发布”“长宁发布”等综合类账号迅速发声（见图 1-15），第一时间发布并持续更新地震动态，从而起到表率作用。同时，“四川交通”“四川气象”“四川高速”等服务类账号各司其职，发布受灾地区的救灾、交通和天气相关情况。这些内容角度全面、务实真诚，很好地安抚了公众的情绪。

图 1-15　“长宁发布”等账号联合发布灾区实时信息[①]

① 长宁发布官方微博，网址为 https://weibo.com/3515114057/HAhBR9ZbY?filter=hot&root_comment_id=0&type=comment。

此外，政务新媒体还需要充分把握和利用各平台的传播特点。尤其是政务短视频，其能够以视频形式还原事件、解释原委，这在负面舆情的处理中相当重要。我们以 2018 年 10 月发生的重庆大巴坠江事故为例。在事件调查期间，各种带有“阴谋论”性质的谣言甚嚣尘上。人民视频依据警方的通报制作了动画还原整个大巴坠江过程，并及时投放到了抖音、快手等平台，迅速解决了人民群众的困惑和质疑，从而让谣言失去了滋生机会（见图 1-16）。

图 1-16　人民视频制作“重庆大巴坠江过程”动画（截屏）[①]

（三）审慎措辞

除了回应的时间和频率要把握得当外，回应的内容和态度也需要十分谨慎。一旦出现舆情危机，政务新媒体如果选用真诚、适宜的话语与网友沟通，通常都能取得他们的理解，至少可以暂时平息网友的负面情绪。其中一个重要的原则是审慎措辞。态度敷衍、装聋作哑、不回应甚至关闭评论等都是政务新媒体运营中的大忌。

政务新媒体在措辞的运用方面也有一定的技巧。

首先，做好事前预案。政务新媒体从业者日常应积极学习优秀案例，参考它们的叙述方式和措辞技巧，积累素材。当突发事件来临时，

---

① 人民网，《重庆大巴坠入长江，动画还原事故过程》。网址为 https://weibo.com/2286908003/H04Ya0RXM?type=comment&sudaref=www.baidu.com&display=0&retcode=6102。

上述材料和技巧便能派上用场，从而助力从业者快速、准确地完成文案撰写工作。

其次，有节制地使用网络语言。前文已经谈到，善用网络语言可以更好地拉近政务新媒体与网友的距离。但如果以不负责的态度滥用网络语言，出现“雷人雷语”的“神回复”，那么效果无疑会适得其反。这样的案例频频见诸报端和网络。

再次，回应的内容应注意逻辑清晰、语言通俗易懂。政务新媒体重在为群众服务，因此直切重点并回应公众最关心的问题是文案的关键。比如，官微“江宁公安在线”辟谣有关女童被人贩子拐走谣言——用生活化的语气娓娓道来，不仅说明了情况，也有效安抚了群众的紧张和恐慌心理（见图 1-17）。

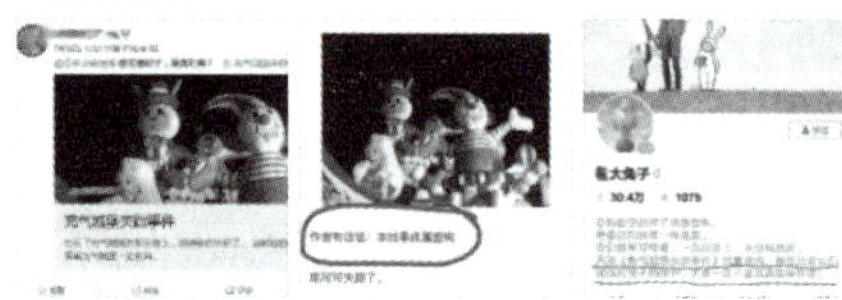

图 1-17 “江宁公安在线”用生活化的语言辟谣[①]

在回应舆情时，我们撰写文案的逻辑应该是：陈述事实、定性事件、梳理原因、分析未来的解决方案，在适当位置以适量的篇幅穿插叙述领导的工作情况，而且保持亲民的姿态。

如果事件的发生明显与政府的管理或决策失误有关，那么政府应勇

① 江宁公安在线官微，网址为 https://weibo.com/1113218211/GsuebfeIQ?filter=hot&root_comment_id=0&type=comment#_rnd1571821538772。

于承认错误，态度越诚恳，越能获得公众的谅解，“死不认错”或者保持沉默只会让事态恶化。

最后，回顾全文、打磨细节。当完成撰稿后，我们应多次检查，避免出现错字、漏字、数据明显有误等低级错误。对于字数较多的通报、报告，我们可利用错别字检测系统辅助纠错。

强 调

政务新媒体对负面舆情的回应首先要尽量使用诚恳、直观的标题，有可能的话辅以模拟动画、现场图片；其次，要能够巧妙地凸显政府的正面作用和负责任的形象；再次，不回避网友的评论和问题；最后，在评论区与网友进行良好的互动。

三、舆情的长效引导

（一）与专家学者密切合作

及时应对负面舆情固然重要，但我们更应该重视长效引导，这将很好地帮助我们减少负面舆情的次生危害。

有一种做法是与专家合作——分别在负面舆情出现前、负面舆情出现时和负面舆情出现后三个阶段。

在负面舆情出现前，最理想的手段是加强舆情监测，制订正面宣传计划，同时建立预警机制。目前，不少第三方机构开发了舆情监测平台，它们通过人工智能算法进行预测分析的方法值得参考。但是，舆情涉及人们的观念、态度、情感、情绪等复杂的社会心理活动，仅靠技术和算法是不够的。如果能有心理学、传播学、情报学和行政管理学等学科专家的介入，参与预警方案的设计，那么结果将更加科学有效。

在负面舆情出现时，专家学者不仅可以凭借其专业经验和常识为负面舆情提供针对性的治理意见，而且可以借助其优良专业的社会形象获得群众的信任。邀请专家学者出面辟谣，发表见解或进行知识科普，有助于减少社会的恐慌心理，同时能为政务新媒体引流并获取宣传优势。

在负面舆情出现后，专家学者可以帮助我们：协助责任单位撰写舆情分析报告，提炼宣传优势，反思舆情处理中暴露的问题并提供优化方案。

（二）全媒体联动，建设宣传阵线

舆情的长效引导同样需要各方联动，以保证正面宣传与危机治理时传播效率的最大化。具体来看，全媒体联动需要从以下四个方面进行。

一是注重粉丝或关注量的积累。政务新媒体的“粉丝或关注量”的多寡也是其网络影响力的体现。一旦政务新媒体缺乏让人感兴趣的内容就会鲜有转发关注，政务新媒体难免沦为“小透明”。一旦本地发生负面舆情，政务新媒体回应的影响力和传播效果会大打折扣。因此，政务新媒体要注重积累活跃粉丝，必要时建立社群，设置奖励机制，鼓励粉丝参与政务新媒体的投稿、爆料和转发扩散，以扩大自身的影响力。

二是与其他账号通力合作。在需要发布重要信息但账号又缺少足够的影响力时，我们可以邀请其他账号协助扩散。特别是基层政务新媒体，有必要自行建立社群，彼此通气，抱团取暖。

政务新媒体之间的“友爱互动”，更能向网友展示一种团结、和谐的集体形象，提升自身好感度。政务新媒体应互联互通、通力合作，而不是视彼此为业务竞争和流量竞争的对手。比如，2019 年 8 月，某市气象台政务微博“×× 气象”发文指责某市政府的今日头条账号“×× 发布”未经专业审核就发布“台风预警信息”，认为其有误导网友之嫌。两个政务新媒体账号公然开“怼”，尽管是为了纠错，但场面有失风范。

三是与意见领袖保持合作关系。拥有较大影响力的网络账号被视为意见领袖。除了一些有影响力的政务新媒体外，大部分网络意见领袖来自民间（如微博大 V[①]），具有鲜明的个人特色，其粉丝数量庞大且稳定。政务新媒体可与他们保持友好关系，在关键问题上鼓励他们发声或转发、扩散，从而形成全网联动的宣传格局。

四是发挥传统媒体的作用。传统媒体新闻专业素养相对较高，且在新媒体领域耕耘多年，熟悉新媒体宣传和运作的规律。在日常工作中，政务新媒体可就内容撰写、信息发布向传统媒体“取经”，也可以通过组织培训和参访活动，与传统媒体保持一定的学习合作关系。

（三）保持信息透明

负面舆情大多伴生着谣言，而谣言通常与信息不透明密不可分。

关于信息透明与谣言之间的关系，美国心理学家 G.W. 奥尔波特提出了这样一个公式：“在一个社会中，谣言的流通量（R）与问题的重要性（I）和涉及问题的证据的暧昧性（A）的乘积成正比关系，即 $R=IA$。”当来自官方渠道的权威信息不足时，问题的暧昧性便会增加，因为群众会在非官方的渠道查找信息以寻求心理安慰。

应对负面舆情，政务新媒体应保持信息透明，具体做法分为两个方面：一是，日常主动、定期公布政务信息，尽可能保证群众掌握详细、真实、权威的信息；二是及时回应提问与评论、答疑解惑，与网友保持积极沟通。

关于信息透明，有一个来自基础教育政务新媒体的案例值得分享。

2018 年 9 月，有网友发现，“德昌县麻栗乡干海学校”“文山州麻栗坡县天保镇帐篷小学”等学校的官方微博多年来一直坚持公示学生的

① 大 V，指在微博上十分活跃，有着大量粉丝的“公众人物”。

午餐情况（见图 1-18）。起初，这些微博极少有人关注。而经新闻报道后，舆情热度迅速上升。不少网友评论“很感动”“一目了然，捐款都放心了”。后来有媒体指出，受“免费午餐”项目资助的学校都被要求公示每日午餐情况，这一情况其实很常见。但是，为什么网友还是觉得“感动”？因为如此详细的账目代表了有关机构和学校对人民群众的坦诚和尊重。

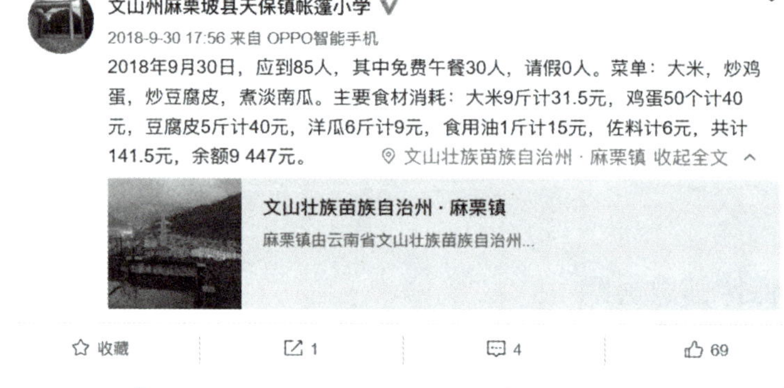

图 1-18 “文山州麻栗坡县天保镇帐篷小学”每日公示午餐花费情况[①]

另有一则案例，看似不属于舆情长效引导的范畴，但恰恰是由于政务新媒体及时公开信息，才避免了负面舆情的发酵。

2019 年 8 月，重庆市公安局渝北分局在其政务微博“平安渝北”上发布了关于“保时捷女车主掌掴事件”的调查结果。为了更好地回应网友对保时捷女车主收入与背景的质疑，警方发布了一份 2 000 余字的通报，其中超过一半的内容详细而准确地披露了当事人李某的资产、个人经历与从业情况。这份通报被网友评价为“史上最牛的事件通报”。此举也让重庆市公安局收获了无数“点赞”，使其公信力大增。

① 文山州麻栗坡县天保镇帐篷小学的官方微博，网址为 https://weibo.com/5077145863/GBLyp1ADh?type=comment。

第五节　科学接入第三方服务

政务新媒体是各级政府在第三方平台开设的政务账号。虽然政府机构是独立运营者，但第三方服务商提供的技术支持也十分重要。政务新媒体在运营过程中如何科学、高效地与第三方服务商展开合作？应该注意哪些问题？应该把握哪些原则？我们将在本节进一步讲授。

一、第三方服务的推荐类型

（一）代运营服务

很多时候，政务机构没有足够的人手专职运营政务新媒体，很难保证兼职运营的质量和稳定性。由此，代运营成为一种比较常见的第三方服务。它的优势在于可以释放中小型政务机构的运营压力，使其将重心聚焦到职能工作上来。

提供代运营的机构目前分为三种：全国性的专业媒体、地区性的传媒集团以及商业性的新媒体公司。

第一，全国性的主流媒体，指的是新华社、人民日报社等国家级新闻单位。它们都面向市场提供政务新媒体的代运营服务。比如，新华社推出的“新华政务直通车”服务，可以提供素材整合、团队沟通和多渠道发布等多种功能的解决方案。无独有偶，2019 年 6 月，人民网推出了政企新媒体平台“人民运营”，其业务范围更广，可以承接各类网站、客户端、新媒体账号的内容运营工作。这类由专业主流媒体推出的代运营服务适合拥有较充足预算、内容独创性要求不高且追求稳定安全的政务新媒体。

第二，地区性的传媒集团多由各地区的报业集团和广播电视台组成，部分传媒集团经过重组后，深耕新媒体领域，因此具有较成熟的内容生产能力和传播渠道。当前，多地的政务新媒体都会将代表整个地区的综合类账号交由这类传媒集团运营，借此提升政务机构发声的影响力。比如，2018 年 10 月，甘肃省将“甘肃发布”（包括微信、微博、今日头条号和客户端）系列政务新媒体交由甘肃新媒体集团运营维护。而甘肃新媒体集团正是由甘肃日报报业集团挂牌组建的，这相当于使政务新媒体拥有了传统媒体级别的采编能力。

第三，商业性的新媒体公司。一般来说，商业性的新媒体公司运营政务新媒体的优势在于，它们具有较广的传播资源，也熟知互联网营销的“打法”和规律，更容易打造出贴合网友口味的“爆款”产品，做出亮眼的成绩。但问题也很明显：政务新媒体的定位有其特殊性，不宜过度娱乐化、市场化。如果过分追求“网感”“爆款”，那么效果往往会适得其反。

因此，在向商业类的新媒体公司采购时，我们应审慎考虑。在通常情况下，我们可以选取其部分服务，将账户主体运营工作依然交由政务机构人员完成。

（二）舆情监测服务

舆情分析对政务新媒体的重要性不言而喻。但是，由于数据分析复杂且专业人员不足，地方政府和政务新媒体采购舆情监测成为刚需。

舆情监测服务主要分为两种：

一种是由网络技术公司提供全包式的舆情监测解决方案，即由网络技术公司向政务机构定期提供全网舆情报告、突发舆情预警信息或者直接在本地区的融媒体中心开发并嵌入舆情系统。这类服务多由政府集中采购，适合大中型政务机构在整个地区统一使用。

另一种是针对单一平台提供舆情监测服务。在主流的社交媒体平台中，微博信息传播的开放性最高，具有显著的公共领域属性，属于舆情监测的重点平台。这就需要地方性的政务机构对微博上的日常舆情多加关注。

比如，某平台推出的微博舆情服务，支持筛选包含关键词的所有实时微博，并根据文本内容判断是否涉及反动、暴力和色情等类型的敏感信息，供后台操作人员参考（见图 1-19）。当负面信息量超过阈值时，该平台会触发敏感信息预警服务，提醒所属政务机构及其上下级部门，协同应对舆情。上述功能的开发已相对成熟，政务机构可以考虑采购。

	标题	相似文章数	来源	时间
	畅想家郝佩君 非敏感 已预警 #大浪逐新 致敬影响力# @曹国伟 #我和新浪的故事# #新浪20年##乔振宇[超话]#@乔振宇 #大浪逐新 致敬影响力# @曹国伟 #我和新浪的故事# #新浪20年##乔振宇[超话]#@乔振宇 涉及词: 20周年,新浪	1	新浪微博	08:44 2018-12-24
	yihan我爱你 非敏感 已预警 打榜 打榜 涉及词: 20周年,新浪	1	新浪微博	00:53 2018-12-24
	梦戴朝夕 非敏感 已预警 转发微博 转发微博 涉及词: 20周年,新浪	4	新浪微博	13:20 2018-12-24

图 1-19　某舆情监测服务商的操作界面

（三）新媒体技术服务

新媒体技术服务主要指为政务新媒体的部分功能和内容提供技术支持的服务。比如，政务客户端、政务网站的开发和功能更新通常交由第三方团队负责。多数政务机构既没有精力，也没有必要自行组建团队进行建设和运营。又如，许多政务新媒体希望借助微信的开放端口开发电子政务平台，这通常也需要新媒体技术的服务支持。

在内容生产上，新媒体的技术手段则更为多样。无人机拍摄、3D 建模、VR/AR 等已经被多次应用到政务新媒体推出的 H5 与视频作品中，它们的背后都有专业团队的技术支持。

二、第三方服务的采纳原则

（一）严把内容关

采购第三方服务固然带来了便利，但同样也伴随着风险。政务新媒体运营需要牢记的第一个原则是“只采技术，严把内容”。也就是说，技术可以外包，但内容制作必须自己掌控，尤其是在选用商业性新媒体公司提供的代运营服务时。

高质量的内容是政务新媒体的核心竞争力，而这些内容又与政务新媒体所属机构的职能工作息息相关。代运营服务擅长的是帮助政务新媒体将“想法”落地，而提供哪些功能、策划哪些选题和回应哪些公众质询等“想法”都需要政务新媒体自己决定和把关。政务新媒体完全依赖第三方运营商提供的“模板”是一种不负责任的表现。

比如，2018 年 5 月，某市政务微信“××× 人民政府发布”出现运营事故。当网友向该账号反映民生问题时，却出现了“不说话没人把你当哑巴”的惊人回复。在事后的调查公示中，该政务新媒体表示该账号由中国联通某分公司代运营，因管理人员疏忽，其回复接口被自动聊天软件“小黄鸡”接管，该回复并非有意为之。但是，这种说法并没有被公众接受，反倒引发了涉嫌“甩锅”的次生舆情。

强　调

技术可以外包，但责任无法外包！

（二）注意信息安全

政务新媒体运营是各级政府工作的一部分，其账号是各级政务机构的对外形象之一。政务新媒体账号的运营必须遵守《中华人民共和国网络安全法》等相关法律法规，不得泄露危及国家安全、公共安全、经济安全和社会稳定的信息，不得泄露国家秘密、商业秘密和个人隐私，不得违法、违规获取超过服务需求的个人信息，不得公开损害用户权益。

信息安全是政务新媒体运营的底线，无论是运营者还是合作的第三方平台，都必须严守这一底线。比如，2018 年 5 月，不少微博用户都收到一条推销假鞋的私信。用户探究发送此信息的账号发现，其认证信息竟然为“某市某镇人民政府官方微博”。“政府官微公然售假鞋”迅速成为热门话题，引发大量负面讨论。事后，尽管地方政府回应这是运营人员工作交接出现了问题，导致账号被制假团队窃取，并向数千位用户发送了卖假鞋信息。但是，官微随意发布虚假信息这一不良印象已经形成。

从内容上看，“卖假鞋”的性质尚属于可控的范围。但是，如果这些账号被不法分子盗取，发布色情甚至政治敏感信息呢？其后果将不堪设想。因此，在学习各类信息安全法规的基础上，政务新媒体从业者还应该学习掌握确保账号信息安全的技能，提升网络安全素养。

政务新媒体运营者和从业者要做到熟知各大社交媒体账号的安全使用规范，减少被盗号的概率，同时加强对政务新媒体账号和密码的安全管理——账号由专人使用并定期更换密码，禁止在公共场所、公用设备登录政务新媒体账号。账号、密码管理不严，工作人员将个人账号与官方账号混淆而误将个人感悟等内容发送至政务新媒体账号的，都属于重大安全事故。各级政府机构应健全信息安全保密管理制度，落实信息安全责任制，贯彻“谁主办、谁负责”的原则，确保网络使用和信息服务的安全性。

（三）坚持实用作风

在本节中，我们讨论了政务新媒体购买第三方服务的合理性。但是，并非所有的第三方服务都值得购买，坚持“量力而行，实用为主”的原则十分重要。

政务新媒体应当采购现阶段适用的服务，追求过多的花哨功能会适得其反，甚至会引来资金使用不透明的争议。特别是，现阶段大部分第三方服务只是贴着数据挖掘或人工智能的标签，而实际发展状况并不理想。

具体而言，若县级政务新媒体尚处于起步阶段，与其花大价钱购买采编系统和舆情系统，购置高端的新媒体创作设备，不如以服务为本，潜心创作优质内容，一步步积累订阅量和粉丝数，发展到一定阶段再去考虑采纳新技术。

此外，政务新媒体购买第三方服务也是政府购买服务的组成部分，项目预算、信息发布、招标方式和绩效考核等环节都应该纳入法定程序，从而为社会力量的参与提供制度化渠道。同时，各部门还应规范资金管理，建立地区性政府购买服务的资金管理办法，健全购买制度和流程。

对一些不合规定的第三方服务，我们要严令禁止。比如，“买粉”“刷榜”“公关删帖”等服务，这些只能满足政务新媒体一时的“冲指标”之快，极具风险，不利于账号的长期发展。

第二章

政务新媒体的数据新闻生产

如果说成熟稳定的运营能力是政务新媒体立足的根基，那么高质量的内容生产则是政务新媒体实现“推进政务公开、优化政务服务、凝聚社会共识、创新社会治理”的核心竞争力。政务新媒体如何做出群众喜闻乐见的内容，实现上述功能？“讲好中国故事”的能力，无疑十分重要。

当前，“讲好中国故事”不再局限于文字，而是以图片、视频、音频和交互代码等融媒体方式呈现。在本章中，我们将重点讲授如何通过数据新闻呈现政务新媒体内容。

数据新闻是一种通过数据分析和可视化形式来呈现新闻故事的报道方式，“数字化”与“图表图解”是其核心。这也是政务新媒体的发展方向之一。2016 年 2 月，中办国办印发的《关于全面推进政务公开工作的意见》提出“注重运用数字化、图表图解”做好解读工作的要求。[①]2018 年 12 月，国务院办公厅印发的《关于推进政务新媒体健康有序发展的意见》再次强调，要“注重运用生动活泼、通俗易懂的语言以及图表图解、

---

① 国务院办公厅印发的《〈关于全面推进政务公开工作的意见〉实施细则》。网址为 http://www.gov.cn/zhengce/content/2016-11/15/content_5132852.htm。

音频视频等公众喜闻乐见的形式提升解读效果”。[①]

近年来，我国专业媒体在数据新闻上积极实践，为我们提供了大量的经典案例。政务新媒体在制作内容时如何吸收专业数据新闻媒体的实战经验，用数字打造“指尖上的政府”将是本章讨论的重点。

第一节 理解数据新闻

一、理解数据新闻

数据新闻（Data Journalism，缩写为 DJ），自 2009 年以来作为专门术语使用。它主要是一种以数据收集、数据分析和数据可视化为制作流程，以数据为叙事方式，通过跨专业团队合作进行客观报道，引导受众参与和深入了解新闻事实的报道方法。[②]

近年来，澎湃新闻、新华社、新京报和上观新闻等专业媒体纷纷成立团队开展数据新闻报道。媒体如此重视数据新闻的原因在于，数据新闻与可视化叙事、社会调查、公众互动紧密结合。一方面，它可以成就高质量的新闻报道，助力信息公开，提供信息服务；另一方面，它可以增强用户互动，从而帮助打造一些流量非常高的作品。

数据新闻背后的逻辑是：其一，跳出碎片化信息的讲述方式；其二，将技术引入传统的报道流程；其三，实现媒体更好地讲述故事的初衷，提升内容质量与呈现效果。这些诉求与政务新媒体内容生产的要求不谋而合。

① 国务院办公厅印发的《关于推进政务新媒体健康有序发展的意见》。网址为 http://www.gov.cn/zhengce/content/2018-12/27/content_5352666.htm。

② 申琦、赵鹿鸣，《审慎前行：美国数据新闻人才培养现状研究——基于美国新闻和大众传播教育认证委员会（ACEJMC）100 所新闻院校的实证分析》，刊于《新闻记者》（2018 年 2 月）。

案例一

制作科普内容，促进科学传播

对于卫生、气象、交通运输、教育等专业性较强的机构来说，政务新媒体积极宣传本行业的知识是日常工作之一。而简单发布政策、规定等文字信息，会显得枯燥无味、乏人关注。通过图表、图解的方式呈现专业类信息，有助于降低读者理解知识的难度；通过分析并提炼关键内容，更容易凸显重要的政务信息，从而达到更好的传播效果。

我们以气象类头部政务新媒体“中国天气”为例。它们并不拘泥于传统的气象新闻报道，而是积极挖掘数据，推出了一系列反响较好的科普作品。例如，《500 年大数据告诉你：中国旱涝格局呈现周期性变化》（见图 2-1），完整呈现了我国

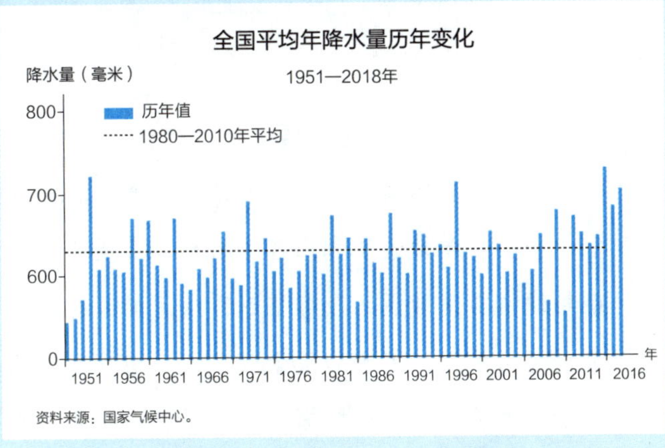

图 2-1　政务新媒体“中国天气”作品截图（1）[①]

① 中国天气网，《500 年大数据告诉你：中国旱涝格局呈现周期性变化》。网址为 http://news.weather.com.cn/2019/06/3207057.shtml。

旱涝的历史性特点和地区分布（见图 2–2），通过图解展示年降水量的变化趋势，让读者对国家气候变迁有了一个整体的认识。

图 2–2 政务新媒体“中国天气”作品截图（2）

强 调

政务新媒体的主要功能之一是公开政务信息，服务群众和企业。我们有必要科学地开发利用各个机构、行业的数据，通过图表、图解通俗易懂地展示政务信息，从而加深群众的理解和参与。数据包括数字，但不局限于数字，一切政务信息都可以视为数据的一部分。比如，数据也可以通过人物关系或地理坐标等形式存在。这些形式的共同点在于，结构化的信息容易被量化、规划和分析。

一般而言，数据新闻可以以文字、静态信息图、视频、动态交互和数据应用等形式呈现。其中，除文字外的展现方式都属于“可视化”表达，可视化的形式主要包括数据图表、关系网、流程图、时间轴和地图等。对于这些形式，我们既可以单独使用，也可以结合使用，并最终封装成一个交互或视频，以满足作品表达的需求。

从目的来看，可视化叙事可以分为数据优先型和选题优先型两种。前者引导读者探索、发掘数据中的丰富内涵；后者更多是解释性、分析性功能，先设定一个问题，再层层剖析。

二、政务新媒体学做数据新闻的好处

或许，数据新闻在政务新媒体从业者看来是相对陌生且稍显困难的领域。但是，随着人民日报社、新华社等专业媒体在数据新闻领域的不断发力，显然这已是大势所趋。

政务新媒体学习运用数据新闻知识制作内容的好处主要有以下三点。

首先，有利于紧跟政务新媒体的政策指导方向，加快内容建设转型。中共中央办公厅、国务院办公厅连续要求在政务新媒体的内容建设上“注重运用数字化、图表图解”，做好解读工作。其实质是督促政务新媒体从业者与团队转变内容生产风格，将“讲官话”转换为“讲故事”。然而，到目前为止，多数地方政务新媒体未能领悟到这一点，或者缺乏相应的内容制作能力。图表、图解类作品要么转载传统媒体的内容，要么成品质量较低、效果较差。

其次，有利于丰富政务新媒体的内容创作形式，缓解“创作危机”。有关政务新媒体的全国调研显示，诸多账号存在内容空洞、形式呆板和更新缓慢的问题。[①]站在从业者的角度来讲，这些问题的核心是不知道“该

① 中国新闻出版广电网，《政务新媒体 别犯“老毛病”》。网址为 http://www.xinhuanet.com/zgjx/2018-08/09/c_137378152.htm。

如何创作”。当传统的文字信息显得呆板时，我们需要考虑将它更改为图表、图解的创作，以吸引读者阅读。同时，当枯燥的文字、数字变化为形式多样的图表、图解时，我们又可以获得新的创作思路和选题，进而吸引读者进一步参与。

最后，有利于获得群众认可，提升传播效果。作为政务新媒体的服务对象，普通群众在面对网络海量碎片化的信息时，希望快速获得自己想要的信息，而“一图读懂”对他们获取信息而言无疑更加高效。人们的阅读天性是倾向选择简单、直接的内容，因此图表、图解类的作品通常会更容易获得关注，这也是专业媒体重视数据新闻的主要原因。

案例二

年度回顾，呈现关键信息

年度回顾是媒体在岁末年初时常见的一种内容生产方向。具体到政务新媒体领域，既可以是该地区政府的年度工作报告，也可以是该地区的发展数据整理和重大事件盘点。

年度回顾通常会受到读者的欢迎，阅读量高于往常。这是因为年度回顾可以帮助读者快速、直观地了解到这一年来的关键内容。它带来的挑战是，制作需要精选最值得展现的内容并符合该地区整体的宣传框架。

例如，由南方网制作的图解“数看 2019 广东省政府工作报告”（见图 2–3），整合了此前一年广东省经济发展和基础设施建设方面的关键数字。

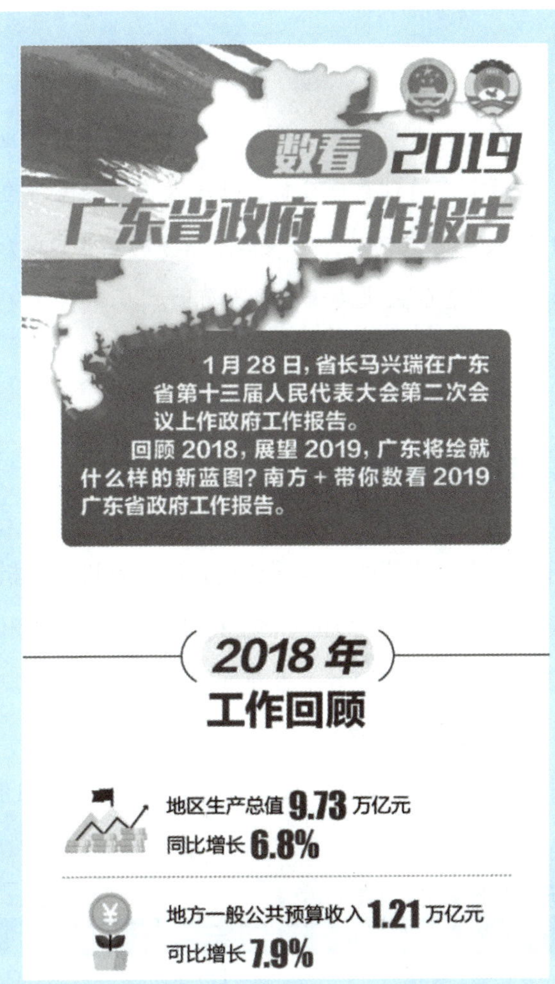

图2-3 南方网作品《数看2019广东省政府工作报告》截图①

呈现关键数字的优点在于，首先，让政府的工作成果更有说服力；其次，凸显记忆点，不至于让读者陷入枯燥的数字和文字中，而不知重点；最后，明亮自然的色彩搭配和版式设计，能够激发读者的阅读兴趣。

① 南方网，《数看2019广东省政府工作报告》。网址为http://www.gd.gov.cn/gdywdt/zwzt/gdlh/ydbg/content/post_2163406.html?jump=false。

强 调

年度回顾、重大事件盘点等都是政务新媒体需要重点关注的问题。实际上，通过数据分析、图表及图解来呈现全局信息与凸显重点信息，不仅对政务新媒体所服务的企业和群众有用，而且对政府管理者的未来决策有重大帮助。

三、数据新闻的技能要求

当数据可以在线免费获取并能够通过开源工具进行分析和展示时，政务新媒体从业者便能够制作数据新闻。科学、有效地分析和展示数据，能够帮助读者、管理者与决策者了解新闻故事并做出判断。它完全可以为政务新媒体用来服务群众与社会。

具体来看，数据新闻的流程、技能与常见工具如表 2-1 所示。

表 2-1　数据新闻的流程、技能与常见工具

流　程	技　能	常见工具示例
数据收集、清洗与处理	使用电子表格	LibreOffice、Excel、Google Docs
	使用统计语言	Ruby、Python
	使用数据采集、清洗软件	Import.io、Datawrangler
可视化呈现	使用地理信息系统	Quantum GIS、ArcGIS、ESRI
	使用无编程的可视化软件	ManyEyes、Tableau Public
	使用需编程的可视化库	D3.js、Prefuse、Ruby、Python
	使用前端程序	HTML、CSS、JavaScript、jQuery
	使用后端程序	PHP、MySQL
	使用图形、图像与视频软件	Photoshop、Illustrator、Premiere

可见，作为一门跨学科的新闻报道方式，数据新闻对制作者的技术

能力提出了新要求，同时更强调团队合作。不过，政务新媒体并非一定要具备专业新闻团队那样的数据新闻生产能力。作为专业媒体的“学习者”或者说“合作者”，我们可以通过借鉴学习，学会用数据讲故事，同样可以制作出“一图看懂”的图表、图解类作品。具体要求如表 2-2 所示。

表 2-2　政务新媒体生产数据新闻的技能要求

流　程	技　能	常见工具示例
数据收集、清洗与处理	使用电子表格	Excel
	使用统计语言	Python
	使用数据采集软件	八爪鱼、神箭手
	使用信息查询平台	百度、知网、政府网站
可视化呈现	使用快捷的多媒体工具	动图导出、无损压缩、词频统计等
	使用无编程的可视化软件	爱图说、百度图说、Tableau Public
	使用图形、图像与视频软件	Photoshop、Illustrator、Premiere

强　调

一是在数据的准备上，政务新媒体从业者应充分熟悉现有的信息查询平台，有针对性地整合权威资料，准备图表和图解的文字内容。二是统计数据应被储存在 Excel 等程序中以供分析。三是我们在从微博、微信等平台爬取数据时，可使用八爪鱼和神箭手等第三方工具，也可以优先使用爬虫（Python）获取数据。四是在制作图表、图解时，我们可以结合 Photoshop、Illustrator 等制图软件输出最终作品。具体操作方法会在后文的实操教学中详述。

第二节 数据收集

一、确定选题

数据收集的方向取决于选题。当选题暂难确定时，我们也可以从数据中寻找方向。

选题主要分为话题优先型和数据优先型。话题优先型是指话题本身很重要，需要优先确定话题，再去找佐证数据；而数据优先型是指当制作者收集或发现了非常有价值的数据集，可以运用数据分析来发现其中的亮点，再结合本地新闻点进行操作。

在常规情况下，我们可以制作一份“新媒体运营日历”，标出每个月的重要事件节点，并在每月初检查一遍。对于两人以上的团队，可以每周举行小型选题会，对具体选题进行讨论和分工。要注意，确定话题时也要考虑为后期内容制作留下充裕的时间。比如，图解类数据新闻的生产周期大概 2~7 天，信息搜集和制作的时间各占一半。当有些选题在策划和写作上耗时较长时，图解类数据新闻的生产周期可以顺延到 10 天甚至更久。如果数据新闻涉及两会、国庆、地区性的年度会议和节日等重大选题，那么提前一个月开始准备也不为过。

案例三

重大事件，及时展现新信息

重大事件可以是国家级的年度盛会，也可以是地方性的主要会议、各类活动。无论哪类选题，都可以提前确定，但是也较难在内容上做出新意。

那么，数据新闻中的图解类作品如何才能创新呢？我们以新华社数据新闻团队的两会报道为例进行分析。2019 年两会落幕后，新华社针对减税降费等群众普遍关心的问题推出了系列图解作品（图 2-4）。在这里，数据新闻的思维主要体现在将具体数值用图形展现，让读者更清晰地理解新政策带来的变化。在该作品中，减税的比率以环图的形式展现，数据变化一目了然。

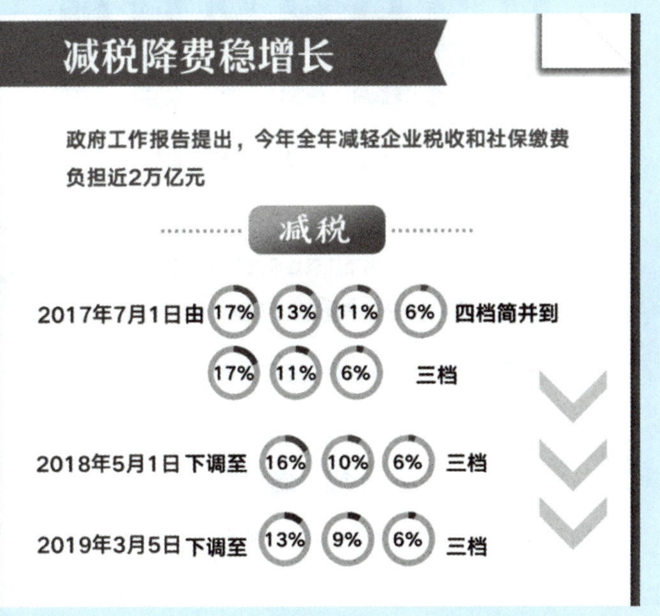

图 2-4　新华社数据新闻团队两会报道作品截图[①]

① 新华网，《@所有人，这份政策礼包清单暖暖的！》。网址为 http://www.xinhuanet.com/video/sjxw/2019-03/10/c_1210077477。

图解作品的制作难度适中，并非只有专业媒体才可以完成。例如，茂名政务新媒体“茂名发布”制作的《图解：茂名市城市建筑垃圾管理办法》(见图 2-5)，对该市建筑垃圾的管理办法进行了说明。尽管其设计的美观性与专业团队有差距，但也方便了群众的阅读与理解。

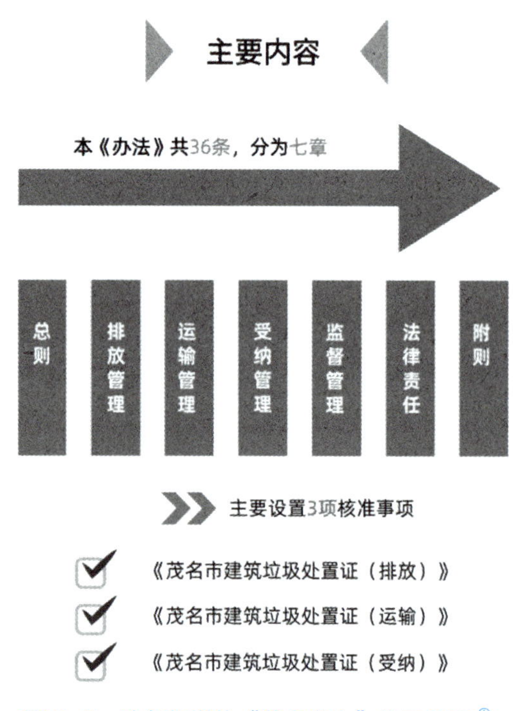

图 2-5 政务新媒体“茂名发布”作品截图①

强调

图解是用图形、图表等方式呈现和解读政务信息的工具。因此，清晰的内容、易懂的逻辑结构、删繁就简的表现是图解的关键。能够让大家“秒懂”的图解是最好的表达，越直观越好，不需要成为炫技的表演。

① 茂名，《图解：茂名市城市建筑垃圾管理办法》。网址为 http://www.maoming.gov.cn/zwgk/zcjd/ytddzc/201905/t20190523_230873.html。

二、常规数据收集

我们从上文已知数据新闻中数据和选题之间的关系，那么，在政务新媒体的日常运营中，哪些数据收集可以帮助我们确定选题、展现内容？我们认为，可以从日常政务信息发布的三个方面发现数据：最新政策、统计资料与社会话题。

（一）最新政策

一般来说，在最新政策类数据中，我们要考虑从政策的核心内容，政策修订的时间线，现行政策与此前的政策区别，对企业、群众或者特定领域有什么影响等几个方面考虑数据的来源。如果缺少完整的数据，我们也可以通过综合其他数据的方法，来丰富我们的内容——长图式信息图表是表达此类信息的较好工具。

案例四

纵横比较，新政策亦有深意

2017 年 10 月上海出租车调价，适逢十一假期，引发当地居民热议。如何让群众了解并理解这次调整呢？上观新闻制作了一篇名为《在上海，一个月收入居然够打 447.4 次车！》的数据新闻报道，不仅量化了月收入能够打车的费用，还将上海与全球 28 个量级相当的城市进行横向比较，同时纵向比较了 1988 年以来几次调价的数据。读者从中可以清晰地看到上海出租车的价格水平（见图 2–6）。

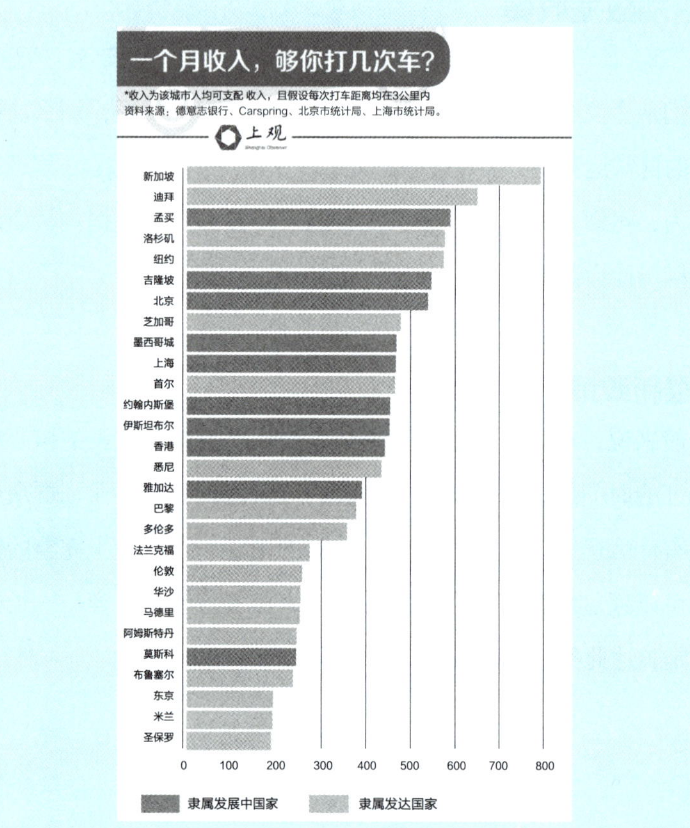

图 2-6　上观新闻《在上海，一个月收入居然够打 447.4 次车！》作品截图[①]

在具体的数据运用方面：制作者考虑到，如果直接把收入和出租车起步价放在图上，读者无法从中看到明确的信息。因此，用每个城市居民的平均收入除以当地出租车的平均价格，制作者将两组数据结合并清晰展示。同时，以“一个月收入，够你打几次车？”为出发点，读者可以切实体会到调价后，在上海打出租车的出行成本是什么样的，凸显价格调整和自身利益的相关性。因此，他们更愿意参与讨论，而不会简单地认为这是一次与自己无关的政策调整。

① 上观新闻，《在上海，一个月收入居然够打 447.4 次车！》。网址为 https://www.jfdaily.com/news/detail?id=66971。

强　调

要想从最新政策中找到切入点，政务新媒体从业者就应多站在读者的角度思考问题。尝试想想“如果我是一名普通读者，我会对这个话题感兴趣吗？”唯有常常这样思考，我们才可以更好地提升“用户体验”。

（二）统计资料

统计资料主要是指全国统一发布的经济社会数据（如人口、生育、人口、卫生等）以及各地区发布的数据（如招商引资、空气质量、旅游人数等）。适当分析统计资料的数据并有效展示是政务新媒体服务的日常工作。

比如，当某地连续高温时，政务新媒体可以收集近期气象以及去年同期的气象数据，做一份高温数据盘点的稿件；当本地出现某种疾病传播的谣言时，新媒体工作人员可以收集疾病预防控制中心公布的统计资料，并依此制作一份信息图表。

（三）社会话题

社会话题也是数据收集的来源，主要以地区性话题与全国性话题为主。以地区性话题为例，当本地顺利举办了一场马拉松比赛时，政务新媒体可以从比赛路线（地理信息图）、参赛人数（性别、年龄、职业特点）和结束时间（柱状图展现）等方面制作多张信息图表。同时，结合现场的图文、视频素材，完成一份内容丰富、充满趣味的融媒体报道。其他全国性话题也是同理。

综上，借鉴数据新闻生产中的常规数据收集方法，我们的政务新媒体选题可以分为三个阶段：一是呈现——对基本数据的描述，概括性描述想要呈现的工作内容并适当突出重点；二是解读——向读者解释其成因、潜在的影响，完成政务信息的解释工作；三是深挖——自行组织选题、挖掘数据，通过数据可视化的方式把主要观点告诉大家并进行互动。

只要我们用数据收集的方式完成对政务信息的描述和解读，实际上就已基本满足了传播的需要。图解类数据新闻在制作过程中若能兼具一定的创新性，则会产生锦上添花的效果。

强　调

展现所属机构的日常工作是政务新媒体信息发布与服务的常态。来自常规工作的一手素材其实也是政务新媒体的宣传优势。如何能“化日常为神奇”，软化这类素材的宣传诉求并将其打包为通俗易懂的新媒体作品，值得我们思考。

案例五

手绘漫画，增添阅读趣味

手绘漫画是图解类数据新闻更具创意的分支。手绘漫画的特点在于，可以将需要呈现的信息和事实用剧情化、场景化的方式展现，因此更为生动活泼，也更容易得到年轻用户的认可。

比如，由北京公安政务新媒体“房山警方在线”制作的作品《明明减肥从未停止，为啥警察还是这么胖？》用漫画的形式对警察巡逻、调解和执勤的工作内容进行了科普展示，赢得广泛好评（见图 2–7）。借用手绘这种活泼的形式来体现警察作为普通人的日常生活，无疑拉近了政民间的距离，表达显得更加“接地气”。

图 2-7 政务新媒体“房山警方在线”作品截图[①]

三、搜索引擎与数据库搜寻

除了上述数据收集方式之外，还有其他两种途径：一是从各类平台搜寻，这要求制作者对数据敏感且具有较丰富的互联网使用经验；二是利用网络爬虫获取网页上的数据。我们将以“案例 + 实操”的方式，逐

① 房山警察在线，《明明减肥从未停止，为啥警察还是这么胖？》。网址为 https://mp.weixin.qq.com/s/qrLIrlfKFUK4tgY9VvskCw。

一来讲授这两种方法。

切记！在运用搜索引擎和数据库自行收集数据之前，政务新媒体从业者要学会判断这些数据的来源是否权威。一般来说，由我国官方机构、专业媒体、知名国际组织或一流大学发布的报告与研究成果具有较高的可信度。另外，对于互联网公司或民间公益组织等机构发布的数据报告，政务新媒体可以选择性地使用；而那些自媒体统计的数据或者流传在互联网上、没有标注数据来源的数据，需要慎重引用。

切记！如果没有好的数据，不如直接放弃选题，待有可靠的数据后再制作。

搜索引擎是我们检索资料常用的工具。但是，如何高效率地使用它？其实有很多技巧。

比如，你确定了一个关于地区环境治理的选题。想要快速获得环保部网站上近两年内有关环境污染的政策文件（PDF 文件格式），并对其进行盘点，你可以怎么做？传统的方法是访问环保部网站，根据网页逐页查询。但这并不是一个高效的方法，且完全没有发挥搜索引擎的独特功能。事实上，包括百度在内的各类搜索框都支持一些特殊符号的键入，以帮助快速定位结果。

双引号（“”）代表一个完全匹配搜索的指令，即搜索结果将包含双引号中出现的所有词，连顺序也必须匹配，搜索引擎不会拆分你的关键词。

练习搜索结果：上海环保政策与“上海环保政策”

减号（-）的作用在于搜索不包含减号后面内容的页面。相当于，告诉搜索引擎在结果中排除自己不需要的关键词。请注意，减号前面必须有一个空格，减号后面没有空格，而是紧跟着需要排除的词。

练习搜索结果：上海环境 -污染

文件格式限定（filetype:）的作用在于告诉搜索引擎，只筛选出带有某种限定格式的搜索结果。比如，我们需要查询政务机构发布的文件或报告，而这些文件或报告通常为 PDF 文件格式或者 DOC 文件格式，那么你可以在搜索框的关键词后加入“filetype:pdf”或者“filetype:doc”。需要注意的是，关键词与指令间需有一个空格，且冒号需要为英语全角。

练习搜索结果：政务新媒体 filetype:doc/ 上海环保 filetype:pdf

网站限定（site:）的作用在于将搜索结果限定在某个特定网站而不是整个互联网。比如，我们想从中国城市轨道交通协会的官网上检索需要的新闻或公告。在搜索引擎的框中键入关键词后加入需要检索的网站“site:camet.org.cn”，就能找到更精确的结果。

练习搜索结果：轨道交通网站 site:camet.org.cn

网站类型限定（inurl:）指令不用精确到某一网站，而是筛选至某一类型的网站。通常，我国政府网站的域名后缀带有“gov.cn”，公益组织的域名后缀带有“org.cn”，高校网站的域名后缀带有“edu.cn”。我们需要熟悉这些与自身职能相关的域名类别，并在检索时加上这一指令。

练习搜索结果：inurl:gov.cn 空气污染

除了以指令形式输入搜索引擎的自定义搜索功能外，你也可以实现指令的大部分效果。以百度为例。

第一步，在网页版搜索框下方，点击“搜索工具”（见图 2-8）。

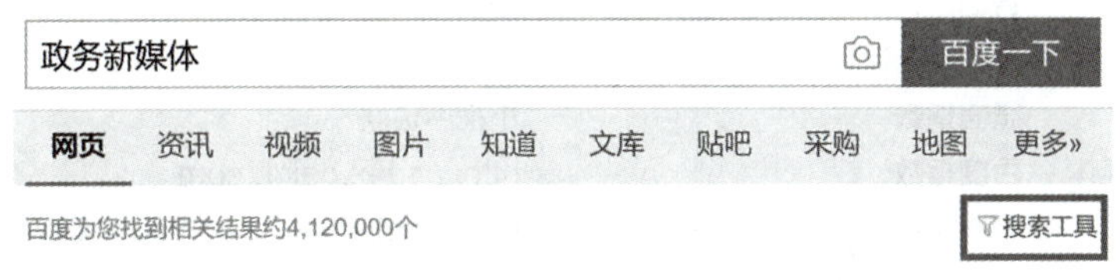

图 2-8　百度搜索中的搜索工具（第一步）

第二步，搜索框中出现“时间不限”、“所有网页和文件”与“站点内搜索”等三个按钮（见图 2-9），分别提供了限定搜索时间、限定搜索文件与限定搜索网站等三个功能。

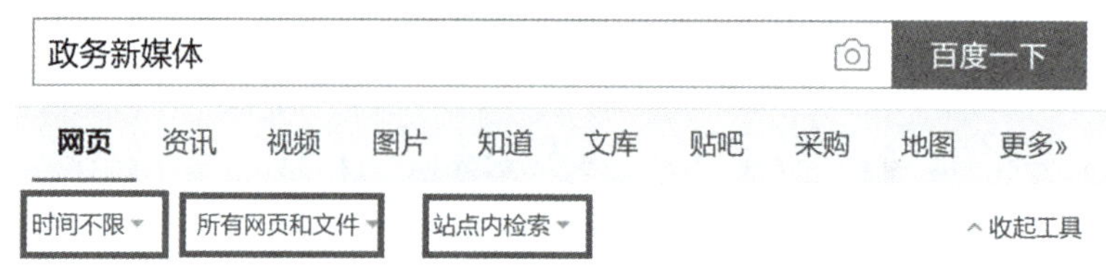

图 2-9　百度搜索中的搜索工具（第二步）

强　调

搜索引擎很实用，希望大家能尝试探索，掌握更多功能。

除了使用搜索引擎检索之外，我们还应该构建自己的数据库或者数据站点。在我们需要获取相关数据时，它们可以让我们直接访问，提升选题的筹备效率。这里将部分常用的站点整理如表 2-3 所示，以供大家选用。

表 2-3　常用数据站点示例

类　型	名　称	备　注
综合查询	国家统计局—国家数据	http://data.stats.gov.cn/index.htm
	知网—中国经济社会大数据平台	http://data.cnki.net/
	北京大学—开放研究数据平台	http://opendata.pku.edu.cn/
	各地区公共数据开放网	—
	各地区统计局	—
社交媒体	微信指数	小程序访问
	百度指数	http://index.baidu.com
	微博指数	https://data.weibo.com/index
城市	世界摩天大楼数据库	http://www.skyscrapercenter.com/
	全国民航运行数据	https://data.variflight.com/
房价	国家信息中心—房地产信息网	http://www.realestate.cei.gov.cn/
	房天下	https://bj.fang.com/
法律	中国裁判文书网	http://wenshu.court.gov.cn/
	裁判文书检索	http://openlaw.cn/
商业	中财网数据引擎	http://data.cfi.cn/cfidata.aspx
	天眼查	https://www.tianyancha.com/

（续表）

类 型	名 称	备 注
农业	农业农村部信息中心	http://zdscxx.moa.gov.cn:8080/misportal/public/dataChannelRedStyle.jsp
	国家农业科学数据中心	http://www.agridata.cn/data/dataList.aspx
环境	中国环境保护数据库	http://hbk.cei.cn/aspx/default.aspx
	青悦开放环境数据中心	http://data.epmap.org/
公共健康	公共卫生科学数据中心	http://www.phsciencedata.cn/Share
	中国疾病预防控制中心	http://www.chinacdc.cn/
社会调查	中国综合社会调查	http://cgss.ruc.edu.cn/
	中国家庭跟踪调查	http://opendata.pku.edu.cn/dataverse/CFPS
	中国健康与养老追踪调查	http://charls.pku.edu.cn/zh-CN
娱乐	猫眼专业版电影数据库	https://piaofang.maoyan.com
	酷云实时收视率	http://eye.kuyun.com/#/
教育	学位与研究生教育数据	http://www.moe.gov.cn/s78/A03/moe_560/jytjsj_2017/
	教育部—教育统计数据	http://www.moe.gov.cn/s78/A03/moe_560/jytjsj_2016/

四、第三方数据抓取

在很多情况下，我们需要的数据存在于网页上，并且可能只是以信息流或者数据库的形式呈现，而不是一个干净、直观的表格文件可供下载。如果我们都通过手动选择、下载，数据收集就会过于耗费精力。

我们可以通过网络爬虫大批量快速获取数据。一种方法是使用开源的爬虫语言编写网络爬虫，另一种方法是，使用第三方平台开发的爬虫软件。我们可以通过短暂的学习来掌握这两种方法，并获得较理想的数据抓取结果。

案例六

自采数据，探索新知

政务新媒体从业者如果没有现成的数据可用，那就主动去采集并在其中找到好的选题。

例如，2018 年 3 月 30 日，川报全媒体集群 MORE 大数据工作室联合四川省民政厅、四川日报社会时政部发起“如果有机会，我想对你说”的留言征集活动，所收集的留言经整理后以新闻作品的形式发布。

在对网友的 1 087 份留言的数据进行分析后，制作者发现，常见的心情为痛心、难过，其次为震惊、难以置信等。高频词分析指出，网友多思念爸爸、妈妈，对四川木里“3·30 森林火灾”牺牲英雄的追思也在其中（见图 2–10、图 2–11）。接着，制作

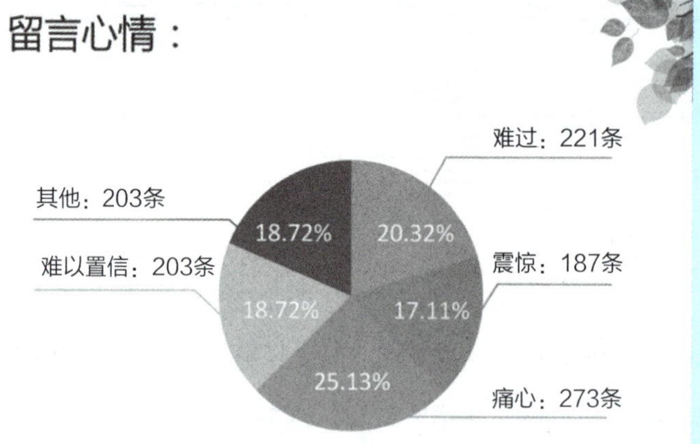

图 2–10　川报全媒体《1087 条留言，巴山蜀水话清明》作品截图（1）[①]

① 川报全媒体集群 MORE 大数据工作室，《1 087 条留言，巴山蜀水话清明》。网址为 https://www.thepaper.cn/newsDetail_forward_3276194。

者顺其自然地将议题转换到对文明祭祀、节俭办丧事、绿色殡葬等价值观的引导上来（见图2-12）。如果一开始就站在管理者角度宣传上述观点，我们很难吸引网友的参与，也难以实现“凝聚社会共识”的服务目的。

通过这1 087条留言内容的词频分析，我们发现提及最多的是“爸爸”“妈妈”“英雄”，广大网友给扑救木里“3·30火灾”牺牲英雄的留言寄语让人动容……这1 000多条留言，关乎亲情、爱情和友情，也关乎陌生人的善意和温情，让我们看到生命的美好和脆弱，不禁让人思考，如何面对过去和未来。

图2-11　川报全媒体《1 087条留言，巴山蜀水话清明》作品截图（2）[①]

① 川报全媒体集群MORE大数据工作室，《1 087条留言，巴山蜀水话清明》。网址为https://www.thepaper.cn/newsDetail_forward_3276194。

惠民殡葬力度空前

从2012年起，累计向社会捐赠葬穴（格）9 900个；2019年清明节前后，全川各地公墓将免费推出4 000多个节地生态葬穴（格）位，是去年的2倍。2019年，绿色惠民殡葬政策，纳入30件民生实事；省财政安排1亿元为遗体火化逝者家庭提供基本殡葬服务；推动规划建设40个农村公益性示范公墓，打造乡村绿色环保、移风易俗、文化传承、家风家教示范基地。以实实在在的举措倡导、引领新时代绿色殡葬礼俗。

图 2–12　川报全媒体《1 087 条留言，巴山蜀水话清明》作品截图（3）①

强　调

政务新媒体是联系群众、服务群众、凝聚群众的重要渠道，我们要注重结合重大活动、重要节日及纪念日、主题日等设置话题、策划活动，将中国传统的风俗、美德、人文情感与政策宣传巧妙结合，探索政民互动的新方式。

① 川报全媒体集群 MORE 大数据工作室，《1 087 条留言，巴山蜀水话清明》。网址为 https://www.thepaper.cn/newsDetail_forward_3276194。

那么，我们该如何自采数据呢？

作为示例，我们选用的数据抓取软件为八爪鱼采集器（https://www.bazhuayu.com/）。比如，我们想要获得微博平台有关2019年“园博会”（北京世界园艺博览会）的讨论内容，制作一篇关于“网友都在关注园博会的什么”的文章。在八爪鱼采集器中，主要通过以下5个步骤完成。

第一步，打开八爪鱼采集器，进入“简易采集”功能。注意，页面最醒目的为“简易采集”和“自定义采集”两个功能按钮（见图2-13）。“自定义采集”适用于工作人员对该工具有一定了解后，自己决定采集哪些网页数据。由于微博平台已经被集成到“简易采集”中，所以我们直接点击左边按钮即可。

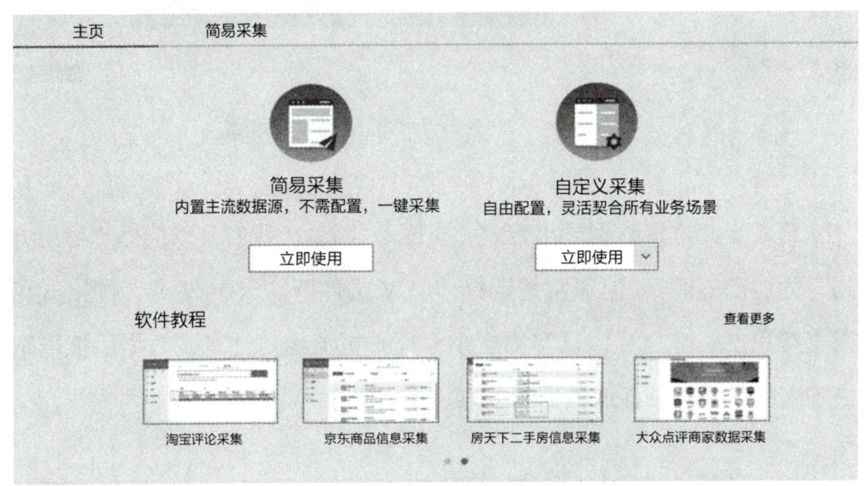

图2-13　八爪鱼采集器主界面

第二步，进入“简易采集”页后，我们继续点击“微博”中的“关键词搜索”，即进入采集前的介绍页面，该爬虫的任务目标是在登录账号后，通过关键词搜索出相关的博文信息，然后采集博文和发文者。

第三步，点击“立即使用”后进入自定义阶段。注意，由于微博平台本身在未登录状态下有浏览限制，因此这一步需要我们在八爪鱼采集器中键入自己的微博账号、密码，选择待抓取的页数以及关键词（见图2-14）。我们选择“翻页面次数80”（也是最高页面限制），设定关键词“园博会”，点击“保存并启动”。在一般情况下，选择“本地采集”即可。

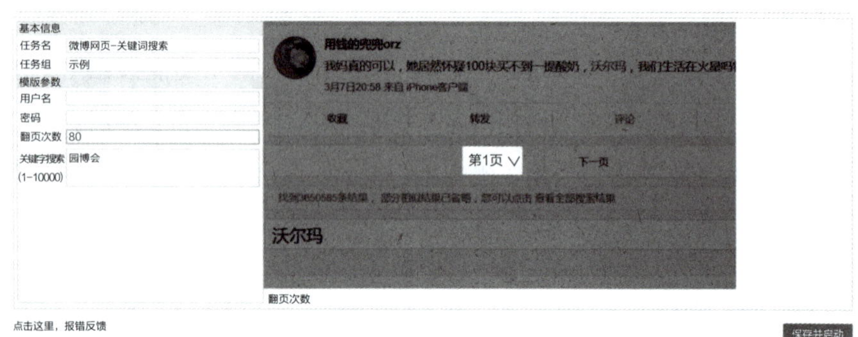

图 2-14 八爪鱼采集器的微博模块设置

第四步，选择数据导出方式（见图2-15）。我们可以选择“导出方式”为“Excel”，但通常是选择“CSV 文件”。CSV 这类文件格式可以直接用 Excel 打开，且容量更小，打开更流畅。注意，数据的抓取取决于网络条件和预抓取数据的多寡。

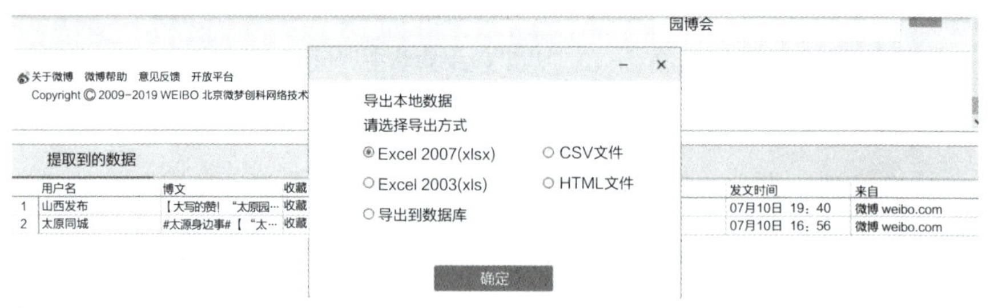

图 2-15 八爪鱼采集器的数据导出方式

第五步，查看数据。Excel 表格清楚地呈现了“用户名”“博文”“收藏数”“转发数”“评论数”“点赞数”“发布时间”“来自”“页面网址”“博文链接”等内容。这说明，我们已经成功获取了微博平台关于“园博会”讨论的相关文本内容（见图 2-16）。

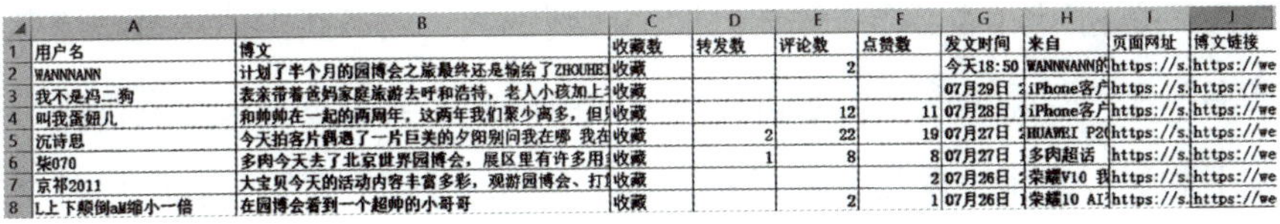

	A	B	C	D	E	F	G	H	I	J
1	用户名	博文	收藏数	转发数	评论数	点赞数	发文时间	来自	页面网址	博文链接
2	WANNNANN	计划了半个月的园博会之旅最终还是输给了ZHOUHEI	收藏		2		今天18:50	WANNNANN的	https://s.	https://we
3	我不是冯二狗	表亲带着爸妈家庭旅游去呼和浩特，老人小孩加上	收藏				07月29日 2	iPhone客户	https://s.	https://we
4	叫我蛋妞儿	和帅帅在一起的两周年，这两年我们聚少离多，但	收藏		12	11	07月28日 1	iPhone客户	https://s.	https://we
5	沉诗恩	今天拍客片偶遇了一片巨美的夕阳别问我在哪 我在	收藏	2	22	19	07月27日 2	HUAWEI P20	https://s.	https://we
6	柒070	多肉今天去了北京世界园博会，展区里有许多用	收藏	1	8	8	07月27日 1	多肉超话	https://s.	https://we
7	京祁2011	大宝贝今天的活动内容丰富多彩，观游园博会、打	收藏			2	07月26日 2	荣耀V10 我	https://s.	https://we
8	L上下颠倒a#缩小一倍	在园博会看到一个超帅的小哥哥	收藏		2	1	07月26日 1	荣耀10 AI	https://s.	https://we

图 2-16 八爪鱼采集器的数据导出结果

通常来说，我们会主要使用“博文”中的内容对其进行文本分析和数据展示。具体可见本章第四节“数据可视化”中的词云图制作部分。

除了微博平台，其他类型的网页数据也可利用八爪鱼采集器获取。另外，大家也可以尝试集搜客（https://www.jisouke.com/）、神箭手（https://www.shenjian.io/）等第三方数据采集平台。

需要提示的是，使用爬虫进行数据抓取需要遵守如下原则：

首先，遵守相关法律规定。大多数职能部门都会在其官网公布，不宜使用网络爬虫强行爬取，这样会对网络安全造成威胁。

其次，遵守网站安全协议。无论我们爬取哪些网站的数据，都应遵循它们的安全协议，切勿干扰被访问网站的正常运行。

最后，做好数据“脱敏”。审慎检查抓取的数据，如果有属于用户的个人隐私或者商业秘密，应及时删除或做好脱敏处理。如果你无法确认数据使用是否合规，建议先暂停选题，待明确后再进行。

除了利用第三方平台采集数据，我们还推荐两种方式：

一是在国家已有的数据开放平台获取数据。自 2012 年上半年上海市推出全国第一个政府数据开放平台起，我国已陆续上线 50 多个符合政府数据开放基本特征的中央部委、地级市及以上平台。其中，中央部门已有交通部、国家统计局、国家气象局和国家林业局 4 家单位建设数据开放平台，地方已有 50 余个城市建设数据开放平台，涉及的数据领域（数据主题分类）约 15 种。[①]

二是利用日常工作中积累的数据找到选题。政务新媒体不是“信息孤岛”和“数据壁垒”。它可以统筹政府网站、实体政务大厅进行线上线下联通，逐步实现数据的互联共享。因此，我们要善于整合运用各个政府服务平台间的数据，在日常工作中找到服务亮点。

案例七

另辟蹊径，常规中发现亮点

数据新闻通常比传统图文报道更加有趣，但刚刚接触它的政务新媒体从业者常不知该如何让其“有趣”。从日常的政务材料出发，你也可以发现新鲜、有趣的内容。这要求制作人员对数据敏感，善于从小细节发现大趋势。

例如，澎湃新闻通过对历年政府工作报告进行的词频分析，透视 40 年来我国经济社会的大变化（见图 2–17）。这比传统的文字解读更具吸引力，也更有说服力。想要实现它，在技术上并非遥不可及。我们可以尝试使用“傻瓜式”的词频分析平台（如图悦在线词频分析工具）和可视化平台（如 Echart、Hanabi），它们也可达到类似的效果。

① 国家信息中心，《政府数据开放建设思路》。网址为 http://www.sic.gov.cn/News/612/9747.htm。

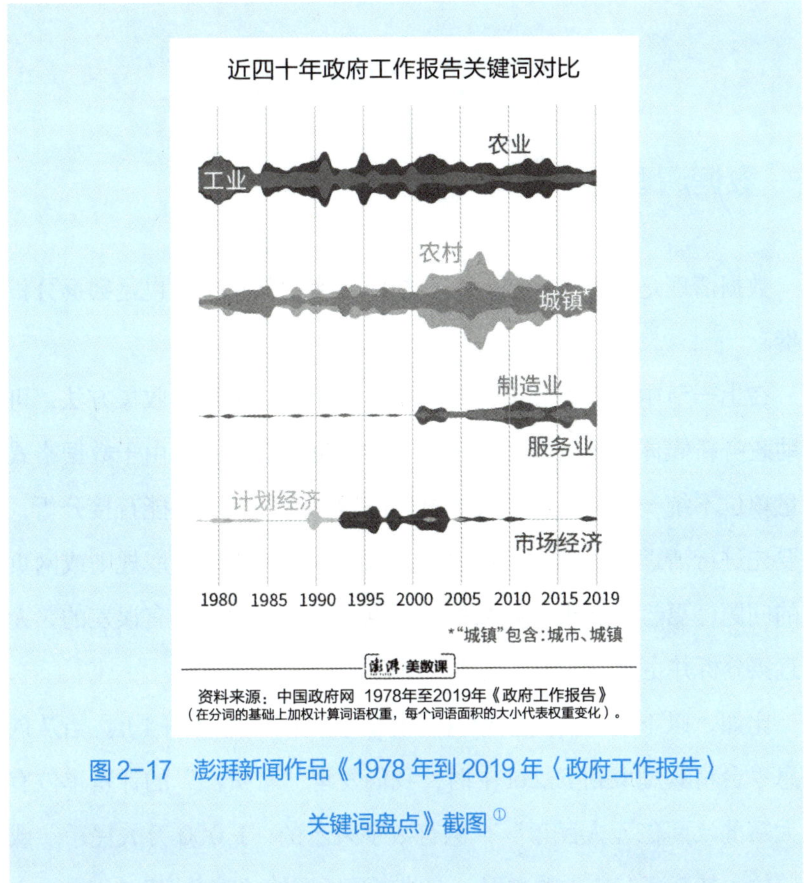

图 2-17　澎湃新闻作品《1978 年到 2019 年〈政府工作报告〉关键词盘点》截图[①]

强　调

各级政务新媒体除了利用国家级的《政府工作报告》来进行选题策划之外，也可以立足本地、本部门，更多地考虑结合地方年鉴、政府公开报告等进行文本挖掘，从而更好地展现地区性的发展成果和本行业的发展动态，从而体现差异化。

---

① 澎湃新闻，《数据说两会　1978 年到 2019 年〈政府工作报告〉关键词盘点》。网址为 https://www.thepaper.cn/newsDetail_forward_3077502。

第三节 数据分析

一、数据清理

数据清理是数据收集与数据分析的重要中间环节，也是数据分析的前奏。

在上一节中，我们知道借鉴数据新闻生产中的数据收集方法，可以帮助政务新媒体确定选题并积累自己的数据库。然而，由于数据格式或计量单位不统一，又或者缺失数据等问题，所以我们不能直接分析，而需要先进行清理。特别是我们自行抓取的数据，由于爬取规则或网页设置的问题，更容易出现“脏数据”。也就是说，数据是有误差的，无法被直接分析并生成为图表，需要清理后才可以继续使用。

比如，以下是一份与创业有关的演示数据（见表 2-4）。当从创业信息平台将其爬取到 Excel 中时，我们发现“融资额”的计量单位有中文大写的“两亿元人民币”，也有数字表示的“1 000 万人民币”或美元单位，甚至还有缺失的数据，这些就是所谓的“脏数据”。

表 2-4 “脏”数据示例

公司序号	融资额	行　业	创业者	职　位
1	3 200 万美元	金融	何	联合创始人
2	数千万人民币	金融	李	CEO
3	5 000 万人民币	企业服务	庞	创始人、CEO
4	3 000 万人民币	医疗健康	李	CEO
5	2 500 万人民币	社交	吴	CEO
6	5 000 万人民币	人工智能	赵	联合创始人、COO
7	2 000 万人民币	旅游	宋	CEO
8	数千万人民币	汽车交通	俞	CEO、创始人
9	数千万人民币	金融	黄	联合创始人

（续表）

公司序号	融资额	行　业	创业者	职　位
10	未披露	金融	赵	创始合伙人
11	千万级人民币	企业服务	刘	CEO
12	未披露	互联网与信息科学	吴	董事长、创始合伙人
13	5 000 万人民币	SaaS EPR/ 企业服务	王	联合创始人
14	1 亿人民币	互联网金融	薛	创始人、CEO
15	600 万人民币	区块链	戴	CEO
16	未披露	文娱游戏	沛	创始人、CEO
17	千万级人民币	消费升级	张	COO
18	1 000 万人民币	旅游	武	总裁
19	3 000 万人民币	人工智能	祝	CEO
20	2 500 万人民币	AI 大数据	陈	联合创始人、CEO
21	未透露	人工智能	石	CEO
22	未透露	电商	任	CEO
23	数千万人民币	电商	周	联合创始人
24	1 000 万美元	企业服务	马	CEO
25	保密	金融	汤	CEO
26	两亿人民币	金融	王	创始人、CEO
27	数亿人民币	本地生活	司	创始人、CEO
28	数亿人民币	企业服务	潘	创始人、CEO
29	1 亿人民币	企业服务	喻	创始人、CEO

通常来说，清理“脏数据”的常见方法是逐个手动编辑，将数据单位统一，并修订缺失或重复的数据。这样做的好处在于准确性较高，但只适用于数据量很小的情况。

数据清理并不轻松，很多时候，它甚至比数据可视化更加耗费精力。因此，对政务新媒体而言，即使通过第三方平台抓取数据能轻松挖掘到更新颖的内容，我们也建议此项工作由专业技术团队完成。此外，我们要学会从已公开的政府开放数据网站中“挖宝”，并充分利用好自身的资源。比如，各地的政府数据网（见图 2-18）。

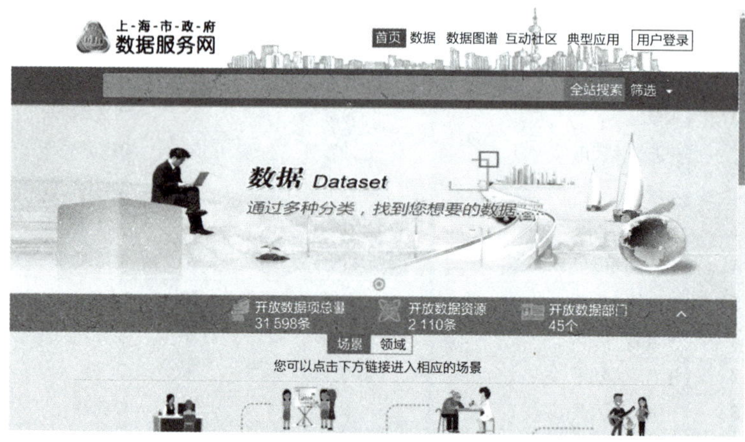

图 2-18 “上海市政府数据服务网”官网[①]

强 调

数据清理的主要目标是清除重复数据、填充缺失数据和检测逻辑错误数据。如果数据量较大，我们需要利用好Excel的筛选和排序功能，集中挑出需要修订的数据并批量处理。

二、数据分析

在获得了一份干净的数据集之后，我们需要对数据进行分析，找到其中蕴含的特征和趋势，最后筛选将什么信息呈现给读者。以常用的Excel软件为例，数据透视表能够帮助我们组织、排列数据，更为重要的是，它可以将数据分类汇总，便于接下来的可视化制作。

为了方便演示，我们从“上海市政府数据服务网”中下载了“城市道

① 上海市政府数据服务网，网址为 http://data.sh.gov.cn/home!toHomePage.action。

路信息”数据（见表 2-5）。该文件包括了区属、类型和长度等维度在内的全市城市道路分段信息。如果我们要发布关于上海市政道路建设盘点的信息，目的是汇总或者分类展示上海市各区、各路段的道路建设情况（如道路等级、路段面积和人行道面积等），数据透视表功能够完成这些工作。

表 2-5　“城市道路信息”数据演示

路段编码	路名	区属	类型	段起点	段止点	等级	长度	路段面积	人行道面积
BSS0000000	爱辉路	宝山	路段	呼玛路	长江西路	支路	423	10 029	4 164
BSS0000002	爱辉路	宝山	路段	共江路	一二八纪念	支路	460	9 747	3 407
BSS0000002	爱辉路	宝山	路段	蕴藻浜	呼兰路	支路	334	7 248	2 718
BSS0000002	爱辉路	宝山	路段	呼兰路	呼玛路	支路	487	10 920	4 095
BSS0000002	爱辉路	宝山	路段	长江西路	共江路	支路	612	13 650	5 250
BSS0000002	安达路	宝山	路段	鹤岗路	南泗塘河	支路	474	9 086	2 700
BSS0000002	安达路	宝山	路段	逸仙路	鹤岗路	支路	498	5 902	1 628
BSS0000002	安家路	宝山	路段	德都路	庆安路	支路	191	4 585	1 720
BSS0000204	安淞路	宝山	路段	安达路 247 号	安达路	支路	200	2 171	553
BSS0000204	八棉新村	宝山	路段	淞滨支路	弄内	支路	289	901	0
BSS0000203	八棉一村通	宝山	路段	淞兴西路	淞滨路	支路	161	563	0
BSS0000207	白沙园路	宝山	路段	江杨北路	杨泰路	支路	1 108	25 570.5	6 648
BSS0000207	白沙园路	宝山	路段	杨泰路	月城路	支路	474	10 614	2 844
BSS0000204	班溪路	宝山	路段	淞兴路	淞浦路	支路	168	2 018	968
BSS0000204	班溪路	宝山	路段	淞滨路	淞兴路	支路	157	3 185	1 932
BSS0000002	宝东路	宝山	路段	宝杨路	海江路	支路	384	5 185	1 667
BSS0000002	宝东路	宝山	路段	海江路	永乐路	支路	321	4 883	1 523
BSS0000002	宝东路	宝山	路段	永乐路	双城路	支路	253	3 769	1 309
BSS0000206	宝钢六村北	宝山	路段	盘古路	市河六村桥	支路	117	526.5	0

第一步，让数据出现在“数据透视表”中。打开文件，全选数据，然后点击“数据”栏中的“数据透视表”，出现“创建数据透视表”的确认窗口，确定后进入透视表界面（见图 2-19）：左侧是演示区，右侧是字段列表。

第二步，交叉汇总数据。将上方的字段选择性地拖入下面的筛选器、

图 2–19 进入数据透视表后的界面

行、列、值四个区域。不同的区域放置组合可以得到不同的交叉汇总结果。比如，在这份数据里，我们希望了解上海各区的路段数量，那么可以将“区属”字段拖动到下方的“行”区域中。这意味着“区属”中的所有类目会纵向列出。同时，再将“区属”拖动到“值”的区域中，这样可以帮我们统计整份数据中各区路段数量的具体数值。完成这两项操作后，我们会发现各区路段数量的数据已经出现在左侧的演示区中了（见图 2–20）。

区属	计数项:区属
宝山	769
崇明	348
奉贤	623
虹口	1378
黄浦	1796
嘉定	523
金山	822
静安	1170
闵行	1591
浦东	2794
普陀	717
青浦	496
松江	557
徐汇	855
杨浦	1025
长宁	662
总计	16126

图 2–20 数据透视表演示结果（1）

第三步，简单排序数据。我们可以将鼠标放在左侧“计算项：区属”中的任何一行数据上，然后右键弹出设置选项。比如，将“值显示方式”换为“列汇总的百分比”，这样数值将会以占比的形式展现。同时，可选“排序”为“降序”，这样我们就获得了一份上海各区路段数量占比排序表（见图 2-21）。

区属	计数项:区属
浦东	17.33%
黄浦	11.14%
闵行	9.87%
虹口	8.55%
静安	7.26%
杨浦	6.36%
徐汇	5.30%
金山	5.10%
宝山	4.77%
普陀	4.45%
长宁	4.11%
奉贤	3.76%
松江	3.45%
嘉定	3.24%
青浦	3.08%
崇明	2.16%
总计	100.00%

图 2-21　数据透视表演示结果（2）

第四步，计算均值等其他数据。我们如果还想了解上海各区的路段平均长度，那就将“长度”字段也放入“值”区域中，然后放在演示区的数据上，右键选择“值汇总依据”中的“平均数”，这样我们就获得各区路段的平均长度数据。

如果小数位数非常多，我们可以整列全选“平均值项：长度”，右键选择“设置单元格格式”中的“数值”一项，将小数位数控制在自己希望的范围内。这样展示的数据就比较美观、简洁（见图 2-22）。

最后，通过行与列的交叉，我们还可以获得更多样的数据分析结果，具体结果取决于我们希望发现什么样的结论。我们在获得了所需的数据结果可以将它们全选复制，以选择性粘贴的方式放置到另一个表栏中，这样数据就可以直接用于可视化图表的制作了。

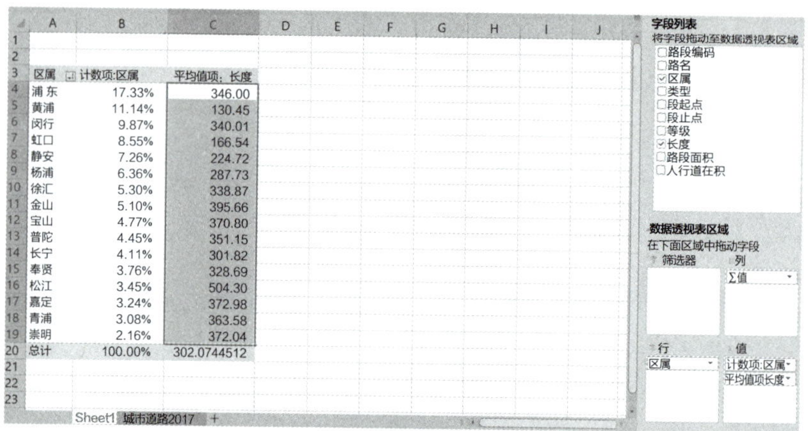

区属	计数项:区属	平均值项：长度
浦东	17.33%	346.00
黄浦	11.14%	130.45
闵行	9.87%	340.01
虹口	8.55%	166.54
静安	7.26%	224.72
杨浦	6.36%	287.73
徐汇	5.30%	338.87
金山	5.10%	395.66
宝山	4.77%	370.80
普陀	4.45%	351.15
长宁	4.11%	301.82
奉贤	3.76%	328.69
松江	3.45%	504.30
嘉定	3.24%	372.98
青浦	3.08%	363.58
崇明	2.16%	372.04
总计	100.00%	302.0744512

图 2-22　数据透视表演示结果（3）

强　调

数据透视表支持个性化设置，通常适用于未被分类整理的较大型数据集。我们所搜集的数据若已经过整理分类，那就可以直接进入可视化流程。

三、如何从数据里看故事

当数据收集与分析完成后，我们需要对它能够讲述什么样的“故事”进行规划。

第一步，给发布作品的叙事类型定性，即确定是选题优先还是数据优先。

如果是选题优先，我们会预先确定一个具体的选题和观点，其叙事过程就是证明观点的过程。比如，政务新媒体要做一则呼吁群众养成垃圾分类习惯的信息发布。我们需要考虑到目前环境资源匮乏、垃圾分类的政策解读和垃圾分类将带来的好处等信息。同时，我们要对应搜集相关数据，并制作信息图表。数据优先型作品，是我们知道一个大致选题方向，但具体做什么需要在数据中深挖。比如，前文使用的上海市“城市道路信息”，需要我们从数据中看出道路建设的基本分布情况和特点，辅以其他资料进行信息发布和解读。

第二步，给作品的情感定性。预设好想要发布作品的情感基调是轻松的、严肃的、沉重的、鼓励的或是其他？一是要根据选题，二是要看数据内容和趋势，以此搭配对应的视觉风格和文风。明确的情感基调有利于读者快速锁定主题，突出信息重点。

第三步，确定作品叙事的逻辑框架。逻辑框架的设计可以丰富多样，制作者可自行确立，但如果是常规的政务宣传，我们可以参考“问题呈现 + 分维度描述 + 解读说明 + 政府行动”这一框架。

具体阐释为：我们可以首先展示条件、问题或现象本身，快速切入，让读者了解内容是什么。在此基础上，细化到各个数据内容，描述现状、趋势、变化和特点等，并结合资料解读其含义。当我们对一个问题或现象进行了“解读说明”之后，汇报政府为此做了什么尤为重要。把“政府做了什么”放置在最后，也符合人们的阅读习惯，通常一份信息的开头与结尾是最容易引人关注的地方。具体到操作细节上，下述问题值得我们反复思考。

- “数据呈现了什么趋势？”比如，展现的数据是某地一年来的CPI（居民消费价格指数）指数，那么无论是走高、走低还是保持不变，我们都需要进行解释说明。
- “极值出现的原因是什么？”读者在阅读图表时倾向关注出现最高值或最低值的地方，我们有必要说明其中的原因。
- “（对比）能体现出什么特点？”比如，只展示本市的数据会稍显单薄，那是否可以将它放到全省、全国的对比框架中，让大家获得更丰富的信息呢？

- “数据与此前相比有什么变化？”如果展示的是2019年的数据，那么是不是可以将2018年、2017年，甚至10年前、20年前的数据纳入对比，大家会发现什么变化呢？这也是丰富故事的手段之一。
- “变化与群众是否有关？”这一思维非常重要。无论呈现什么数据，都要想到，它与我们要服务的群众有关吗？如何处理成与群众生活更密切的话题呢？以CPI指数为例，对读者而言，这只是一个经济决策指标。那么，在呈现指数之外，我们还要考虑是否可以提供更具体的与日常生活紧密相关的蛋肉、水果、蔬菜等物价的数据变化？

案例八

从读者兴趣出发，制定叙事逻辑

我们以上观新闻出品的《上海信访公布9 102个案例，市民关注些啥》为例（见图2-23），具体分析“问题呈现 + 分维度描述 + 解读说明 + 政府行动”这一叙事框架的可行性。

制作者指出，在上海信访官网爬取的9 000余条投诉建议数据包含了时间、区域和话题类型等维度。但是，他们只确定了要探讨上海信访这个大话题，具体报道方向是在数据分析之后确定的，属于数据优先型作品。

图 2-23　上观新闻作品《上海信访公布 9 102 个案例，市民关注些啥》（1）[①]

作品首先展示了 2014 年至 2018 年每月信访建议的公开数量，让读者对信访有了基本的了解。同时，重点标注出极值，便于读者深入了解。

作为地区性议题，读者最关心的是自己区域的表现怎样，这符合“与群众是否有关”的原则。因此，在回复率和满意度这两个指标中，制作者以区域划分帮助读者找到自己所在区域

① 上观新闻，《上海信访公布 9 102 个案例，市民关注些啥》。网址为 https://www.shobserver.com/news/detail?id=143677。

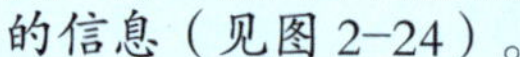
的信息（见图 2-24）。

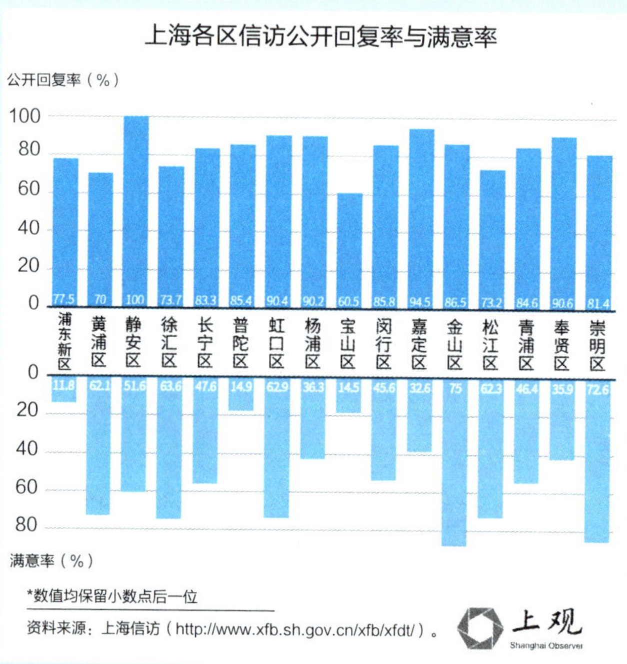

图 2-24　上观新闻作品《上海信访公布 9 102 个案例，市民关注些啥》截图（2）①

作品进一步以年份划分话题，通过话题数量排名展现话题热度的逐年变化，这就是我们所说的“与此前比有什么变化”。比如，对比之后很容易发现，住、行是所有区县居民常年最关注的问题（见图 2-25），这又是一个新的发现。

① 上观新闻，《上海信访公布 9 102 个案例，市民关注些啥》。网址为 https://www.shobserver.com/news/detail?id=143677。

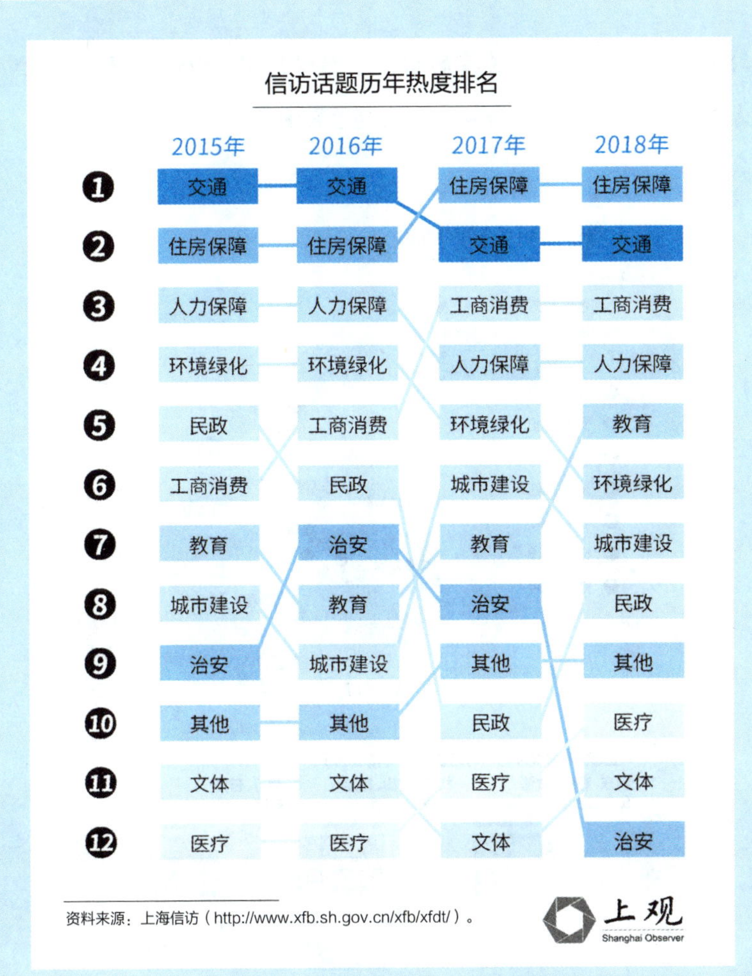

图 2-25 上观新闻作品《上海信访公布 9 102 个案例，市民关注些啥》截图（3）①

最后，作品展示并对比了各区的信访建议数量，其实直接展现各区总数也未尝不可，但不直观。因此，制作者以“每万人”为单位，更易让读者理解。同时，再次结合“与群众是否有关”

① 上观新闻，《上海信访公布 9 102 个案例，市民关注些啥》。网址为 https://www.shobserver.com/news/detail?id=143677。

的原则，列出各区最关注的信访话题（见图 2–26）。如此，读者自然觉得信访这个话题与他们的生活相关。

图 2–26　上观新闻作品《上海信访公布 9 102 个案例，市民关注些啥》截图（4）[①]

① 上观新闻，《上海信访公布 9 102 个案例，市民关注些啥》。网址为 https://www.shobserver.com/news/detail?id=143677。

强　调

“问题呈现＋分维度描述＋解读说明＋政府行动”的叙事框架并不唯一。政务新媒体需要常常思考的是：“数据呈现了什么趋势？”“极值出现的原因是什么？”“（对比）能够体现出什么特点？”“数据与此前相比有什么变化？”“变化与群众是否有关？”。

第四节　数据可视化

一、基本图表的呈现方法

美观、实用的图表在政务新媒体的内容生产中必不可少。比如，年度政务工作总结若加入图表式的数据汇报会显得更具说服力。不过，若图表逻辑混乱或排版失误，则会适得其反。

此前人们习惯使用 Excel、Word 自带的图表，其美观性通常较差。本节将借鉴数据新闻可视化的操作方法，帮助政务新媒体从业者学会制作基本的“图解式”信息图表，让他们进行更人性化的展示。事实证明，经过良好设计的信息图表会得到群众的欢迎。例如，图 2-27 就是一则对澎湃新闻数据新闻作品的好评。

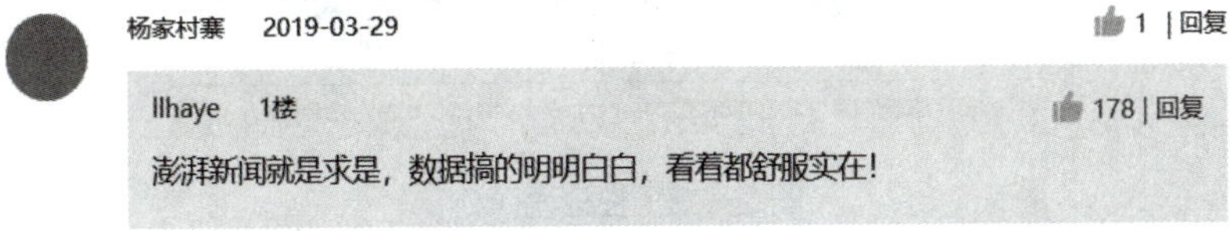

杨家村寨　2019-03-29　1 | 回复

llhaye　1楼　178 | 回复

澎湃新闻就是求是，数据搞的明明白白，看着都舒服实在!

图 2-27　一则对澎湃新闻某数据新闻作品的评价

首先，我们对基本的图表类型进行介绍。更多图表的衍生类型，读者可以在 Echart gallery（https://echarts.baidu.com/examples/）等平台查阅、了解。

（一）柱形图

柱形图可以用于几项简单数据之间的对比。它的主要作用在于比较，即可以利用柱子的高度反映数据的差异，因为人眼对高度差异更敏感。不过，它只适用中小规模的数据集，如果我们要展现的数值项过多，则其会出现“放不下”的情况。

柱形图还可以衍生出堆积柱形图、百分比堆积柱形图等。它们不仅可以让人们直观地看出每个类别的数值，还能够反映出各类别之和。当我们需要考查某单位的数值总和及其组成时，选用这一图表最为合适（见图 2-28）。

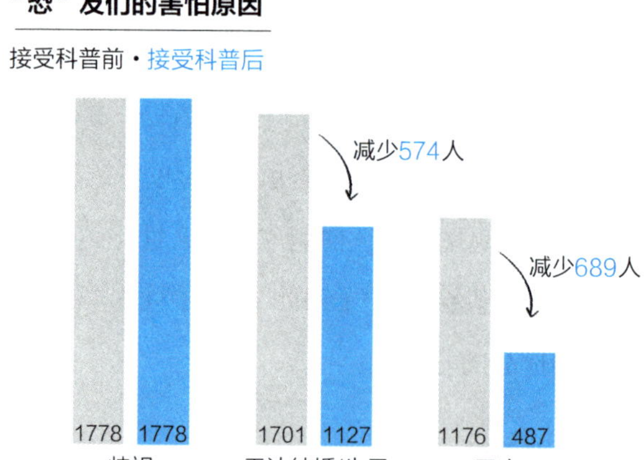

图 2-28 柱形图示例[①]

① 澎湃新闻湃客，《关注恐艾症 人们对艾滋病的恐惧，可以大过疾病本身》。网址为 https://www.thepaper.cn/newsDetail_forward_3207242。

（二）条形图

条形图与柱形图的作用较为相似，都是用于比较各个类目的。每个条形都能直观地表达数据，且它们基本上为横向排列，排版空间充裕，更适合于手机端的浏览（见图 2-29）。

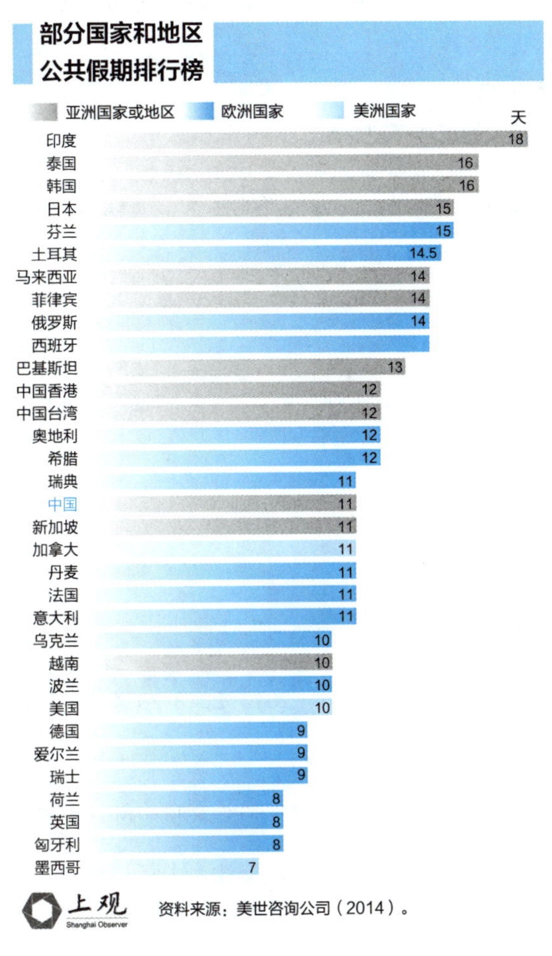

图 2-29　条形图示例[①]

由条形图衍生的还有堆积条形图等，它们的功能与堆积柱形图一致。

① 上观新闻，《中国人的假期》。网址为 https://www.jfdaily.com/news/detail?id=101343。

（三）折线图

折线图适用于二维的数据集，可以用于显示一段时间内的数据变化情况，也适用于多个类目间的比较。折线图与柱形图、条形图时常搭配使用（见图 2-30）。但必须注意，折线图强调的是数据变化的趋势，通常与时间有关，而柱形图、条形图更强调类目间的对比。

图 2-30 折线图示例[①]

（四）散点图

散点图通常展现二至四个维度的数据，其中有两维数据会被依次放

① 上观新闻，《如何活到 100 岁？我们分析了 58 789 名百岁老人的基本数据，结论是……》。网址为 https://www.jfdaily.com/news/detail?id=111069。

置在 X、Y 轴上，用来反映两个维度的数据之间是否存在某种关联或趋势（见图 2-31）。

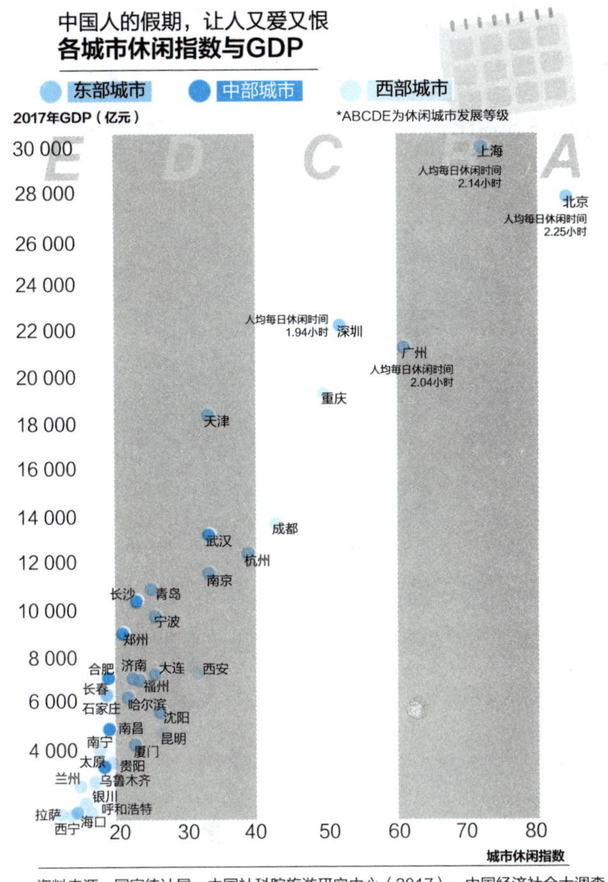

图 2-31　散点图示例[①]

相比柱状图、折线图等其他图表，散点图的优势在于可以展现两个维度以上的数据，同时反映类目间的趋势，呈现较多的信息量和较好的视觉体验。

① 上观新闻，《中国人的假期》。网址为 https://www.jfdaily.com/news/detail?id=101343。

（五）饼图

饼图通常是将一个圆按照类目占比划分成多个区块来展现数据，每块扇形的弧长正比于它所代表的数量（见图 2-32）。

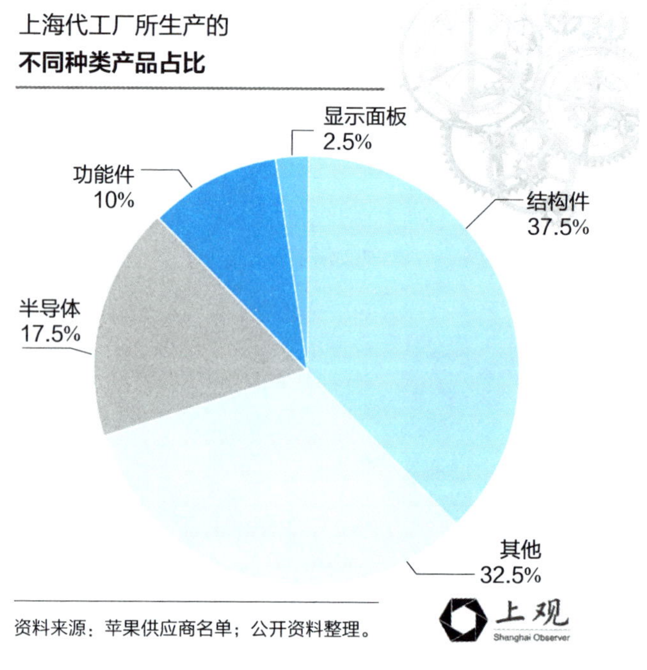

图 2-32 饼图示例[①]

饼图适用于不同类目间的数值比较，重点显示各类目所占的百分比。它的局限在于，类目不宜过多或者数值差距不宜太小，否则可视化的效果会大打折扣。因此，读者若无法区分各扇形面积的大小区别，就会难以理解。

（六）桑基图

桑基图是一种相对创新的图表，用于描述从一组值到另一组值的流

① 上观新闻，《观见数据 缺了中国螺丝钉，苹果就没法实现“美国制造”？故事没那么简单》。网址为 https://www.jfdaily.com/news/detail?id=134470。

向，其分支的宽度对应数据流量的大小。其优势在于可以展现两组以上数据，以及连接它们之间的流向关系（见图 2-33）。比如，地方政府公布了全年财政收支情况，政务新媒体以此制作了一份总结性的稿件。那么，财政收入由哪些类目组成？财政支出又由哪些类目组成？收入和支出的流向如何？桑基图正适用于此。

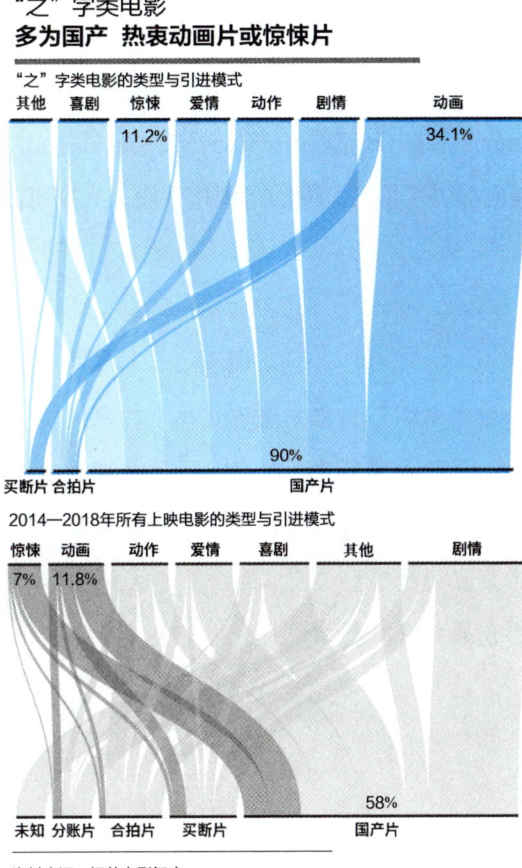

图 2-33 桑基图示例[①]

① 澎湃新闻湃客，《带"之"字的电影就是烂片吗？这里有一份观影避雷指南》。网址为 https://www.thepaper.cn/newsDetail_forward_2886120。

（七）地图

地图的制作相对复杂。一方面，当制作的地图需要具体到省份乃至区县市时，我们需要备有准确的地理坐标数据，并掌握一定的地理可视化知识；另一方面，我们也要特别注意所用地图素材的合法性，避免出现地图“缺斤少两”的严重政治性错误。关于地图的标准化使用，读者可在自然资源部地图技术审查中心承办的“标准地图服务”（http://bzdt.ch.mnr.gov.cn/）网站上申请下载。

为了满足一些基础的地理可视化需求，一些第三方平台如地图慧（www.dituhui.com）、智图GeoQ（http://www.geoq.cn/）、CARTO（https://carto.com/）等也提供了相对方便的可视化手段，大家可以斟酌选用。

强　调

学习以数据新闻可视化方法讲述故事的意义在于，帮助人民群众更快、更好地理解政务信息，而不是增加他们的认知负担。究竟选用哪种类型的图形，我们首先要从数据类型出发，其次要考虑重点表达哪些信息，最后要遵从美观、实用的原则。同时，图形色彩搭配、整体设计还要符合政务新媒体账号自身的风格。

在制作上述信息图表时，我们需要注意以下几点：

第一，不要放置过多的、未经处理的文字材料在图片上。图形可以说明的问题，不必再用文字。例如，图 2-34 所示的是某地政务新媒体制作的“政府工作报告图解”，其展示效果与直接放文字没有任何区别。

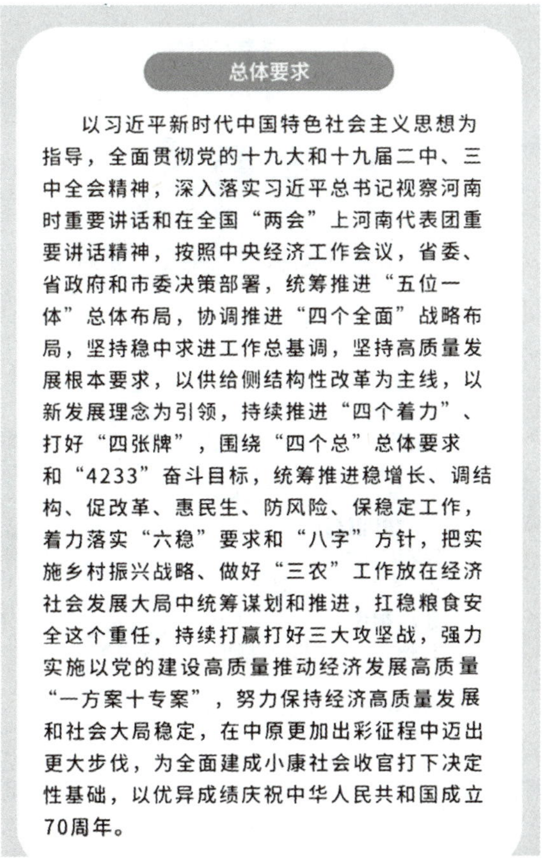

总体要求

以习近平新时代中国特色社会主义思想为指导，全面贯彻党的十九大和十九届二中、三中全会精神，深入落实习近平总书记视察河南时重要讲话和在全国“两会”上河南代表团重要讲话精神，按照中央经济工作会议，省委、省政府和市委决策部署，统筹推进“五位一体”总体布局，协调推进“四个全面”战略布局，坚持稳中求进工作总基调，坚持高质量发展根本要求，以供给侧结构性改革为主线，以新发展理念为引领，持续推进“四个着力”、打好“四张牌”，围绕“四个总”总体要求和“4233”奋斗目标，统筹推进稳增长、调结构、促改革、惠民生、防风险、保稳定工作，着力落实“六稳”要求和“八字”方针，把实施乡村振兴战略、做好“三农”工作放在经济社会发展大局中统筹谋划和推进，扛稳粮食安全这个重任，持续打赢打好三大攻坚战，强力实施以党的建设高质量推动经济发展高质量“一方案十专案”，努力保持经济高质量发展和社会大局稳定，在中原更加出彩征程中迈出更大步伐，为全面建成小康社会收官打下决定性基础，以优异成绩庆祝中华人民共和国成立70周年。

图 2-34　反面案例——某地政府工作报告图解的截图

一般来说，当整个图中有超过一半的内容为文字时，其可视化的效果将会大打折扣，同时也失去了“图解”的意义。政务新媒体从业者在制作信息图表之前，应提前安排好文字内容，请示上级后将相对没有那么重要的内容删减。同时，政务新媒体从业者应通过加粗个别关键字词来凸显重要信息，这样有利于读者快速捕捉主要信息（见图 2-35）。

第二，注意图表颜色的合理搭配。这要求我们在考虑不同的议题时选择相应的主题色，并注意色彩间的相互搭配。

图 2-35　正面案例——某地政府工作报告图解的截图

关于主题色：当议题为正面的积极事件时，如阅兵式、两会召开，信息图的主题色可以选取黄色、红色等庄重、喜庆的颜色。若议题与国家公祭日、灾难事件等有关，则不适用上述颜色，这是一个基本常识。

关于色彩搭配：作品制作应符合审美潮流，切忌使用饱和度过高的颜色。这要求制作者具备基本的“色彩搭配”知识。此外，我们还可以借鉴学习已有专业媒体的优秀作品，借助吸管工具获取颜色，并使用到自己的作品上。例如，新华网数据新闻团队生产了大量政务议题的信息图表，其配色和排版方法均值得借鉴（见图 2-36）。

图 2-36　新华网数据新闻《一图读懂 2019 年最高法工作报告》作品截图[①]

第三，图文搭配、色彩和谐、排版舒适，信息图表的文案撰写应通俗易懂、平易近人。

我们以新华网数据新闻针对全国党员统计和入党流程制作的信息图表为例（见图 2-37）。这是一个相对枯燥的话题，但新华社巧妙地以“应该如何入党”作为核心宣传诉求，以设问式标题《如何成为九千万分之一？秒懂版发展党员流程图》激发人们的阅读兴趣，显得非常自然。在长图中使用“有小伙伴问”“入党都有啥要求”等生活化的语言，以问答的方式解读关键信息，承上启下，站在群众的角度思考问题，自然更愿意被群众接受。

① 新华网，《一图读懂 2019 年最高法工作报告》。网址为 http://www.xinhuanet.com/video/sjxw/2019-03/14/c_1210082529.htm。

城市街道、乡镇、社区（居委会）、行政村党组织

覆盖率均超过99%

全国机关、事业单位和公有制企业党组织

机关组织 99.7%

事业单位 95.2%

公有制企业 90.9%

非公有制企业和社会组织党组织

158.5万家
非公有制企业法人单位
建立党组织

26.5万个
社会组织法人单位
建立党组织

"七一"来了，有小伙伴问，我十分想入党，但不清楚有啥要求。作为世界上最大的政党，入党都有啥要求？

图 2-37　新华网数据新闻《秒懂版发展党员流程图》作品截图[①]

强　调

慎用网络语言。我们要让枯燥、刻板的政务信息变得活泼、易懂，而不是流于低俗。

① 新华网，《如何成为九千万分之一？秒懂版发展党员流程图》。网址为 http://www.xinhuanet.com/video/sjxw/2019-07/01/c_1210174568.htm。

第四，注意标注数据源、发布数据的机构、网址和时间。这样做的好处在于，既增加了政务新媒体发布信息的权威性，也方便读者追溯数据的来源，了解更多的相关信息。

第五，涉及数据处理的，我们应简述数据的处理方式、数据收集的截止时间、是否有缺失或无效数据等，避免给读者带来困惑。

第六，在每份信息图表的底部打上自己的账号 Logo 或者以水印的方式附上制作单位的信息。这样既有利于保护我们自己的知识产权，长期下来也能聚合流量，打造政务新媒体的品牌。

第七，应注意不同屏幕上图片的尺寸大小。比如，在选择导出图片的分辨率时，以符合手机或电脑屏幕显示需要的 72PII 最宜。过高的分辨率（如 300PPI）反而会让图片过大，使其不利于作为素材发布。

第八，不宜直接上传整张长图作为政务微信上的长图型信息图表，因为微信平台的压缩限制会降低图片的清晰度，我们应根据图片长度拆分为若干张图片并在排版时拼合。若图片色彩较丰富，我们可以选择保存为 PNG 格式，相反，则保存成 GIF 格式，这样会在微信平台呈现较好的效果。

二、图表可视化的提升方案

（一）人性化设计

在明确了使用什么样的图表之后，下一步，我们需要提升图表的视觉效果，也就是进行人性化的设计。我们要时常站在读者的角度思考，即他们想要什么，会关心什么，可能会产生哪些疑惑？人性化，其实就是政务新媒体想要实现的“为群众服务”的目标。

首先，选择合适的数据单位或者区间范围。比如，从人的视觉接受和理解角度看，在折线图中线的波动程度应该适中，最好占图表区域的2/3。这就要求 Y 轴间距（标度）设置不宜过大。试想一下，我们要发布近五年某市的 GDP 增长率，数值集中在 5%~10% 之间，但是 Y 轴的区间是 0%~100%。间距过大会让整个折线显得非常扁平，看似没有变化，从而让人难以获取准确信息（见图 2-38）。

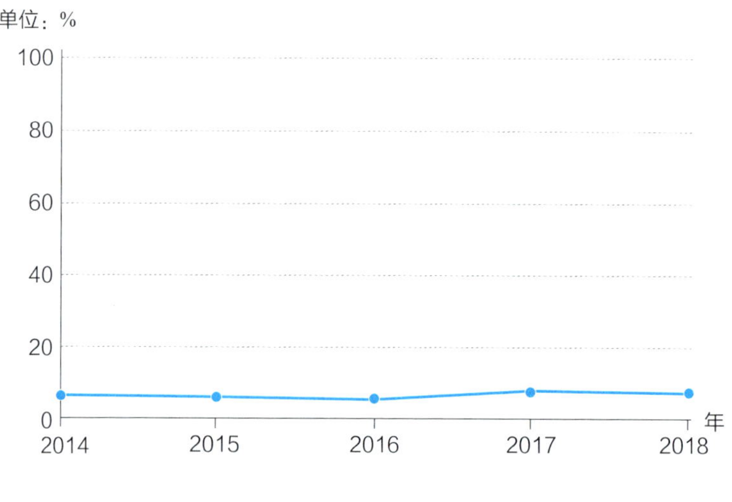

图 2-38 反面案例——折线图演示

其次，简约就是美，避免在图形上添加过多的元素。比如，不宜随便在柱形图上增加阴影，应保持其轻薄的视觉感。同理，X 轴上默认的网格线也可以去掉，因为它很难为读者理解图表带来帮助。取代的方法是直接在图形上显示数值。当数据中有需要强调的部分时，我们可以按数值大小排序并让颜色由深过渡到浅，以方便读者“秒懂”信息（见图 2-39）。当然，这仅是一种示例，事实上，只要是尊重读者阅读习惯和体验的设计都可纳入图表制作中。

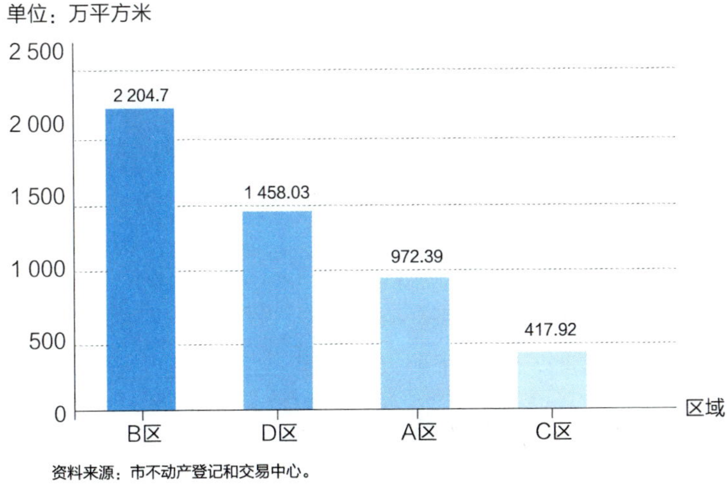

图 2-39　正面案例——柱形图演示

最后，要符合人们的视觉习惯。比如，饼图的设计应根据类目数值的大小顺时针依次排序，因为顺时针的排序符合人眼的阅读习惯。而从大到小的数值排序也符合人们解读信息的习惯（见图 2-40）。

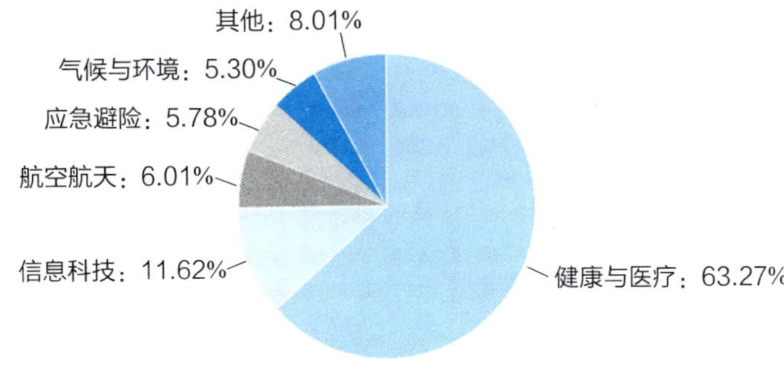

资料来源：统计中心。

图 2-40　正面案例——饼图演示

（二）优化图表和数据的组合

1. 图表组合

为了在图表中呈现更为丰富的信息，数据新闻通常会将几种图表整合到一张图上进行设计。这点很值得政务新媒体借鉴。

以下关于国产电影票房与评价的信息图表（见图 2-41）包含了三组信息：近年来国产电影的豆瓣平均分，历年国产电影票房前十及其豆瓣评分。通过找到这些数据的共同点——时间维度，我们完全可将三组信息用一张图呈现，而不是三张。这样做的好处在于，能够最大程度地统筹信息，让读者透过一张图了解故事内容。当然，这也要求制作者能够较为熟练地使用 illustrator 工具。

图 2-41 图表组合演示

2. 数据组合

数据组合能够帮助我们丰富数据的维度，从而呈现更为精彩的信息。比如，以下展现各省高校平均满意度的散点图（见图 2-42）。环境满意度与生活满意度分别为 X、Y 轴，各省市作为散点分布其中。面对原始数据时，我们可以保持对省级地方数据的敏感并进行比较展示，以呈现更为丰富的信息。因此，在这份图表中，各省通过赋色被划分为东部、中部、西部和东北部四个地理分区。这样显示的结果更为清晰——东部地区的高校平均满意度整体较高，西部则反之。

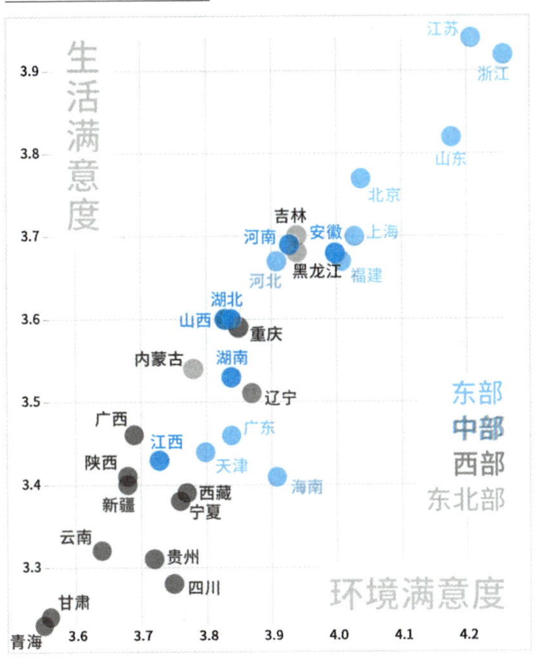

图 2-42　分维度散点图演示[①]

① 澎湃新闻湃客，《升学择校 | 330 万份投票，谁是中国满意度最高的大学？》。网址为 https://www.thepaper.cn/newsDetail_forward_3645654。

强　调

要想提升我们发布的信息的可视化效果，一是要从读者角度出发；二是要善于组合图形和数据，争取用最简约的图表表达更丰富的内容。我们要反复思考："哪些数据更有用""哪些图形更实用""哪些设计更适用"。

三、词频的可视化设计

前述图表大都适用于纯数字的结构化数据。当我们需要分析并呈现网友的意见、态度和情绪等文字性表达时，对词频进行可视化设计是近年来广受欢迎的做法。

词云图是一种将一段文字材料中出现频次较高的关键词以视觉化的方式突出的图形。这样做便于我们观察哪些词汇在文本中占据更重要的位置。例如，2017 年 10 月人民网制作的"十九大报告词云解析"词云图，不仅很好地展现了整份报告中的关键词汇，而且增加了美感，使其更加醒目（见图 2-43）。

图 2-43　人民网"十九大报告词云解析"作品截图[①]

① 人民网，网址为 http://cpc.people.com.cn/19th/n1/2017/1023/c414305-29604178.html。

那么，如何制作词云图？有一种做法是使用 Python 编写代码完成，这需要政务新媒体从业者具备一定的编程能力；另一种做法是使用第三方软件快速制作。

实操讲解如下：

第一步，确定需要分析的文字材料。我们以 2019 年 3 月李克强总理发布的《政府工作报告》[①] 中的段落作为演示材料，内容如下。

> 回顾过去一年，成绩来之不易。我们面对的是深刻变化的外部环境。经济全球化遭遇波折，多边主义受到冲击，国际金融市场震荡，特别是中美经贸摩擦给一些企业生产经营、市场预期带来不利影响。我们面对的是经济转型阵痛凸显的严峻挑战。新老矛盾交织，周期性、结构性问题叠加，经济运行稳中有变、变中有忧。我们面对的是两难多难问题增多的复杂局面。实现稳增长、防风险等多重目标，完成经济社会发展等多项任务，处理好当前与长远等多种关系，政策抉择和工作推进的难度明显加大。经过全国上下共同努力，我国经济发展在高基数上总体平稳、稳中有进，社会大局保持稳定。这再次表明，在中国共产党领导下，中国人民有战胜任何艰难险阻的勇气、智慧和力量，中国的发展没有过不去的坎。

第二步，将文字复制进图悦词云分析平台（http://www.picdata.cn）的主界面栏目“待分析长文本或 URL”中，并点击“分析出图”按钮。我们会看见其右侧呈现了一个简单的词云图效果，同时附有“标准模式”“微信模式”“地图模式”“导出 Excel”四个功能按钮。前三

① 中国政府网，《2019 年政府工作报告》。网址为 http://www.gov.cn/zhuanti/2019qglh/2019lhzfgzbg/index.htm。

个按钮的作用是改变词云形状，最后一个可以导出词频分析结果，以便进一步分析（见图 2-44）。

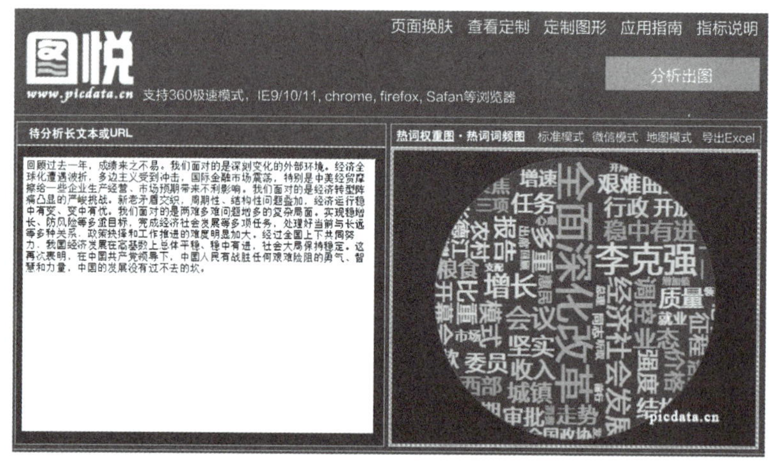

图 2-44 图悦平台主界面

第三步，选择导出 Excel，获得格式为 xls 的“图悦词频分析报告”文件，我们可以看到分词和词频的统计。如表 2-6 所示，“经济”一词被提及 3 次，“市场”一词被提及 2 次，其余关键词均出现 1 次。“权重”指标的意义是，该词在全文中的重要性与“词频”基本呈正相关。

表 2-6 政府工作报告演示数据词频分析结果

关键词	词频	权重
经济	3	1
市场	2	0.944 8
波折	1	0.888 5
多边	1	0.886 7
经济全球化	1	0.883 3
阵痛	1	0.881 6
回顾	1	0.88
震荡	1	0.877 9
主义	1	0.877

（续表）

关键词	词频	权重
摩擦	1	0.873 9
遭遇	1	0.873 8
深刻	1	0.872 8
成绩	1	0.871 9
冲击	1	0.871 7
周期性	1	0.870 3
凸显	1	0.869 9
中美经贸	1	0.869 5
叠加	1	0.868 6
金融	1	0.868 1

注：仅选取前 20 项作为示例。

第四步，实现词云图效果。大家可以尝试使用词云图生成平台 Wordart（https://wordart.com/create），其中有较为丰富的自定义选项。打开页面后我们可以看见，右侧为词云图演示效果，左侧为文本键入窗口和一些自定义选项（见图 2–45）。

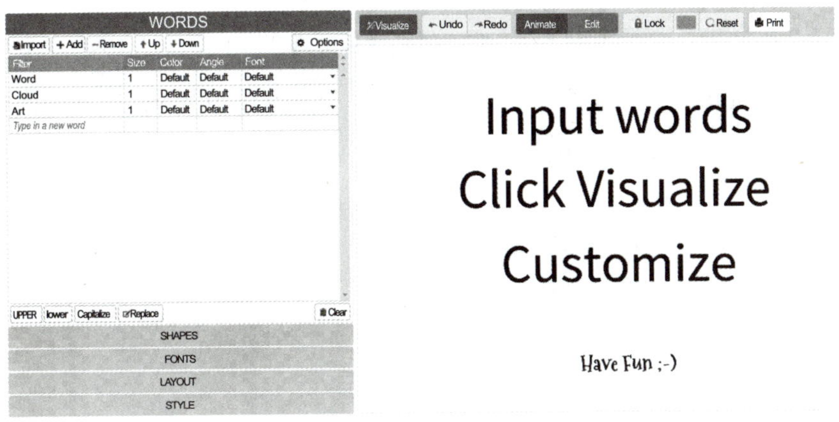

图 2–45　Wordart 平台主界面

- 点击左上角的“Import”（导入），将 Excel 文件中的“关键词”“词频”两栏复制进去，同时勾选“CSV format”（CSV 格式），这一操作将帮助我们保留各关键词对应的词频参数。

- 点击“Import words”（导入词汇），我们可以看到关键词已经出现在左侧栏中，如图 2-46 所示。

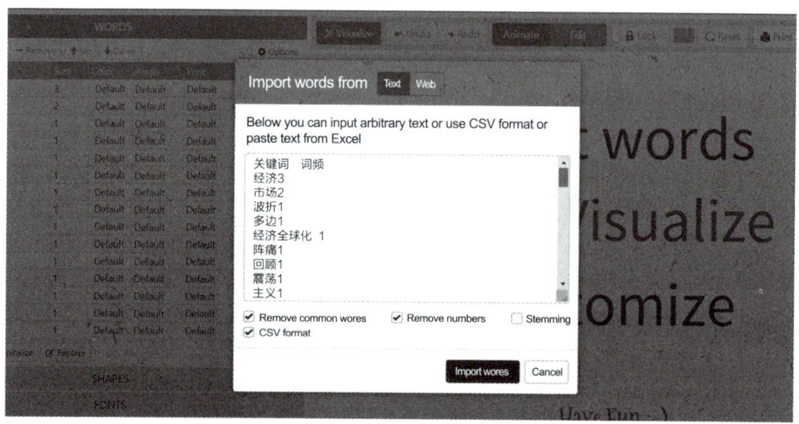

图 2-46　Wordart 导入词频表

- 转换成中文字体。在电脑“控制面板”中的“字体”文件夹中找到自己需要的中文字体并记住地址。
- 回到 wordart 平台，点击左侧“FONTS”（字体）中的“Add fonts”（添加字体），顺利添加后，点击右侧上部的“Visualize”（可视化），基础的词云图创作完成（见图 2-47）。

图 2-47　Wordart 字体选择界面

- 通过“LAYOUT”（布局）、“STYLE”（风格）功能选项，我们还可以对颜色、布局进行多样化的处理。

第五步，升级词云图。我们如果想要实现上文人民网作品中的党徽形状，就需要改变词云图的形状，具体做法如下。

- 选择一个透明底的图片备用。相关素材可在千图网（https://www.58pic.com/）等开放设计素材站点下载，如图 2-48 所示。

图 2-48　演示用透明底素材

- 回到 Wordart 平台，选择右侧的“SHAPES”（形状），接着点击“Add image”（添加图片）按钮，将之前准备好的素材导入（见图 2-49）。系统会自动识别背景与形状，我们在根据实际情况调整参数后点击“OK”，就会看到想要的素材形状已经被载入左侧的库中。

图 2-49　Wordart 导入透明底素材作底图

- 再次点选“Visualize”，完全实现我们可以自定义形状的词云图制作（见图 2-50）。点击上方的“Download”（下载），选择需要的格式保存，词云图即全部完成。

图 2-50　Wordart 自定义词云图生成结果

四、条形图的动态可视化设计

动态条形图通常为视频格式或 GIF（动态图片）格式，方便我们展现一段时间内各类数据的动态变化（见图 2–51）。动态条形图信息量充足，适宜在手机端展示信息，能给予人们略带交互感的观赏体验。地方政务新媒体可结合垂直领域数据制作动态条形图，展现地区性的发展成果或趋势。

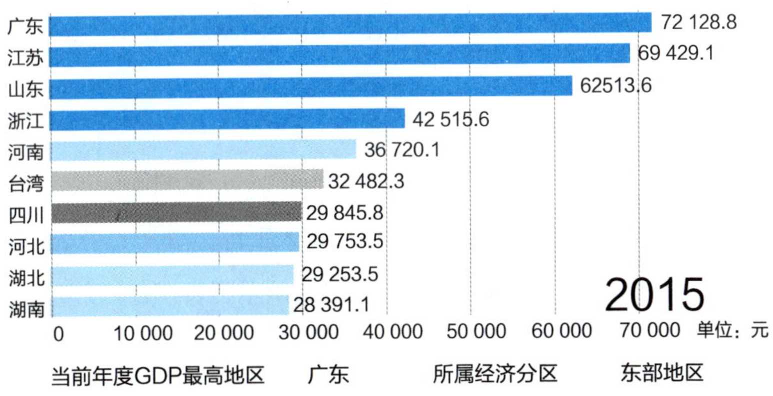

图 2–51　《新中国成立以来各省地区的 GDP 排名变化动态图》作品截图[①]

那么，如何制作动态条形图？

一种方法是使用 D3.js 这一 JavaScript 库绘制导出。这需要制作者掌握前端编程技能，因此有一定的难度。在此，我们将讲授一种更为简单的方法。

实操讲解如下：

第一步，准备一份数据干净、符合要求的 Excel 文件。符合要求，是指准备好的数据中一定要带有时间变化的维度，否则无法体现动态的变化。例如，近 10 年某市在全省 GDP 的排名、2000 年以来某市各区县的人口数等都是符合要求的数据。这里，我们以“2008—2018 年各大洲来华留学生数量变化”作为演示数据，如表 2–7 所示。

① 中国日报，《新中国成立以来各省地区的 GDP 排名变化动态图》。网址为 https://video.sina.cn/news/s/2018-07-04/detail-ihevauxk2101480.d.html。

表 2-7 “2008—2018 年各大洲来华留学生数量变化”的演示数据

地区	2008 年	2009 年	2010 年	2011 年	2012 年	2013 年	2014 年	2015 年	2016 年	2018 年
亚洲	152 931	161 605	175 805	187 871	207 555	219 808	225 490	240 154	264 976	295 043
非洲	8 799	12 436	16 403	20 744	27 052	33 359	41 677	49 792	61 594	81 562
欧洲	32 461	35 876	41 881	47 271	54 453	61 542	67 475	66 746	71 319	73 618
美洲	26 559	25 557	27 228	32 333	34 882	37 047	36 140	34 934	38 077	35 733
大洋洲	2 749	2 710	3 773	4 392	4 388	4 743	6 272	6 009	6 807	6 229

资料来源：教育部政府门户网站。

第二步，将数据放入制图平台 Hanabi[①]（http://hanabi.data-viz.cn/index），进行自定义设置后导出生成。进入平台，选择“动态条形图”，再进入在线制作界面。你可以看到，左侧为演示图表，右侧为数据键入窗口和一些自定义选项（见图 2-52）。

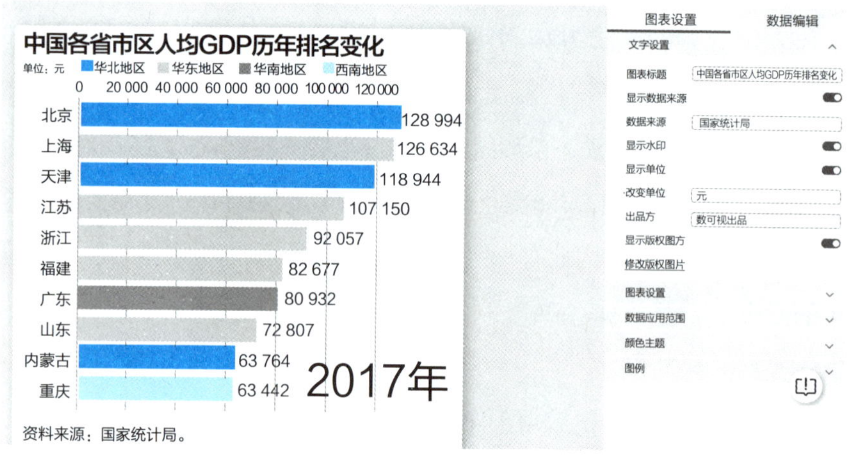

图 2-52 Hanabi 动态条形图制作主页

第三步，点击右侧的“数据编辑”，将此前准备好的数据复制键入。我们会看到需要的“2008—2018 年各大洲来华留学生数量变化”动态条形图已经基本生成，但是标题、水印、数据来源等信息尚未被修改（见图 2-53）。

① Hanabi，由数据新闻服务提供商数可视开发。

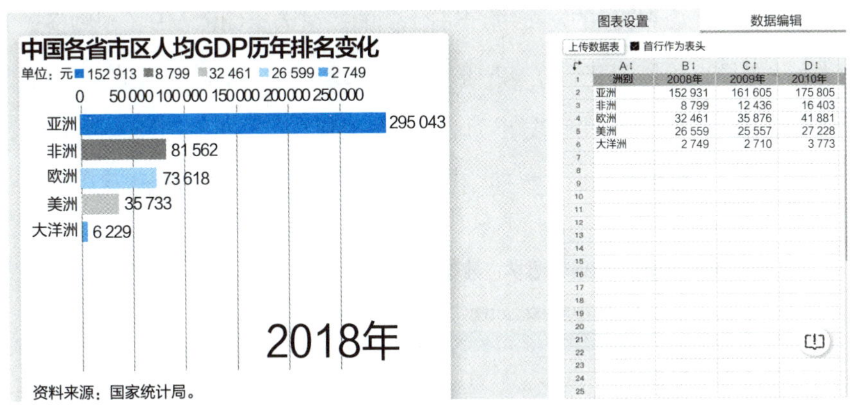

图 2-53　Hanabi 动态条形图数据导入窗口

接下来我们有两种选择：第一种是将其直接导出为 GIF 或者视频格式，作为素材在 Photoshop、Premiere、Flash 等制图软件上修改编辑；第二种是在平台上进行更多的自定义设置。这里我们继续进行第二种。

第四步，回到右侧的“图表设置”，在文字设置中依次将图表标题、出品方、单位、数据来源等替换为自己需要的内容。同理，可在颜色主题中自定义需要的配色。最终，完成动态条形图制作（见图 2-54）。

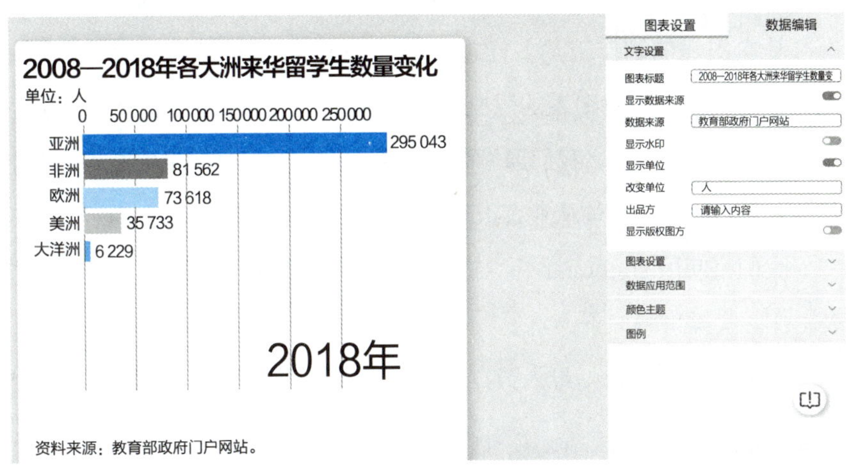

图 2-54　Hanabi 动态条形图个性化设置窗口

第五步，实现作品的发布。点击右上侧的按钮选择GIF、MP4（视频格式）以及代码导出（见图 2-55）。一般来说，如果是常规的政务微信、政务微博内容发布，我们可以将其导出为 GIF 放置在图中，亦可以选择 MP4 格式，经过编辑后以短视频的形式呈现。代码导出通常应用在H5等融媒体作品中。

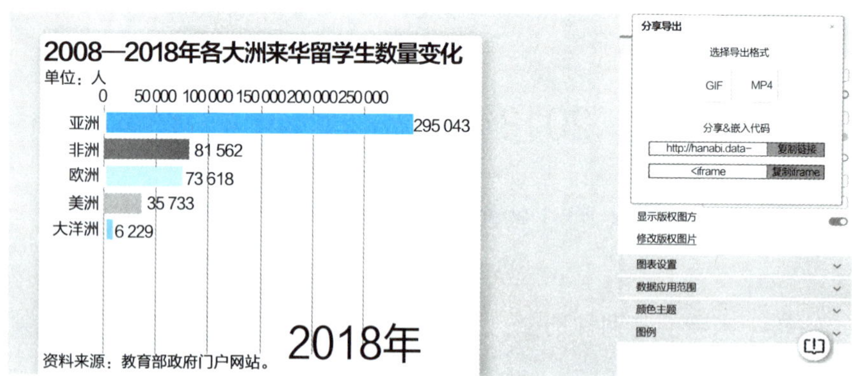

图 2-55　Hanabi 动态条形图导出窗口

五、用更高阶的工具制作基本图表

本节的第一部分简要介绍了基本图表以及如何正确使用它们。那么，如何快速、美观地制作这些图表并最终完成信息图表的生产呢？

基本图表的制作工具多样，包括 Excel、Adobe Illustrator 在内的多款常见软件都带有图表的生成模块。不过，这些软件功能繁多，如果没有熟练的操作技术，我们通常难以利用它们生产出高质量的图表。“身兼数职”的政务新媒体从业者很难有精力掌握这么多技术。

我们将使用 Highchart.js[①] 提供的在线平台完成一次简单、美观的图表制作。实操讲解如下：

整个制图过程包括导入数据、选择模板（选择合适的图表）和确定

① Highchart.js 是一个由 JavaScript 编写的图表库，在全世界范围内被广泛选用并开发。其特点在于图表导出可选择 SVG 格式，可在 Photoshop、Illustrator 等软件上继续美化，也可以代码的形式插入融媒体网页，具有良好的拓展性。

自己所需的自定义参数三个部分。

第一步，确定数据。我们将使用国务院新闻办公室发布的“2008—2017 年中国共产党员人数”作为演示数据。整份数据仅以民族为维度，单位为百万人，如表 2-8 所示。

表 2-8　“2008-2017 年中国共产党员人数”演示数据

年　份	少数民族党员（百万人）	汉族党员（百万人）
2008	4.94	70.99
2009	5.13	72.87
2010	5.34	74.93
2011	5.56	77.04
2012	5.80	79.33
2013	5.95	80.73
2014	6.05	81.74
2015	6.18	82.58
2016	6.30	83.15
2017	6.51	83.05

资料来源：国务院新闻办公室。

第二步，打开 Highchart.js 的中文在线制作平台（https://www.itushuo.com/new），我们可以看见平台左侧为数据键入窗口，右侧为待演示的图表区域（见图 2-56）。

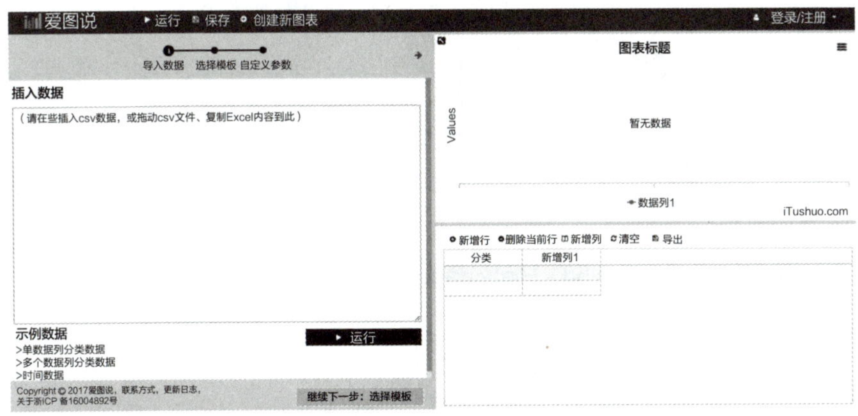

图 2-56　Highchart.js 制作平台主页

第三步，将数据键入后并点击运行，我们会看见右侧生成了一个简单的折线图，但是缺乏很多必要的信息（见图 2-57）。我们的任务是将它逐步美化、丰富。

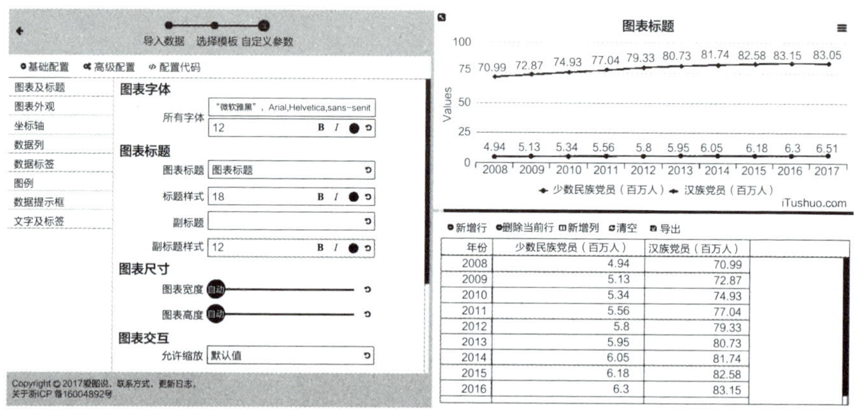

图 2-57　Highchart.js 制作平台个性化设置窗口

第四步，点选左侧的“自定义参数”，替换标题、数据来源（在副标题处填入）并选择合适的配色，图表大致如图 2-58 所示。

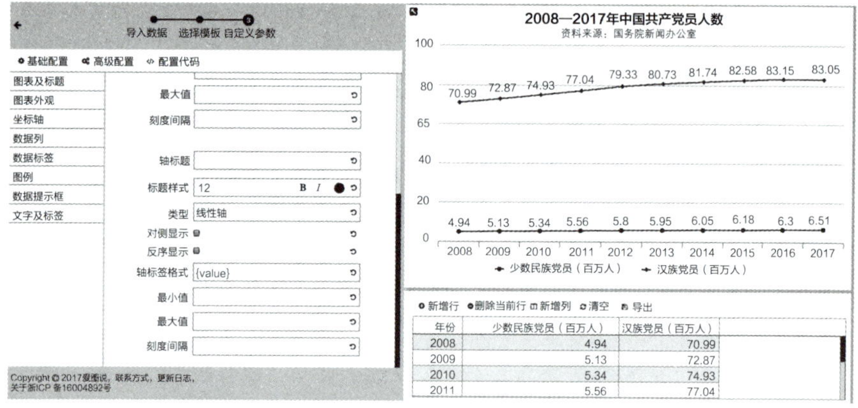

图 2-58　Highchart.js 制作平台修改标题

第五步，如果需求到此为止，可以点击左侧上方的保存按钮。接着点击图表标题右方由三条横线组成的图标——这是一个导出按钮，可以将目前生成的图表打印或导出。需要注意的是，PNG 与 JPG 为非矢量图，可以直接上传至微博、微信的素材库中，但不便于进行二次编辑，而 PDF 与 SVG 文件格式则具备二次编辑的能力。

第六步，选择 SVG 格式导出，在 Adobe Illustrator 软件中继续编辑（见图 2–59）。

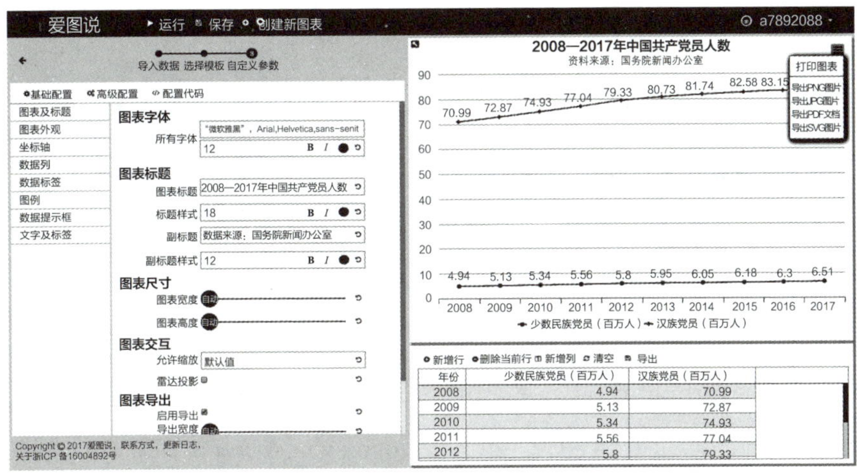

图 2–59　Highchart.js 制作平台导出窗口

第七步，在 Illustrator 软件中对图表的版式、标题和配色进行调整，以达到理想效果，比如添加装饰性的设计元素（如底图的党徽、标题两侧的红条）。最终，导出相对美观的信息图表，如图 2–60 所示。

当然，并非只有折线图才能展示出两组数据的历史变化，我们也可以在“选择模板”中将图表更换成其他图表。

强　调

不同图表有自己的使用逻辑。例如，折线图主要强调数据的变化趋势，而柱状图、条形图则更注重比较数据之间的差别。

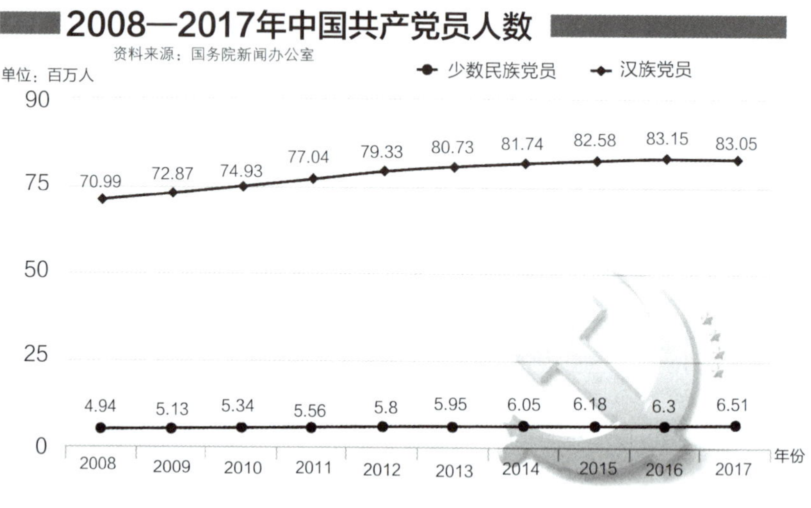

图 2-60　Illustrator 美化后的成品示例

除了 Highchart.js，在基本图表的生成方面，RAW（https://rawgraphs.io/）、百度图说（https://tushuo.baidu.com/）等平台也提供了相似的服务，用户可根据自己的需求选用。

第五节 问题与未来方向

一、信息安全

当数据采集、数据分析与数据可视化越来越多地出现在我们的工作中时，机构和个人的信息安全成为重要问题。① 特别是，在借鉴数据新闻生产的方法时，政务新媒体要十分注意数据采集和使用过程中可能产生的各类信息安全问题。

国务院办公厅印发的《关于推进政务新媒体健康有序发展的意见》

① 申琦，《数据新闻报道的伦理困境与出路》，刊于《青年记者》。

明确指出，不得违法、违规获取超过服务需求的个人信息，不得公开损害用户权益的内容。这需要我们在收集数据时审慎使用涉及公众信息的数据，尽量不要使用可明确定位到个体信息的数据。

在数据使用的过程中，我们如果不可避免地需要分析个人的信息，那么应对数据进行脱敏处理——设置脱敏规则，进行数据变形，将其转化为无法识别的一般信息。 如果是从政务机构获取的内部数据，我们应在使用完成后严格保护或及时销毁。如果是委托专门的数据公司，我们也要注意它们是否是在法律允许的范围内采集和分析数据的，其行为是否符合行业规范。

简而言之，数据安全关涉国家安全。在数据使用方面，我们既要遵守法律法规，又要遵守部门规范。无论是机构还是个人的信息，我们都坚决不能侵犯。

二、技术难题

国家对政务新媒体的要求是，要充分发挥新媒体传播速度快、受众面广、互动性强等优势，而这需要一定的技术支持。相对于专业的媒体数据新闻团队，政务新媒体从业者大部分是学科背景丰富的公务员，而不是新媒体专业技术人才，他们在把握新媒介信息传播规律和对新技术保持敏感方面可能存在不足。

因而，各级政府在解决政务新媒体的技术难题时，既需要重视在考核评价方面对政务新媒体的激励和支持，也需要重视人才培养及相关的梯队建设。

一是优化人才引进。大型的政务新媒体账号可考虑招收计算机科学、数据科学、新媒体运营等专业的毕业生。基层政务新媒体要努力调配内部资源，邀请本单位具有新媒体专业技能的人员参与账号运营。

二是提高现职人员的学习兴趣。通过组织培训、线上线下短期教育等方式，支持、鼓励领导干部和政务新媒体从业者积极关注新媒体技术的发展现状与趋势。

三是加强人才培养。与正规的社会化培训机构、高等院校合作，获取咨询意见，定制技术学习通识课程，提升政务新媒体从业人员以及党政干部的技术素养。

三、未来方向

学习、借鉴数据新闻的实战经验对政务新媒体发展的意义在于：

它告诉我们，如何用优质的数据内容讲述新颖活泼的故事，如何提炼主题让故事更加深入人心。

它告诉我们，从客观的数据分析入手，可以发现和把握群众的实际需求，聆听群众的呼声，增强政民互动。

它告诉我们，数据不是冰冷枯燥的，同样可以用来传递主流价值观、凝聚人心和服务群众。

它告诉我们，新媒介技术只是一种手段，并不是目的，我们要转换服务理念，学会用数据聆听读者的心声，用图表打动人心。

未来，政务新媒体的内容制作必定是数字化和智能化的。学习数据新闻对数据的驾驭和创新，无疑有利于我们党政干部、政务新媒体从业者把握新媒介环境下的信息传播规律，从而更好地了解群众、服务群众，进而优化政务服务。

第三章

政务新媒体的H5页面生产

本章聚焦 H5 页面，我们将继续用案例与实操结合的方式讲授政务新媒体的 H5 页面生产。

当前，各个社交媒体平台在内容编辑与发布方面都有一定的功能限制。但 H5 页面由于是一个独立的网页，相当于在社交媒体平台之上建立了一个相对自由的信息发布场所，同时又深耕于前者，因而能够吸引流量的注入。政务新媒体可根据需要自行设计 H5 页面的内容、版式、功能与交互，这带来了极强的可操作性和巨大的想象空间。

诚然，H5 页面“爆火”的阶段已过，能够在微信朋友圈实现“刷屏”的 H5 作品也越来越少。但这并非代表 H5 页面不再受到用户的认可，相反，这恰恰显示出它正在走入一个更加稳定、理性的发展阶段，即回归初衷，关注传播方式与效果，不再刻意追求复杂的功能和交互。其实，H5 页面本质上是一种网页制式，而网页是整个互联网互通的基础组成部分，基本不存在真正意义上的“过时”的说法，关键是我们如何去利用它、优化它。

因此，我们研判，H5 页面在较长的时间内依然是政务新媒体需要重点关注的内容生产方式。本章的重点是如何理解 H5 页面的生产特点，将 H5 页面变为常态化的以及轻量、高效的政务服务工具。

第一节 理解 H5 页面生产

一、什么是 H5 页面

“H5”一词是从“HTML5”演化而来的，本身是后者的简写，但现在谈到的 H5，更多的是基于这一标准生产的作品或者产品。

HTML 语言，即超级文本标记语言，作为一种逻辑标准，是用来制作可运行的网页的。自 1994 年问世以来，HTML 语言一共进行了 5 次改版，目前最新的版本是由万维网联盟发布于 2014 年 10 月的“HTML5”。

作为万维网的核心语言，“HTML5”在“HTML4”的基础上做出了一系列革新，能够实现更多的功能和效果，其最大的优势是具有良好的跨平台性，是目前唯一能够同时适应 PC（个人计算机）、Mac（苹果电脑）、Android（安卓系统）、IOS（苹果系统）等主流平台的语言。这意味着网页制作者只需要专注于一个版本的开发，便可以使其在各个操作系统、浏览器、移动设备中传播，因此它的出现给网页的开发和传播带来了新的便利。

所谓 H5 页面是一种基于“HTML5”规范生产的页面，在当下的网络环境中主要通过二维码或链接在社交媒体平台、App 中传播。H5 页面点开即看，承载了更为丰富的多媒体元素，音频、视频、动画等都能够在其中进行融合，具有鲜明的传播优势，同时可以更大程度地吸引网友的注意力，并提升他们的交互体验。此外，H5 页面的内容类型众多，可满足不同的制作需求，这使它逐渐受到各个领域的青睐。

二、政务 H5 的生产意义

（一）多媒体融合性强，具有较强的吸引力和感染力

融媒体作品是政务新媒体重点发展的方向，但其中一个难点是如何让多媒体元素整合交互，而不是“各自为政”、单独分发。以政务微信为例，尽管它方便、快捷，但受功能限制，它的内容推送多是图片、文字、GIF、音乐和视频的拼贴组合。也就是说，我们只能将这些元素放置在同一个静态页面中，虽然可以进行搭配却很难使它们融合，因而无法最大限度地激活内容的综合表达效果。

在这种应用场景下，H5 页面的优势得以体现。作为一个独立页面，它能够将多媒体元素较好地进行融合，形成一个有机的整体，共同为呈现主题内容服务，让作品真正实现“可听、可看、可感”，同时充分调动读者的综合感官，提高他们的阅读兴趣。

例如，时常打造“爆款”的网易哒哒工作室，其制作的 H5 作品多能够通过 3D 立体音效、视觉设计与动画配合，构造出一个沉浸式的传播环境来感染读者，使读者充分专注于屏幕场景，从而实现传播效果的最大化（见图 3-1）。

此外，H5 页面丰富的多媒体融合形式更易满足政务新媒体多样化的制作需求——通过元素的搭配、组合诞生不同风格的作品，也更有利于政务宣传突破陈规，做出新意和成绩。

（二）互动性强，鼓励用户交互，提升参与感

不同于微博、微信平台运营时的政务互动，H5 页面的互动具有即时性，且更强调人机互动。它能够通过动作控件的设置帮助用户与内容交互，引导用户通过点击不同的按钮、晃动手机、擦除页面等行为对内容进行下一步的探索。同时，它通过行为触发后续内容的呈现，充分给

予用户参与感和趣味性。

图 3-1　网易哒哒工作室的 H5 作品①

例如，人民日报在 2017 年 3 月出品的《2017 两会“入场券”》（见图 3-2），借鉴了电影院选座的创意，以颇具游戏感的形式引导用户参

① 网易哒哒，网址为 http://h5.daxue.163.com/163/html/news/2019_protection/index.html?spssid=94f969b543333e9c25fb2b385b293b8d&spsw=7&spss=other&from=singlemessage。

与“入场券”抽奖、两会会场选座。同时，用户可以在直播期间利用弹幕、送花等形式参与互动。这个作品实质上是一个提供两会直播的 H5 页面，但“选座”这一创意让人们观看直播的过程变得更具仪式感和临场感。

图 3-2 人民日报 H5 作品《2017 两会“入场券”》[①]

① 人民日报，《2017 两会观摩入场券，买不到只能“抢”！》。网址为 http://www.gov.cn/xinwen/2017-03/06/content_5173856.htm。

同时，《2017两会“入场券”》这一作品充分体现了两会蕴含的民主、平等、友善的核心价值观。“邀请入场，一同观看”这一互动形式展示了执政者民主、开放的态度，能够让人民群众感受到尊重，也能够让他们觉得“两会是与我有关的”“我是得到重视的”，这是传统政务宣传很难实现的效果。

此外，互动性H5作品甚至能够使用户参与到政务新媒体的容生产之中，为其生成定制化的结果和分享页面，这更容易激发用户在朋友圈或社群内分享或转载的欲望。凭借这一优势条件，构思精巧的政务内容和设计就拥有了实现裂变式传播的可能性。

（三）解构常规宣传方式，让宣传更加“接地气”

在以往的宣传中，政务机构往往喜欢用总结、报告式的文体进行单向度的信息灌输，其惯常使用的官方文本无不体现出政府作为权力机关威严的一面。这自然有其合理性，但结果是政务形象始终与群众保持着很大的疏离感，缺乏亲切感。

政务新媒体的出现使这一情况有所改观，但还远远不够。H5页面是一个工具，它用相对轻松、游戏化的方式解构常规的宣传诉求，吸纳网络流行的话语表达，消解群众对政务宣传“套路”的抵触。它能够引起更多的心理共鸣，从平民化的视角切入，让更多的人听懂、看懂政务宣传，缩小政府与群众之间的距离。

H5页面更轻量化，适宜在手机移动端阅读和传播，而简单的交互功能更容易增加用户的卷入度。因此，政务新媒体学习使用H5页面，能够更为轻松、快捷地展开服务，并且拓宽政府机构的发声渠道，以受众喜闻乐见的方式展开政民互动，发挥舆论引导力，增强宣传的吸引力和感染力。

第二节　用 H5 讲好政务故事

一、H5 页面的生产流程

H5 页面的生产路径分为两种：一种是自行组织前端工程师及设计师进行页面独立开发，同时结合政务工作的需要提供文案、媒体素材、创意思路，从而完成整个作品；另一种路径是使用市面上现成的 H5 制作工具，这类工具通常提供了简易化的操作界面，并预设了各种功能与交互方式。制作者即便不懂前端编程，也可以在较短的时间内生成一个可运行的 H5 页面。

可见，虽然第一种路径有较高的技术要求，但它不受第三方工具限制，自由度较高，通常适用于较大型 H5 页面的开发。例如，新华社、澎湃新闻等专业媒体拥有自己的技术团队，通常会选用第一种路径。另外，部分专业媒体会采用购买服务的方式，邀请专业团队协助开发。考虑到相关外包行业已经趋于成熟，在成本与安全性均得到控制的情况下，这也是我们推荐政务新媒体制作 H5 页面时选用的一种方法。

在其他情况下，我们建议政务新媒体从业者采用第二种路径。目前，市面上现成的 H5 制作工具可以根据定位分为两类：一类是简易型，可自定义的功能不多，但操作难度低，适用于简单的 H5 开发需求，如秀米、兔展、百度 H5、MAKA 等；另一类是专业型，适用于完整、专业的 H5 页面制作，有一定的上手门槛，但功能丰富、可拓展性强，如 Epub360、iH5、Mugeda（木疙瘩）等。

使用现成的 H5 制作工具生产出的作品的质量并不亚于独立开发的作品。选择何种方式，取决于政务新媒体的使用场景和现实条件。除了技术因素，专业媒体与部分政务新媒体也会出于流量统计和品牌打造的考虑，选择独立开发 H5 作品，但这意味着它们需要部署相应的域名和服务器，或挂靠在地方融媒体中心上运行。但体量较小的政务新媒体制作 H5 页面多是为了满足日常信息发布和地方政务工作的基础服务，第三方开发的 H5 制作工具完全可以满足其需求。同时，现成的 H5 制作工具自带的发布和流量统计功能对政务新媒体来说也非常友好。

在思路明确、技艺熟练的情况下，政务新媒体使用专业型 H5 工具呈现的页面效果并不亚于独立开发的作品。

总体而言，政务新媒体制作 H5 页面需要的技能如表 3-1 所示。

表 3-1 政务新媒体生产 H5 页面的技能要求

流 程	技 能	常见工具示例
策划	能整合优秀案例，具备创新意识	—
	能进行基本的原型设计	—
制作	能够进行文案撰写	—
	能熟练地使用至少一种 H5 制作工具	Mugeda、iH5、Epub360
	能较熟练地处理影音素材	Adobe Photoshop、Adobe Premiere、Adobe Audition
分发	能掌握关键的平台发布技巧	—
	能使用 H5 制作工具的数据分析平台	—
	能使用第三方的数据分析平台	友盟、百度统计、神策

具体来看，H5 页面的生产流程可大致分为策划、制作与分发三个阶段。在策划阶段，从业者要能够跟进最新的优秀案例，从中学习经验，同时具有创新意识，提出原创的视觉方案，这与其他几种内容生产方式的要求基本一致。更重要的是，从业者要能够进行基本的原型设计。这里的原型设计并非要求从业者像专业设计师一样提供产品原型，而是希望从业者在制作前可以用草稿等将意向的视觉方案“画”出来，这一方

面便于信息传达，能让其他参与制作的人理解其创意，另一方面也有利于在购买服务时与外包技术人员明确诉求。

在自行制作的过程中，政务新媒体从业者应掌握至少一种 H5 制作工具。优先推荐学习专业型工具，但如果精力有限或需求不高，从业者也可以选择仅掌握简易型工具的使用。另外，对应的文案撰写和影音素材处理能力也是从业者不可或缺的。当然，这些技能要求早在平台运营阶段就已提出，对于大多数政务新媒体从业者来说并不是太大的问题。

在制作完成后，如何分发 H5 也很重要。在分发阶段，从业者应掌握一些关键的平台分发技巧，包括提升传播效果的方法、需要注意的风险等。从业者既可以留心工具自带的数据分析功能，也可以使用友盟、百度统计等第三方平台提供的数据分析来解读、优化传播效果，这些平台至少可以在一次长线的生产实践中帮助我们积累经验，提升作品品质。

二、H5 页面的策划方法

（一）前期策划，确定需求

每个 H5 都有不同的宣传需求、时事背景、投放场景，这些都会对政务新媒体作品的生产产生影响。因此，我们在前期策划时要充分考虑上述因素，确立作品的类型和表现方式，进而确定一个基本的制作方向和调性。

对于 H5 的前期策划，我们可以遵照“5W+H”的原则，即六个在制作前需要充分考虑的方面。

第一是“what”（做什么），即 H5 页面的目的和需求，根据政务新媒体的需要确定一个大致的内容方向。 例如，这是一次单纯的活动宣传还是希望传播某种正面价值观，抑或是践行职能，发布相关实用信息？要满足这些需求，我们就要提炼出作品要实现的几个核心目标，再围绕这些目标进行发散。如果这几个核心目标都能够用数据和图形的方式表达，我们就应该考虑如何组合以搭建整个作品的基本架构；如果这些核心内容蕴含着深层的故事性，我们就应当考虑将情怀作为作品的主打方向，为其设置合理的情节和语言叙述以突出主题。

第二是“who”（针对什么样的人群），即这个作品主要面向的人群是哪些，要把他们的喜好和特点充分地纳入内容的设计。如果面向的对象主要是年轻群体，我们就可以考虑采用网络流行的话语表述方式进行叙述，并力求将作品呈现得年轻化、娱乐化，增强互动性、游戏性，将年轻人喜爱的元素融入作品。如果面向的对象主要是中老年群体，作品就不适宜吸纳太多的流行元素，而是要尽量符合他们熟悉的话语体系、阅读环境和方式，以免他们在信息解读方面产生偏差和冲突。

第三是“why”（为什么要做），即为什么要进行 H5 的制作以及通过 H5 想要解决什么问题。政务新媒体需要充分结合 H5 的融媒体性、良好的互动性和可视化优势，在作品设计中尽可能最大化地发挥它们。如果 H5 的表达内容和整体构思与公众号、微博、网页所表达的内容没有太大差别，我们不建议再浪费资源开发相关的 H5 作品。

第四是“where”（何地分发），即充分考量 H5 作品的使用场景和投放渠道，让作品能够充分契合使用场景，配合投放渠道的特性。如果定位是实现区域性的传播，那么 H5 作品的内容和功能设计应符合当地群众的使用需要；如果希望做成全国性传播的作品或者想让它有广泛传播的潜力，那么作品的内容设置应遵循各地群众的浏览需要，以实现对外宣传的目的。

第五是“when”（何时分发），即把握 H5 作品发放的时机，以此确定制作的时长和内容。根据投放时间的长短和发放时机，我们不仅可以提前规划作品设计的总时间，也可以确定作品开发的难易程度。如果时间充裕，政务新媒体可以确定一种高级的交互方式或呈现方式，即使外包也可以有充足的时间与第三方团队进行沟通和改进；但在时间紧迫的情况下，政务新媒体就不能设计太过复杂的作品，而是应当选用相对简单的表现方式，确保能在规定时间内进行发布。

第六是“how”（如何完成）。在上述五个因素的共同影响之下，政务新媒体运营团队要综合考虑并最终确定作品的表现形式，力求设计一个能够满足目标人群的需求、契合使用场景、充分实现制作目的、发挥 H5 独特优势、达到良好传播效果的作品。

（二）提供原型设计

当确定作品的总体制作方向后，我们就可以对内容呈现和元素搭配展开具体的设计和安排。我们可以以画“原型图”的方式来呈现对作品的基本构想，它与拍摄视频时的脚本和工业设计时的草图类似，目的都是将抽象的想法具象化，形成一个可供实施的方案（见表 3-2）。

表 3-2　政务新媒体进行 H5 原型设计的方法列举

类　型	方　法	说　明
简易方法	手绘	方便快捷，但传达效果取决于手绘质量
	H5 制作工具	利用 H5 制作工具内置的绘制工具呈现基础原型
	PPT	可利用形状工具绘制基础原型，作为常用软件，使用难度低
	Word	功能有限，但多依赖文字标注，可快速提供基础原型
专业方法	Axure	效果精致，功能完善，但有一定技术门槛
	Mockplus	产出速度快，学习难度较低

进行 H5 原型设计的必要性在于，如果是一些模板化的 H5 页面，那么我们可以直接上手制作，这并不是问题；但如果是原创性较强的 H5 页面，我们就要考虑页面的滑动方式是怎样的，交互按钮放置在哪里，什么时候应该弹出视频以及最后的结尾画面需要什么。基于种种创意和想法，我们如果仅仅用文字表达或进行口头沟通，就会显得非常低效，甚至会造成制作错误。

这时就需要进行原型设计，也就是说，我们至少要把 H5 页面在不同交互阶段呈现的效果和布局大致“画”出来，方便团队其他成员理解。如果是制作动画性较强的 H5 作品，那么我们最好像制作短视频一样提供分镜脚本。脚本可以很简单，但要将思路表达清楚。可以说，在 H5 页面的初步设计阶段，一张图胜过千言万语。

当然，我们在上文提到的软件仅是为了举例，新兴的原型设计软件还有很多，大家可以结合自己的需求和技术基础自行选用。事实上，在越来越多的融媒体生产实践中，政务新媒体从业者不仅有“记者”“编辑”的角色烙印，也会承担类似“产品经理”的角色。如果能掌握专业的原型设计工具，那么无论是自己生产作品还是与外包团队对接 App、网页、视频等项目，政务新媒体从业者都可以更好地传达自己的创意与思路，提升工作效率，拓展职业发展空间。

三、从政务宣传工作中找到思路

那么，通常情况下什么样的选题和内容可以或者值得被制作为 H5 页面？当已经确认了选题，我们可以使用哪种 H5 形式？我们建议政务新媒体尝试从常规的政务工作出发，找到思路并展开实践。

需要注意的是，本书所介绍的思路与方案只是一种常规搭配的示例，它们并非各自独立，或者只能在某一场景下应用。政务新媒体 H5 制作团队应当根据选题需要和实际制作能力选择使用。

（一）政策宣传

政策宣传是政务新媒体承担的日常工作之一。如果追求短平快的制作，那么使用图文报道、数据新闻、短视频等内容制作方法都没什么问题。但是，如果制作时间充裕且希望通过融媒体方式更为丰富地体现内容，那么我们不妨选用 H5 页面。具体来看，日常政策宣传给我们提供的 H5 制作思路主要有三种。

1. 数据式呈现

对于群众而言，党和国家的规章制度、政策法规等的语言表述相对严肃，尤其是工作报告类的公文，其涉及社会生活的各个层面，内容非常丰富。我们可以考虑以数据化方式解读它们，通过可视化图表和动画呈现将文字内容抽象为数字和图形，从而大大降低阅读的难度，帮助人们理解。

例如，我们可以通过数据对比和条形图的长短差直观展示在一段时间内经济有望达到哪种级别的增长，以及增速与之前相比是什么水平等。相应地， H5 的整体制作可以根据相关政策内容，按照逻辑和层次梳理出一个条理清晰的数据式报告，将图形、动画、音乐和数据有机地结合起来。这样做的好处是，可视化信息能帮助人们更好地理解内容并提升传播效果。更重要的是，在 H5 页面的载体上，图表可以很好地实现交互，用户可以在页面中自行探索，从而让操作体验充满乐趣。

2. 人文式呈现

此外，我们可以尝试从普通群众的情感体验出发，通过 H5 设计一步一步引领他们感受和理解政策究竟会给人们的生活带来哪些影响，从而以更加接地气的方式与群众沟通。

例如，2018 年两会结束后，重庆报业集团全媒体中央厨房推出的 H5 作品《2018 两会幸福收官，童言童语共话美好新时代》（见图 3-3）就在选题策划上做了一次很好的尝试。该作品是对 2018 年政府工作报告中新政落实的回顾。在这样一个宏大的命题下，制作者选择从一家三口的幸福生活出发，借由小女孩的口述把社会生活的变化娓娓道来，以“小家”映射“大家”。很多网友认为这份 H5 作品让人十分感动，因为他们从小女孩家庭生活的变化中看到了自己生活的影子。可见，这类作品成功的深层原因就是从人文视角切入，以平常的故事呈现更具意义的内容。

图 3-3 H5 作品《2018 两会幸福收官，童言童语共话美好新时代》①

3. 游戏式呈现

政策宣传与游戏结合是一种很经典的呈现方法。因为政策宣传的实质是普及新知，而经过精心设计的游戏自然带有寓教于乐的功能，所以游戏式的政策宣传能让群众在互动闯关的过程中完成知识的获取。

① 重庆报业集团全媒体中央厨房，《2018 两会幸福收官，童言童语共话美好新时代》。网址为 http://cq.cqnews.net/html/2018-03/20/content_44003196.htm。

例如，为了更好地帮助大家理解2016年5月全面实施的“营业税改增值税”，广东省国税局和地税局联合推出游戏式H5页面《攀越小蛮腰——税到渠成》，设置“答对所有题，就可攀越小蛮腰”的目标机制，鼓励人民群众了解“营改增”这一热点政策（见图3-4）。在这个虚拟的游戏环境中，用户可以通过闯关作答的形式学

图3-4　使用H5游戏普及新政策[①]

① 新浪广东，《广东税收宣传玩出彩　H5游戏3天创下10万+》。网址为http://gd.sina.com.cn/zj/news/2016-05-24/city-zj-ifxsktkp9249187.shtml。

习相关税务知识，在娱乐化的体验中了解新政内容及其对生活的具体影响，简单而不枯燥。

（二）政绩宣传

与政策宣传类似，政务新媒体也可以选用 H5 作品来展现党政机关的工作成果。但需要注意的是，政绩宣传的形式和内容需要足够有趣，因为群众对这类宣传总是缺乏兴趣，认为这些与自己的生活关系不大。因此，趣味性应该成为我们制作 H5 与呈现内容的重点。

1. 长图式呈现

政绩宣传可以充分发挥画面的作用，通过画面传递更多的有效信息，避免因内容或文字堆积造成用户阅读兴趣的下降。比如，中国华电与政务新媒体“国资小新”联合出品的 H5 页面《丝路山河远，中华一电牵》就以“长按 + 一镜到底”的方式发挥了长图互动的信息传递优势，仅仅辅以少量的文字搭配，使得整个宣传内容的呈现十分简洁，趣味十足（见图 3–5）。

该作品涉及了中国华电在丝绸之路上进行项目建设的所有国家，并综合每个国家的地理人文特色绘制成长图，让用户以乘坐交通工具浏览的方式阅读长图，借此展现中国华电在丝绸之路上的建设成果。同时，该作品置入了交互功能，用户可以通过长按控制交通工具在画面中的行进位置，获得更生动、有趣的体验。

2. 游戏式呈现

与政策宣传一致，我们在政绩宣传中以游戏的视角进行选题策划也是一个合理思路，这样可以更好地调动网友的好奇心。需要注意的是，基于政绩宣传的游戏式 H5 有很大可能会采取“伪游戏”的做法，也就是说带有游戏性的元素，但并不具备比拼、竞赛的功能。

图 3-5　长图拖动回顾成果，宣传政绩[①]

例如，2017年年底，微信推出了“跳一跳”游戏小程序，成为当时的一大热点。2018年的两会期间，各地政务新媒体以此作为创意来源，相继推出了以政府工作、两会为话题的“跳一跳”H5页面（见图3-6）。这类页面通常将小游戏的竞赛功能简化，转化为用户每按一

① 中国华电集团公司、国资小新、牛弹琴，《丝路山河远，中华一电牵》。网址为 http://m.zjzhengwu.com/ht/huadian/index.html?from=singlemessage。

次按钮，就播放介绍相关政绩内容的动画。尽管形式被简化，但游戏式呈现开发难度低，且仍可以保证一定的新鲜感和创新性。

图 3-6　借助热门游戏增加作品新鲜感

3. 场景式呈现

场景式呈现最多的应用方法是模拟微信的群聊和朋友圈界面样式来呈现内容。它相当于还原并在一定程度上解构用户原本熟悉的信息交流场景，既具有熟悉感，又带有新鲜性。

例如，人民日报客户端在 2017 年 3 月推出的 H5 页面《两会喊你加入群聊》（见图 3-7）就是 H5 场景式呈现的经典案例。该作品先是模拟了微信的群聊场景，并不断弹出总理、部长、两会代表们的发言，同时邀请用户为两会建言；紧接着页面跳转到朋友圈场景，以朋友圈动态的形式展现社会时事、政绩总结等信息，给用户带来极为有趣的临场感和参与感。该作品除了采取场景模拟这一创新形式外，也坚持了我们反复强调的人文视角——尊重用户体验，视群众为朋友，而不是冷冰冰地进行宣讲。如果没有这种视角的注入，那么政务新媒体很难在 H5 的制作上取得创新。

（三）活动或节日宣传

活动或节日宣传也可选用 H5 页面，其作用分为两个方面：一方面是提前推广活动或节日，介绍基本信息及概况，方便感兴趣的用户提前了解相关内容，也可以起到普及中华民族传统节日相关知识的作用；另一方面是报道活动或节日的具体内容，在活动进行期间或活动结束后围绕相关亮点进行内容生产。

1. 邀请函式呈现

邀请函式呈现既简单又经典，也是我们在社交媒体平台上最常见到的 H5 页面。它像 PPT 一样呈现基本的图文信息，通常适用于活动或节日举办前的宣传，目的是尽可能邀请更多感兴趣的人参加。

考虑到目标受众是希望报名参加活动的人员，邀请函式 H5 应该向用户提示活动或节日的名称、时间、地点、主题、日程等。如果需要统计参会人数，我们也可以通过在 H5 作品的最后一页放置表单来实现，它会自动地将用户输入的数据信息提交给后台，以供主办方参考。

网上已经有大量邀请函式 H5 的模板，但制作者应注意信息呈现的简洁性，只把最重要的信息展现在其中，避免页数过多或使用较慢的翻页方式。

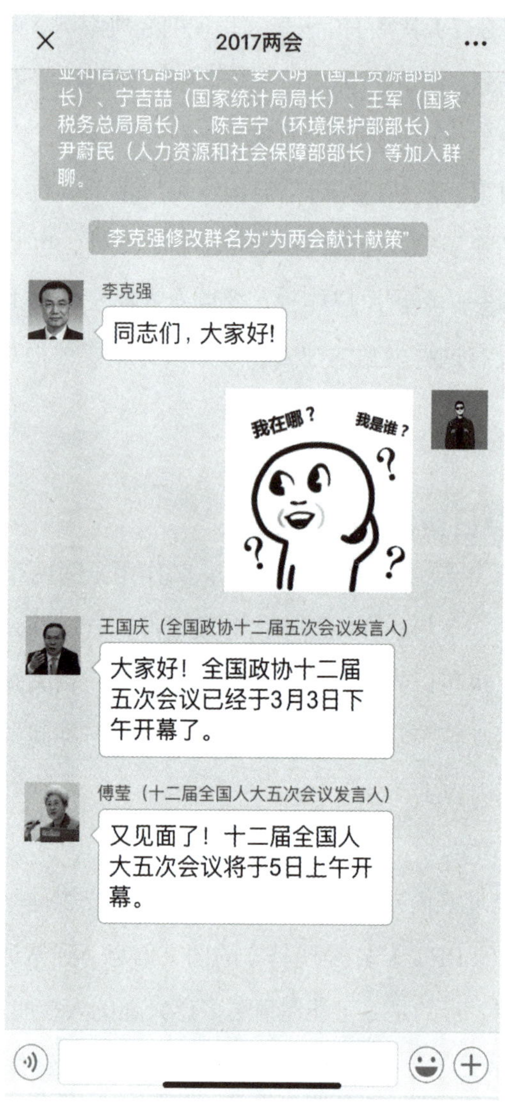

图 3-7　模拟群聊场景制造新颖交互体验[①]

2. 嵌入视频式呈现

与单纯发布短视频不同，将视频嵌入 H5 页面可以更好地将多媒体

① 人民日报，《两会喊你加入群聊》。网址为 http://www.html5case.com.cn/case/people-cn/likeqiang-timeline/index2.html。

素材整合，但要特别注意提供适合手机全屏浏览的尺寸。

视频嵌入的重点是要能够将其与大胆、创新的内容结合。例如，2017年，网络“喊麦”成为流行热点，人民日报根据金砖五国峰会的新闻背景推出了H5作品《这就是金砖style》，将“喊麦”与动画视频融合，依次展现金砖五国的人文特色，以及中国作为东道主对本次金砖会议的期望（见图3-8）。

图3-8 视频全屏置入H5页面，强化浸入式效果[①]

① 人民日报，《这就是金砖style》。网址为http://www.h5case.com.cn/case/people-cn/jinzhuanfenghui/index2.html。

强　调

在 H5 中嵌入视频应控制好视频清晰度与大小的平衡，若视频过大，容易出现加载卡顿的情况，让用户体验大打折扣。

3. 故事叙述式呈现

我们还可以更强调 H5 页面的剧情性，也就是主打故事叙述。当然，这样的故事叙述多会与其他思路融合，也就是说会与长图、动画视频等形式联合呈现。

故事叙述的重点在于，注意情节设置与会议主题及内容的契合性，使读者能够通过情节的发展把握议题，理解宣传诉求。比如，澎湃新闻为上海进口博览会的宣传推出的 H5 页面《张大公子归来发货记》（见图 3-9），其将张骞出使西域的历史故事和进口博览会联系在了一起，较好地利用了二者的共通之处，通过古代场景和人物对话讲述了进口博览会的故事。

4. VR 式呈现

VR 即 Virtual Reality 的缩写，意为虚拟现实。VR 技术可利用计算机生成虚拟的三维环境，给人们带来强烈的环境沉浸感。用于 H5 页面浏览的 VR 场景虽然相对简易，但很适合在活动或节日宣传中使用，使未能来到现场的人们获得接近于现场的观感。

随着 VR 全景拍摄设备的成熟以及 iH5、Mugeda 等 H5 制作平台对 VR 技术的相继支持，政务新媒体在 H5 页面中进行 VR 内容生产并不是遥不可及。比如，在 2018 年上海进口博览会举办期间，文汇报就做了这样一份 H5 页面——《前方高能，全景 H5 带你去看高精尖》，即通过 VR 全景拍摄设备的录制生成了一个沉浸式的观看环境，让用户可以根据自己的兴趣点击坐标，控制观看内容（见图 3-10）。

图 3-9　故事叙述提升作品的剧情感[①]

① 澎湃新闻，《张大公子归来发货记》。网址为 https://h5.thepaper.cn/html/interactive/2018/ciie30/frame.html。

图 3-10 VR 全景适用于活动呈现[①]

四、选择 H5 页面类型

实际上，H5 页面的类型千变万化，我们很难将一个 H5 页面归属到特定的类型中，因为多种类型可以混合组成一个综合性的 H5 作品。但是为了大家学习方便，我们根据每个 H5 页面的主要特点大致将其分为五类。

① 文汇报，《前方高能！全景 H5 带你去看高精尖》。网址为 https://mp.weixin.qq.com/s/QiduERoE-1AafDHjav4FYg?scene=25#wechat_redirect。

（一）信息驱动类

信息驱动类以基础图文内容为主打，是常见的H5类型。它的页面通常仅由图片、文字、音乐和动画效果组成，总体呈现类似一个网页版本的幻灯片，用户向上滑动即可实现翻页。

这类H5没有定制化生成效果和互动，对所有读者都提供同样的内容，以致他们不能与页面内容产生更深层次的交互，仅限于阅读和了解所呈现的内容。因此，信息驱动类H5可用于常规的宣传，如发布政策解读和活动信息等。

虽然这类H5是一种简单的内容呈现方式，但只要内容构思精巧、叙述视角合理、页面设计美观，其也能实现良好的传播效果。比如，我们可以对构成元素进行创新，为整体图文风格增添3D、手绘画、古文、科幻等设计形式。

（二）交互驱动类

在信息呈现的基础上，一部分H5以交互方式为主打，即对页面进行深度设计，将用户的各项操作行为（如点击、滑动）转化成编程指令，进而触发下一步的网页内容呈现。在这种情况下，H5页面与读者之间能够实现双向沟通，而不仅仅限于程序的单方面运作。

其实，大部分的H5页面都或多或少地具有交互功能，如通过滑动上下翻页就是最简单的交互，但具有交互功能不等于它们以此为驱动力。交互驱动类H5所指的显然不是简单的交互行为，而是指这个行为能够对整个情节设计起到重要的推动作用，使用户一步步地进入后面的流程，给予他们充分的参与感和互动体验。

这类H5常常构造出一个仿真式的场景引导用户参与，常见的“喊你加入群聊”和“模拟来电”都属于这一类。它们以人民群众的生活场景为框架，用他们最熟悉的方式传递内容，吸引用户“进入”设定的传播语境中。一些 H5 页面还能通过收集用户的微信头像资料和昵称仿真出一个用户的“拟像”，以此增强互动的真实感。

（三）游戏驱动类

游戏驱动类 H5 是一种比较受欢迎的 H5 形式，一切以游戏为主要互动方式的 H5 页面都属于这一类别，常见的有测试、答题和小游戏等。用户需要与 H5 页面进行深度的行为互动，在娱乐中完成信息接收。

游戏驱动类 H5 最早经由 2014 年风靡微信的“围住神经猫”等几个 H5 进入人们的视野。这些 H5 游戏起初不具备信息传播和宣传的功能，只满足了人们的娱乐需求。此后，随着网络传播方式的革新，越来越多的行业将游戏和内容深度融合，既借用游戏的趣味形式发布信息，又借助 H5 快速开发的特点把握宣传时机，增强了传播效果。

（四）数据驱动类

数据驱动类 H5 强调数据在 H5 页面中的重要作用。该类 H5 页面主要是为了展示数据或通过数据来说明某些问题，常见的数据解读、年末盘点等均属于这一类。它既可用于宣传，直观地将重要数字提炼出来，清晰明了地展示一段时间内政务机构的成果，用数据代替总结式的套话，增强宣传的可信度和说服力；也可以基于数据对事件进行解读，通过趋势变化挖掘内在的深层原因和故事，帮助人们发现平时无法注意到的事物之间的关联和影响因素。

因此，数据驱动类 H5 与数据新闻有着密切关系。当数据新闻以 H5 为载体进行发布时，它自然也成为一种数据驱动类 H5。同时，我们谈到的数据新闻的交互性也需要 H5 页面的技术支持得以实现，这也是我们打造高质量融媒体作品的方法之一。

比如，中国网出品的《谁能代表我》，它将全国人大代表的公开资料汇总，建立数据库，通过数据匹配的方式帮助用户找到与自己职业、地区、年龄等最相符的人大代表，用户也可借此向该人大代表反馈意见（见图 3-11）。这是一个既有数据特征又有人文特征的作品，并很好地强化了“人大代表为人民”的理念。

图 3-11 利用大数据找到最匹配的人大代表[①]

① 中国网，《谁能代表我》。网址为 http://wx.china.cn/front/2016WhoCanH5/index.htm?from=groupmessage&isappinstalled=0。

（五）视觉驱动类

视觉驱动类 H5 能够通过加入新的视觉设计和技术手段，使页面呈现独特的效果。虽然此类 H5 的制作程序更为复杂，但它们往往具有令人耳目一新的视觉效果，更具传播优势，深受用户的喜爱。比如，常见的 VR 全景、3D 建模、一镜到底、长图等都属于这一类别。

1. VR 全景

VR 全景能为用户创设一个身临其境的三维环境，用户可以通过转动手机触发重力感应功能即时查看场景内的具体情况。通过这一技术，制作者既可以把线下的真实场景搬到线上，也可以重新构造一个虚拟动画场景，增强画面的真实感和沉浸感。

2. 3D 建模

3D 建模即将 H5 页面以立体的方式呈现，相比常规的平面效果，其更具视觉观赏性和新鲜感。2017 年，电商平台天猫针对“年货节”推出的《一只挖空心思的行李箱》（见图 3-12）就是运用了这一方式，使剪纸转轴立体地运动了起来。尽管这是商业广告中的经典 H5 案例，但新年议题也理应是政务新媒体的关注重点。

3. 长图

长图是指整个 H5 作品完全由一个连贯的场景构成，用户无须进行翻页，而是通过滑动浏览全部内容。这种方式能够保持页面风格和场景设置的连贯性，也可以满足用户的探索欲望，尤其是当页面中放置了各种可交互的按钮时，整个浏览体验会更加丰富有趣。

4. 视频类

为了匹配移动设备的尺寸，嵌入 H5 页面的视频通常为竖版。用户进入页面后，经过简单点击甚至无须点击，视频就开始播放。全屏播放视频的 H5 页面通常会自动隐藏传统的视频操控按钮（如快进、播放、暂停），目的是减少视频存在的痕迹，强化浸入式的观看效果。

图 3-12　动画模拟立体感增加视觉效果

除了常规形式，视频与 H5 页面结合的另一种创新形式是交互式视频——由不同的视频片段组成，用户可自行点击按钮来决定叙事走向。目前，交互式视频多在商业推广的 H5 中出现，尽管制作相对复杂，但整体反馈较好。政务新媒体如果能够大胆尝试，既可以获得更好的传播效果，也符合国家倡导的积极生产融媒体作品的导向。

第三节　制作 H5 页面

一、H5 页面制作

根据上文介绍，H5 制作方式分为通过第三方平台进行和代码开发两种。由于大多数制作者往往不具备专业的计算机知识，因此，此处我们以使用第三方平台进行开发为例进行实操讲解，选用的是当前较为流行的 Mugeda 平台。

一些浏览器不能很好地兼容 HTML5 语言，为防止在制作过程中出现问题，我们首先需要下载 Mugeda 平台推荐使用的 Chrome（谷歌）浏览器，下载之后进入 Mugeda 官网页面进行账号注册和登录即可进行操作。

（一）模板套用型 H5 的制作

1. 模板的选用和购买

在完成登录并进入个人操作页面后，用户如果想套用已有模板，可以点击页面上方的“模板”，跳转进入模板展示页面。这里提供了许多不同的专题，有广告营销、游戏测试、新闻报道、邀请函等诸多类型，用户可以根据实际内容和形式的需要进行选择。

在购买成功后，模板会出现在个人页面中的“我的模板”功能区（见图 3-13），我们点击“使用”即可进入编辑页面。

2. 素材的导入

进入编辑页面后，图片素材的导入有以下几种方式：

第一，用户可以点击左侧媒体栏下方的导入图片，即可上传本地文件至素材库。

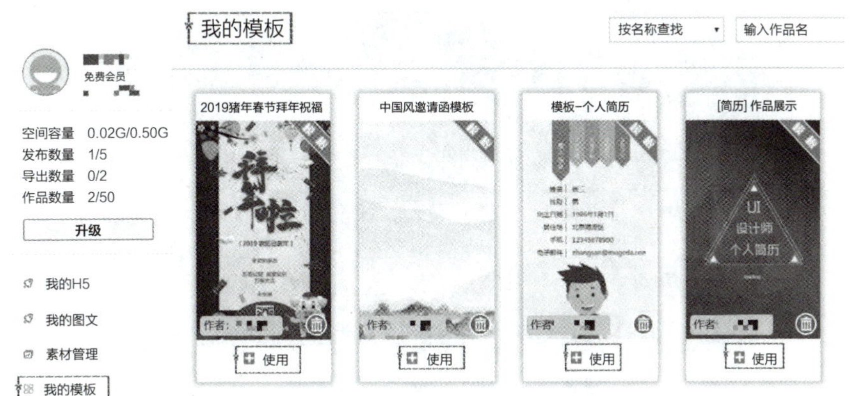

图 3-13　Mugeda 的“我的模板”功能区

第二，用户可以选择输入网址的形式，通过网页中的图像地址实现对 PNG、JPG、GIF、SVG 格式内容的抓取。

第三，对于 PSD 格式图片素材的上传，用户可以点击左侧状态栏的“PS”按钮，平台提供了整体导入和分层导入两种不同的方式（见图 3-14）。整体导入后，所有的图层会合并为一张图片，用户只能将它视为一个整体进行运作，无法再选中其中包含的元素；分层导入后，每个图层作为互不影响的单个个体存在，用户可以对其进行编辑和修改（见图 3-15）。

图 3-14　Mugeda 的“PS”导入功能

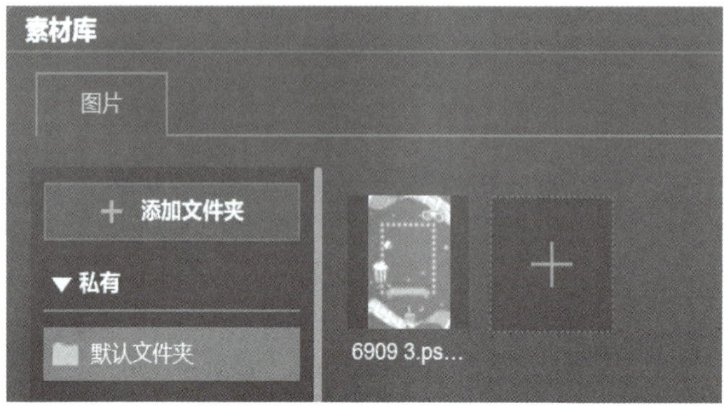

图 3-15 Mugeda 的“素材库”

3. 模板元素的更改方法

模板中图像的修改方法：选中想要进行修改的页面背景或小图标，在页面右侧的属性底部找到“专有属性”—“替换”，即可更改素材库中的任意内容（见图 3-16）。

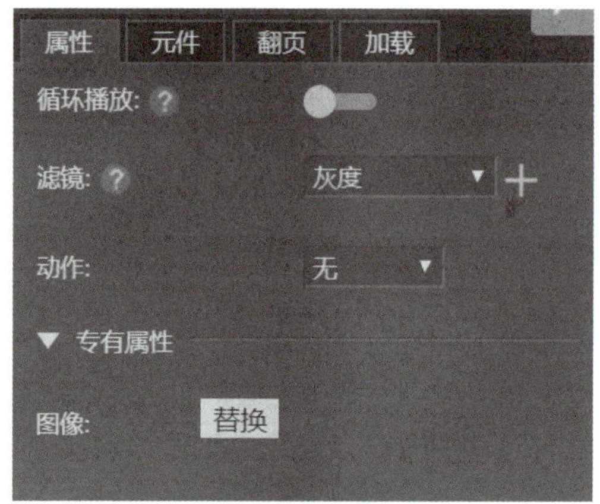

图 3-16 Mugeda 的素材属性更改

模板中文字的修改方法：双击文字即可进入文本框形式，输入自己想要呈现的内容。同时，用户可通过页面右侧的属性板块对模板进行颜色、大小、字体、透明度等属性的修改（见图 3-17）。

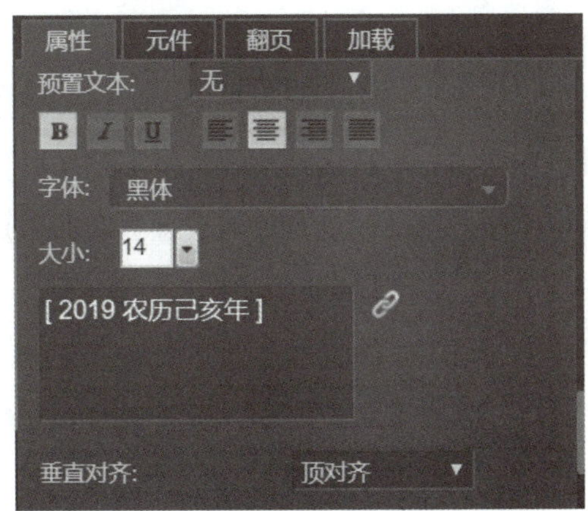

图 3-17　Mugeda 的文本属性更改

4. 预览与发布

在模板修改完成后，用户可以通过点击页面上方的“预览”或“通过二维码共享按钮”在电脑或手机上观看 H5，确定无误后点击 “查看发布地址”即可提交发布请求，平台会对内容进行审核并生成可供分享的二维码和链接（见图 3-18）。

图 3-18　Mugeda 的顶部功能区

（二）自主设计型 H5 的制作

1. 图片素材的下载

如果想自主设计 H5 页面，用户可以根据内容选用合适的素材并将其放置在 Mugeda 页面内进行布局和搭配。千图网、花瓣网、千库网等网站提供了一些可供下载的商用矢量素材，在确保版权许可的情况下，用户可以在这些网站下载制作 H5 所需的图片。当然，如果有专业设计师参与制作，用户最好使用原创素材。

2. 页面布局

在完成素材的下载和上传后，用户可以通过“素材库”中的添加按钮将其显示在舞台的页面中。在选择状态下点击该元素即可实现选中，选中之后用户就可以通过拖动改变素材的放置位置，并使用缩放工具改变其大小。由于呈现在浏览器页面中的舞台布局较小，对于一些复杂的、组成元素较多的设计，我们可以先在 PS 里进行布局，再分层导入 Mugeda，为其增添动画和行为效果，使位置的摆放更加精准，实现更加完善的效果。

3. 添加控件

如图 3-19 所示，页面左侧提供了大量的功能性按钮，用户可以绘制曲线、预置考题、添加效果控件、制作表单、添加微信交互功能等，借此实现更复杂的交互效果。

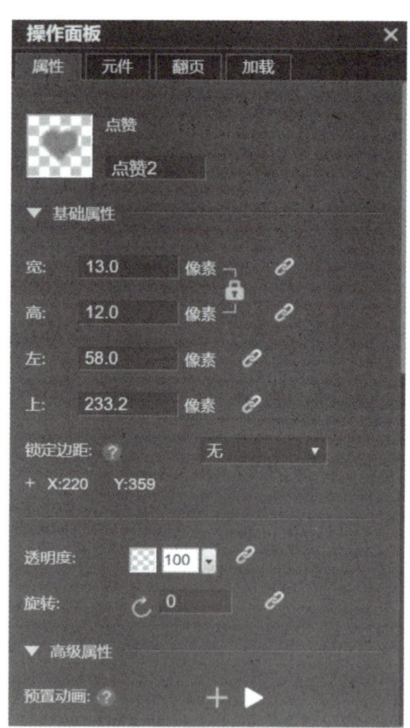

图 3-19 Mugeda 的控件和操作面板

在选中这些功能之后，我们在页面上进行绘制即可将其插入H5，然后在页面右侧的“属性”一栏对其进行修改和编辑。如果你对某一操作步骤有所疑惑，那么Mugeda平台提供了许多免费的视频教程，点击页面上方的“教程”即可观看。

4. 动画的添加

Mugeda提供了快捷添加动画或行为效果的方式，大大降低了用户的使用难度。用户只需要选中元素后（元素周围出现虚线框即为选中）点击右侧的添加按钮，即可选择丰富的预置动画和行为（见图3-20）。

图3-20　Mugeda的预置动画

当用户将鼠标放在不同动画上时，不同动画会做出相应的变化以供预览，点击即可选择。此时，页面中就会多出一个圆形图标，这表示该效果已被成功添加。用户点击圆形图标即可对动画的时长、延迟秒数和方向进行自主化修改（见图3-21）。动画时常应被控制在1秒以内，且要避免过多动画效果的堆砌。

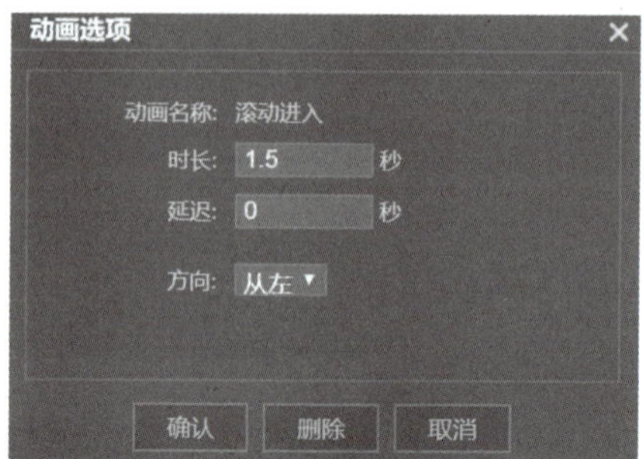

图 3-21　Mugeda 的动画选项

5. 行为效果的设置

在选中目标元素并点击“添加 / 编辑行为”按钮后，我们可以看到 Mugeda 提供了六大类行为。用户可以根据自己的需求进行添加，这些行为类型出现在右侧的框中即为添加成功。点击“触发条件”下方的下拉条，用户就可以选择以自己想要的方式来进行行为的触发（见图 3-22）。

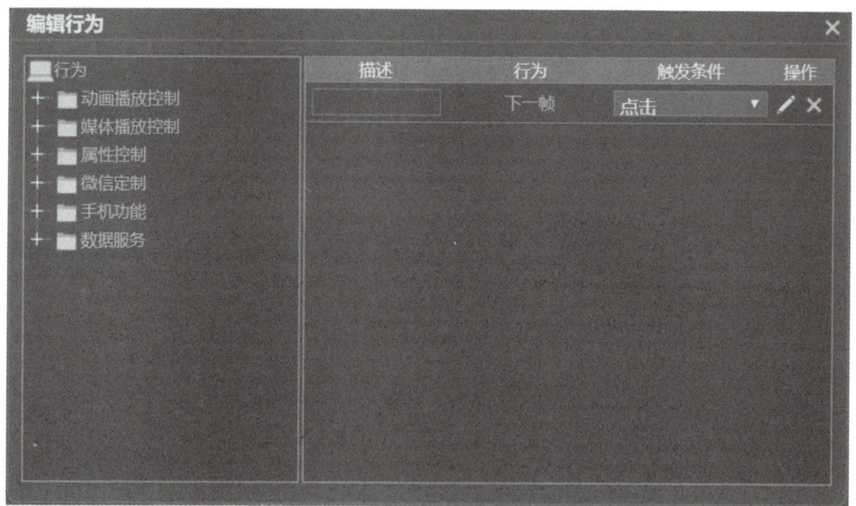

图 3-22　Mugeda 的编辑行为

二、经典 H5 案例的原理讲解

（一）《两会喊你加入群聊》

图 3-23 所示的 H5 页面是 2017 年两会期间由人民日报特别策划制作的。它以人们日常生活中的微信聊天、朋友圈为形式，以两会的内容为实体进行传播，将严肃的政治话题与群众生活紧密结合，让用户在互动中接收两会的信息。

图 3-23 官员发言放在朋友圈界面体现亲近感[①]

① 人民日报，《两会喊你加入群聊》。网址为 http://www.html5case.com.cn/case/people-cn/likeqiang-timeline/index2.html?pre_user_name=%E6%9F%A0%E6%AA%AC%E9%85%B1&pre_user_head=http://thirdwx.qlogo.cn/mmopen/vi_32/Q0j4TwGTfTJGyOYkcD9HMdq2ic7444UFPnC60dLSGOdtEMonN7NruxKQ04JrhgyExxFZcvYYxVRkCdFjhc9bBqw/132。

这份 H5 作品的前半部分为微信群聊界面，用户输入编码“0305”即可进入——聊天以动画的形式自动播放，同群中的“成员”有国务院总理李克强、政协会议发言人和各界人大代表等，展现了政府对民意的倾听和人大代表对国家事务的建言献策。后半部分通过李克强总理在群聊中所发的“红包”跳转至朋友圈界面，借用朋友圈的内容评论和点赞展示了我国过去一年取得的成就。

这份 H5 作品获得了极佳的传播效果，上线后不到 24 小时，点击量已经超过 600 万，仅人民日报客户端的用户留言就超过了 9 万条。大家非常喜爱它，评价它“时效性好”“有亲近感”。

由于话题本身自带热点和呈现方式独具匠心，所以它才能够在上线之初就获得大量关注。虽然主题是两会，该作品却选择人们熟悉的微信群聊和朋友圈方式进行呈现，增加了用户的亲切感与新奇感。不过，部分网友反映，作品的细节之处有待改进，如整体字数较多、播放较快，以及有些文字来不及阅读便被划过等。

（二）《我的军装照》

为纪念中国人民解放军建军 90 周年，人民日报新媒体中心于 2017 年建军节前夕主推完成图 3-24 所示的 H5 页面。它以军装作为情感连接点，通过图像算法技术帮助用户合成军装照，并通过军服的更替来反映建军 90 年来的变化。

作品一开始以翻动的相册动画引入，呈现不同时期人民军队的军装照片，并以黄色基调塑造出具有年代感的氛围。随后，作品为用户提供了 10 个可供选择的年代，用户从中选择一个并上传自己的照片即可生成定制的、可供分享的军装照。值得一提的是，此份 H5 作品并非由人民日报社独立开发，而是其尝试与市场化的团队合作出品的（由天天 P 图提供图像算法和后端服务器支持），发布后仅两天半的时间就吸引独立访客 7971 万人次，成为2017年访问量最大的作品之一，同时获得极高的评价。

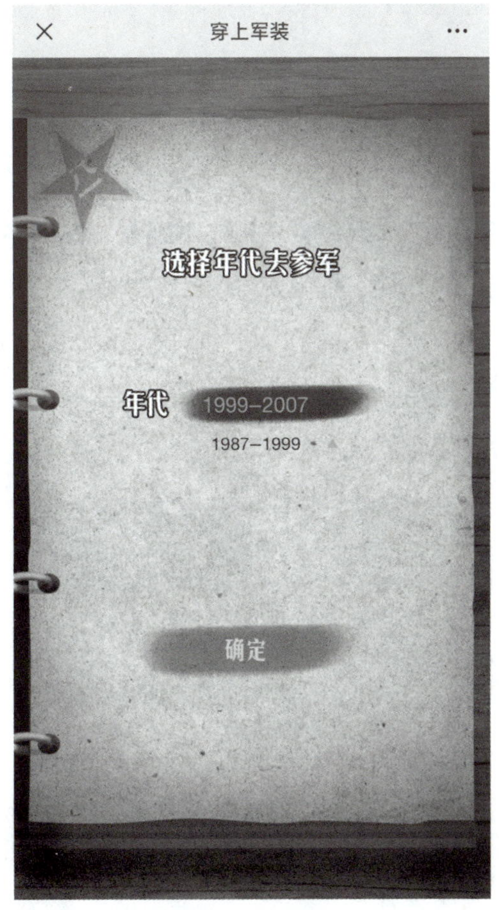

图 3-24 用军装怀旧元素建立情感连接[①]

总体来看，该作品有较强的时效性，且主题切入较好。它配合2017年建军90周年设立军装照主题，能够调动起用户对神圣军装的向往之情，契合了用户情感表达的诉求。同时，它互动简单，易于分享——用户仅需上传清晰正面照片便能够在短时间内生成军装照，这满足了用户个性化表达的需求，易于在朋友圈进行定制化传播。

① 人民日报，《我的军装照》。网址为 http://www.html5case.com.cn/case/people-cn/81/index2.html。

但需注意的是，H5 作品一旦增加需要用户上传数据进行内容定制的功能，就要严格注意个人信息保护，制作者必须明确告知用户上传数据的处理方式。《我的军装照》虽然遵循了保护规范，但饱受“泄露隐私”的质疑。

（三）《总理报告说了啥？跟 AI“闪电侠”来抢答》

2018 年 3 月，第十三届全国人大一次会议在北京人民大会堂开幕，国务院总理李克强做了政府工作报告。山东广播电视台融媒体资讯中心在此背景下策划推出了该 H5 页面，通过主持人与智能机器人进行问答的方式，让人们在观看视频的过程中实际地参与问答，了解相关报告内容（见图 3-25）。

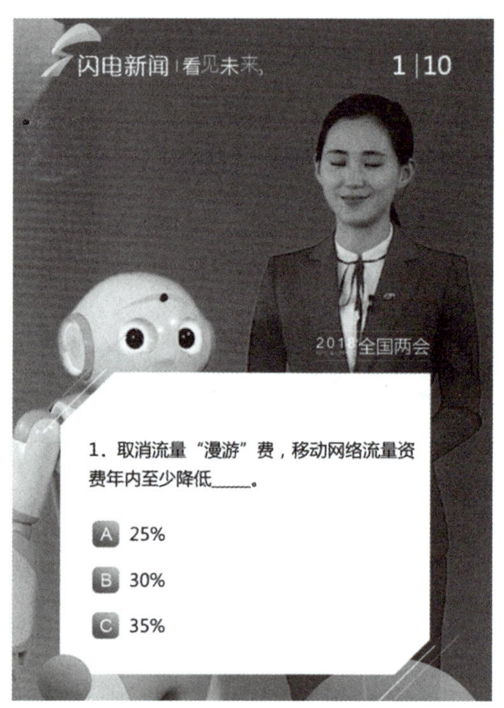

图 3-25　答题游戏增加机器人元素赋予新鲜感[①]

① 山东广播电视台，《总理报告说了啥？跟 AI“闪电侠”来抢答》。网址为 http://media.u.imugeda.com/campaigns/589183c7347a1915630fa79f/20180309111125/5aa295ccaeece125650673f5/index.html?vt=2086920180212A。

该作品共设置10道题目，由主持人进行提问，同时弹出选项供用户作答。之后，人工智能机器人“闪电侠”会公布每道题的正确答案，最终将用户的成绩展示在排行榜上。

该作品的一大亮点是，主持人与智能机器人的互动以全屏视频的方式呈现，话题性十足。尽管专业媒体利用人工智能技术协助完成采编任务已很常见，但将人工智能拟人化、实物化处理的较少。因此，即使这份H5作品中出现的智能机器人并非真正意义上的智能，也依然能够让用户带着新鲜感参与整个作品的互动。

此外，交互性答题以及得分排名制也能激发用户的参与热情。相比让用户面对手机屏幕读字或者读图答题，主持人提问增加了互动的现场感，而与机器人一起答题又增加了答题的趣味性。该作品通过寓教于乐的方式，让网友近距离地了解总理报告的内容。而答题的趣味性更是在网友中形成裂变反应，让更多的人参与进来，实现了传播效果的最大化。

该作品的不足之处在于，题目的设置难度较高且趣味性不足，而这也是政务新媒体在制作答题游戏时经常会面临的问题。事实上，答题游戏的本质是帮助群众了解政策、新知，而不是要难倒他们。如果接连几道题都回答错误，用户很可能就会感到无趣，进而退出页面，而这会造成用户流失和用户体验感的下降。

在此，我们介绍一种在H5页面中插入全屏视频的方法，仍以Mugeda为例。

首先，将视频插入舞台，在媒体菜单栏下选择“导入视频”按钮（见图3-26）。

其次，在素材库里上传视频并选中，然后点击“添加”，将其加入舞台。

最后，点击“变形”按钮，调整视频的尺寸大小，使其铺满整个页面，同时视制作需要设置是否自动播放。

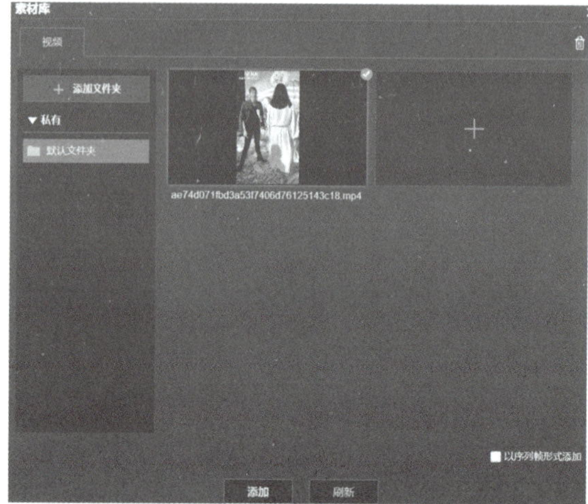

图 3-26　Mugeda 的导入视频

（四）《两会来了，测测你的人气指数有多旺》

2018 年两会期间，人民日报中央厨房法治头条工作室以全国人大代表申纪兰的事迹为创意来源推出了这份 H5 页面，通过小测试的方式带领用户了解了她的生平（见图 3-27）。用户每选择一道题，页面上就会出现以申纪兰口吻对此做出的评价，如“你的学历都比我高啊！”，这增强了交互性，让用户感觉仿佛整个过程都在与她进行交流。最后，测试结果以人气值的形式呈现，同时呈现申纪兰的个人语录。我们可以将该作品看作小测试游戏与人物宣传两种经典 H5 页面类型的融合尝试。

总体来看，该作品互动性强。在 H5 页面中加入小测试游戏之所以容易取得更高的浏览量，原因在于小测试的结果是与用户有关的——用户一方面想了解自己，另一方面想让别人了解自己。在这种社交需求的驱使下，小测试游戏更容易被用户浏览、分享。不过，前文已经提到，答题与小测试这两种游戏性 H5 页面的传播并不被微信平台提倡，因此除非计划在其他平台分发作品，否则制作者需审慎选用。

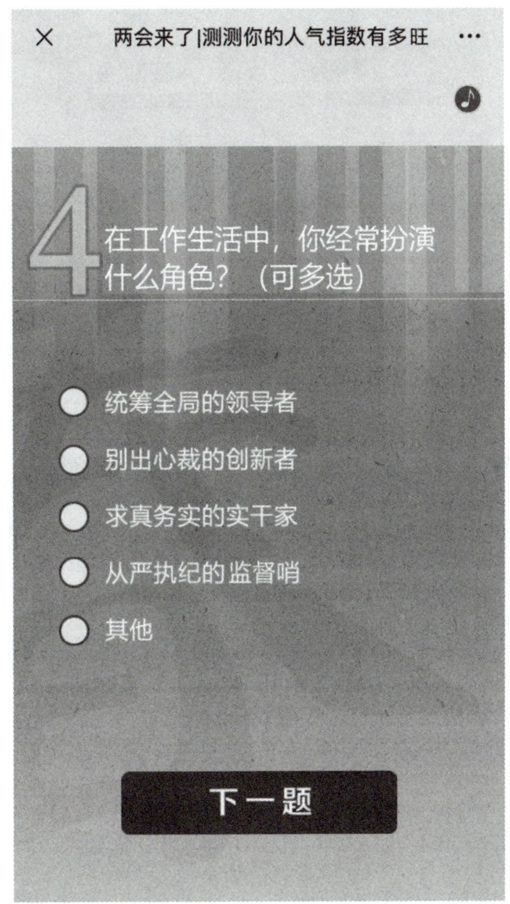

图 3-27 小测试游戏与人物宣传结合强调主流价值观[①]

H5 页面加入小测试游戏的实现方法如下：

1. 制作跳转按钮的方法

要完成按钮的制作，用户就要将元素添加到舞台页面上（见图 3-28）。

① 人民日报，《两会来了，测测你的人气指数有多旺》。网址为 http://media.u.imugeda.com/campaigns/5720288ea3664eb90d0004c7/20180304050431/5a98de65aeece13b545f64dc/index.html?t=892817995&custom=&crid=&s=2&vt=2828820180212A&from=groupmessage&isappinstalled=0。

图 3-28 待使用的按钮素材

首先，选中想要添加的效果按钮，点击旁边出现的“添加 / 编辑行为”按钮。其次，在跳转出的页面中选择“动画播放控制”里的“跳转到页”行为，为其设置触发条件（此范例里的条件为手指按下，见图 3-29）。

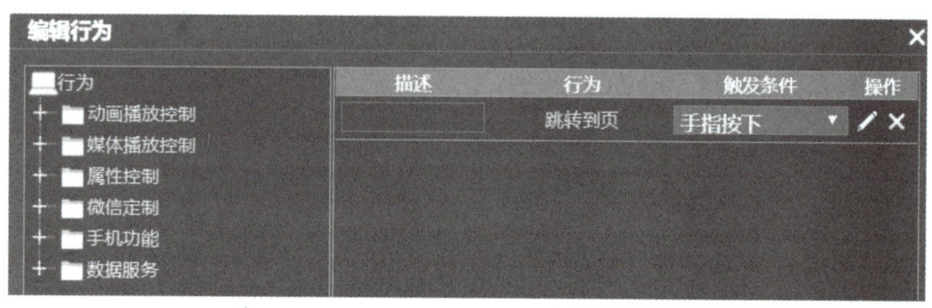

图 3-29 Mugeda 的跳转到页行为可设置触发条件

最后，点击操作下方的“编辑”按钮，设置跳转到的页名称、翻页方式、翻页方向和执行条件。确认之后，一个具有跳转至页功能的按钮就做好了（见图 3-30）。

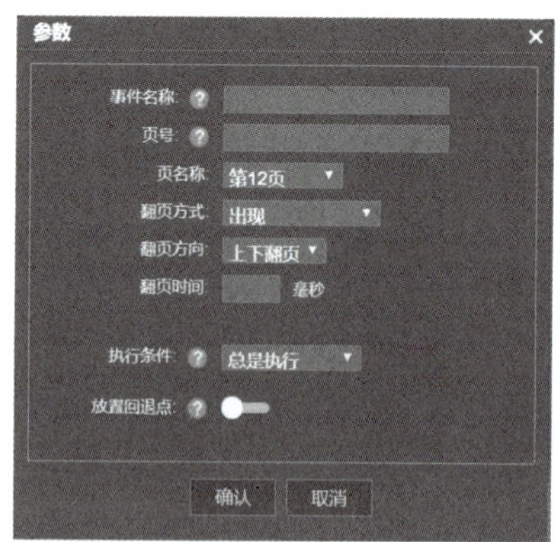

图 3-30 Mugeda 设置跳转到页的参数

2. 预置考题的方法

在左侧菜单栏中找到“预置考题”选项，这里有单选题、多选题可供选择（见图 3-31）。

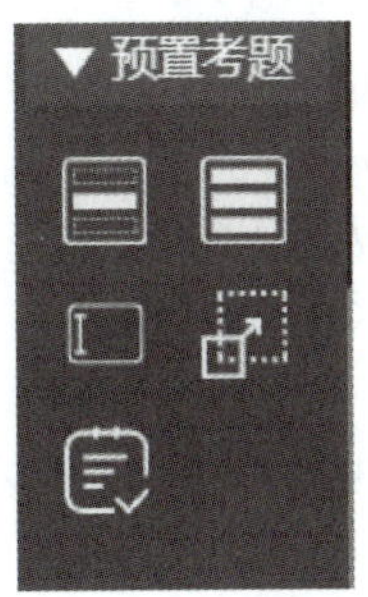

图 3-31　Mugeda 中的预置考题

以单选题的设置为例。在“预置考题”页面点击“单选题”后，平台就会出现如图 3-32 所示的页面，你可以在其中输入问题，以及设置选项、反馈和分数，设置成功后点击下方“确认”按钮（见图 3-32）。

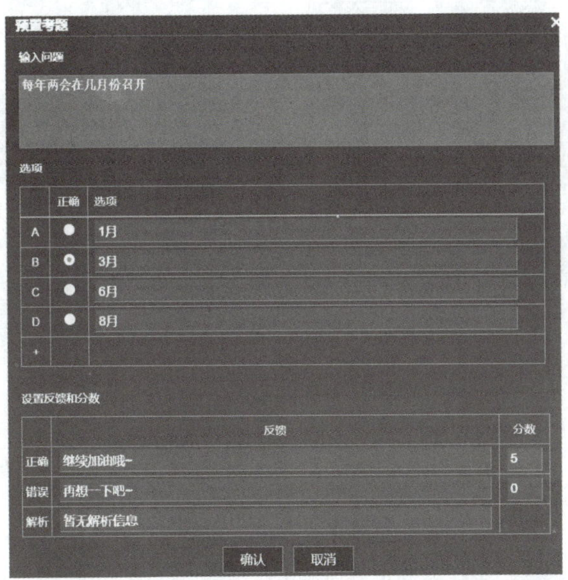

图 3-32　Mugeda 中的预置考题编辑界面

点击“确认”按钮后，你可以看到问题和答案选项已经被成功地添加到舞台中（见图 3-33）。你可以选中每部分元素，在舞台右侧的“属性”栏内调整文字的字体、大小、颜色等，使其更加美观。

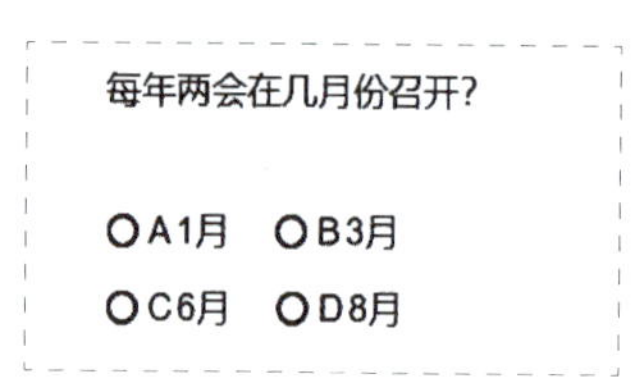

图 3-33　Mugeda 中的考题已放置在舞台上

3. 总分页的统计方法

在需要添加的页面上点击“预置考题”中的“总分”按钮，之后勾选需要计入总分的问题，你就可以对通过分数进行设置以及添加通过或未通过的反馈（见图 3-34）。

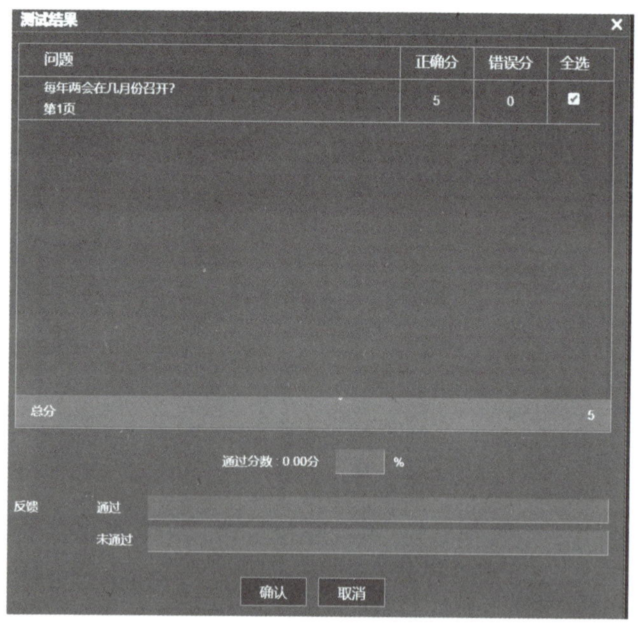

图 3-34　Mugeda 中的考题可查看测试结果

点击“确认”按钮后，你可以看到总分的计算已经被成功地添加到了舞台中（见图 3–35）。你可以删除不必要的元素，挪动元素的位置并在属性栏内对其进行美化。最后，你可以点击预览按钮对问题的设置和分数的计算进行调试。

图 3–35　Mugeda 中的测试结果界面

三、新兴 H5 案例的原理讲解

（一）长图《数看五年》

作为每年两会的热点，政府工作报告历来受到广泛的关注。中国政府网在 2018 年两会期间推出了融媒体创新作品《数看五年》，这幅长图从上向下滑动一镜到底，将数据和图画相结合，图文并茂地将五年以来的政府工作成果放在一张长图上（见图 3–36）。该作品以俯视的视角展示了十多个人民生活和社会发展的场景，涉及国民生产总值、就业人数、物价、环境等问题。

图 3-36 竖向长图展现丰富的数据信息[①]

该作品的呈现形式具有吸引力：以长图的形式进行呈现，一镜到底滑动适宜移动端，同时将数据和手绘图画相结合，能够突出重点并吸引用户。而且，该作品的时效性好，主题选择强调差异化：在 2018 年两会期间推出，契合时间节点；以长图表现中国五年来经济、人民生活、社会发展等方面的发展，使每一项数据都有了动画场景展示，更具吸引力。此外，在各媒体解读政府工作报告之时，此作品差异性地选择对过

① 中国政府网，《数看五年——2018 年政府工作报告》。网址为 https://app.www.gov.cn/govdata/html5/2018zfgzbgskwn/mobile.html。

去五年进行概括总结，在众多同类题材中能够体现出独特的价值和特点。

H5 页面中长图拖动的实现方法如下：

首先，将长图导入 Mugeda（见图 3-37），如果不需要再对其中的元素添加动画，你可以直接选用“整体导入”。

图 3-37　Mugeda 中导入素材

其次，将素材添加至舞台上，选中素材并点击“添加”（见图 3-38）。

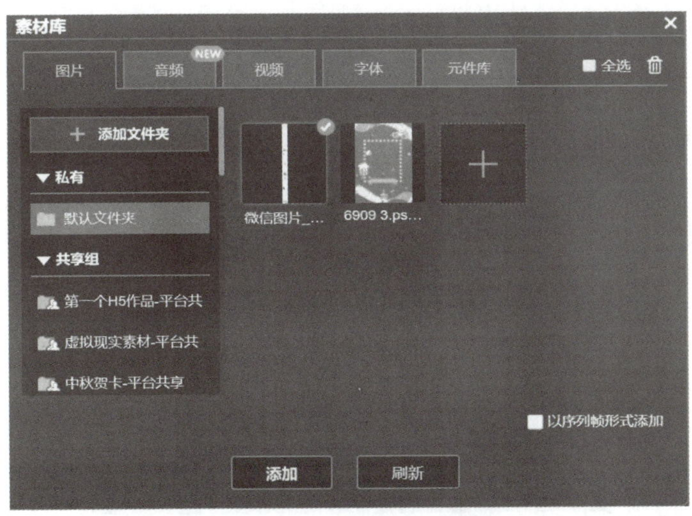

图 3-38　Mugeda 中的素材库

如果素材尺寸与舞台不适配，你可以通过左侧菜单栏里的“变形”按钮将长图调整到合适的尺寸，使图片的宽度与舞台宽度对齐，并将长度拖动至内容可以正常显示的程度。你还可以通过上方的“预览”按钮来查看调整结果（见图 3-39）。

图 3-39　Mugeda 中的素材“变形”功能

是后，选中调整好的长图，在右侧“属性”里找到“拖动 / 旋转”，选择“垂直拖动”或“水平拖动”（见图 3-40）。点击“预览”即可查看长图的拖动效果。结合其他视觉效果的设置，用户可基本实现长图作品的制作。

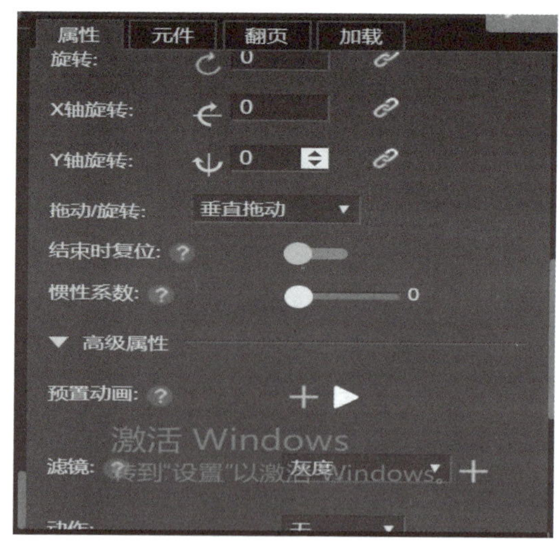

图 3-40　Mugeda 中为长图设置“垂直拖动”

（二）VR 全景《人大代表漫话履职路》

2018 年两会召开，配合这一时间节点，多彩贵州网以 VR 全景 H5 页面的方式推出了有关贵州省的代表和委员参加两会情况的报道。该作品主要展现的是贵州省的人大代表和他们在两会上的精彩表现，同时充分结合 VR 全景技术将每个人大代表的漫画形象放入 VR 场景中。用户转动手机即可观看人民大会堂前的实景和各个人物形象，而点击形象即可打开这一人物所提议案的文字、图片和音频介绍（见图 3-41）。

图 3-41　在 VR 全景中增加交互按钮丰富内容[①]

① 多彩贵州网，《人大代表漫话履职路》。网址为 http://d1052b67.u.h5mc.com/campaigns/58bd5ea292b5792220461a6b/20170314071213/58c78aaf92b579080a058d15/index.html。

具体来看，该作品主要以 VR 技术为基础，通过全景图片的使用增强用户的沉浸感和互动体验，并将新技术与每年都会发布的传统宣传内容相结合，更具创新性，符合互联网传播规律。同时，该作品在页面中置入人大代表的采访音频，用他们自己的话来讲述议案，一方面利用听觉传播让受众避免阅读大段文字，充分考虑到了用户对轻量化内容的需求；另一方面用真实的语音拉近了用户与人大代表之间的距离，让他们从两个素不相识的陌生人转变成了发言者和听众，增进了亲切感。

（三）《龙华开门红》

2017 年 8 月，在深圳市龙华区成立半年之际，龙华区委宣传部政务新媒体联合腾讯新媒体团队制作并分发了 H5 页面《龙华开门红》。该 H5 页面主要从经济、社会、民生、城市管理治理等角度出发介绍了 2017 年上半年龙华区的工作亮点。首先，模仿微信推送的页面，通过主持人对推送题目的更改和封面内容的添加，向用户表明了 H5 的主题为上半年龙华区实现的成就，总领后面的具体内容。之后，在主持人介绍时，视频中不断穿插出现龙华人的朋友圈和各种动画、数据和小图标，生动、具体地展示了各项具体目标的实现情况（见图 3-42）。该作品推出后 3 天内转发量达到约 2 万次，点击量约 200 万，荣获了 2017 年广东影响力网络盛典“优秀政务传播案例奖”荣誉称号。

《龙华开门红》在表现形式上进行了创新，不仅使用了我们所说的场景式手法，模拟了朋友圈界面等，而且加入了嵌入式视频，使主持人与场景之间发生互动，如击碎已有标题、换上新标题、点开朋友圈小视频、滑动朋友圈等，从而弥补了用户无法与内容进行互动的缺失，增强了场景设置的真实感。另外，该作品根据主持人的话语内容实时搭配小图标、关键字、数据和动画，既从主持人的讲解内容中提炼出了关键要素，又

图 3-42 朋友圈场景模拟与嵌入视频融合[①]

通过视觉搭配降低了听觉的吃力感，使用户能够时刻把握内容进展，实现了传统新闻报道模式和社交媒体信息接收规律的完美融合，增强了传播效果。

H5 页面中人物抠像的意义在于，将原视频的人物背景抠为透明，从而与其他的背景进行融合。具体操作方法如下：

首先，打开 Adobe Premiere（以 CC 2017 版为例），将在绿色背

① 深圳市龙华区，《龙华开门红》。网址为 https://gd.qq.com/zt2017/szlonghua/index.htm。

景或蓝色背景前录制好的人物视频素材导入（“文件”—“导入”）并拖到时间线上，在“效果控件”里选择“视频效果”—“键控”下的“颜色键”（见图 3-43）。

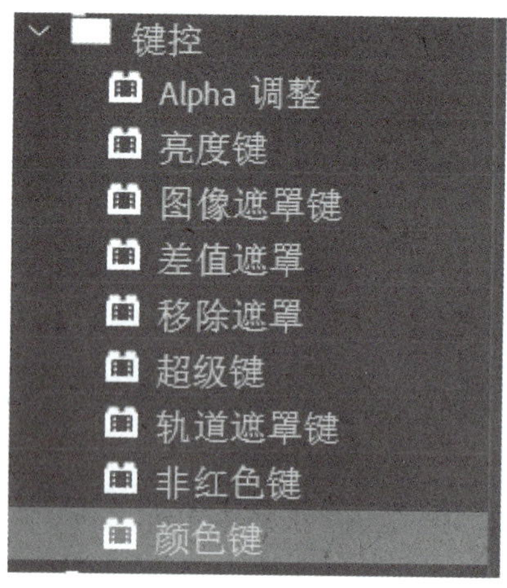

图 3-43　在 Adobe Premiere 设置颜色键

其次，将“颜色键”效果拖进素材后，选中素材并在“效果控件”的面板里选择主要颜色右侧的“吸管”按钮吸取视频中的蓝色或绿色（见图 3-44）。

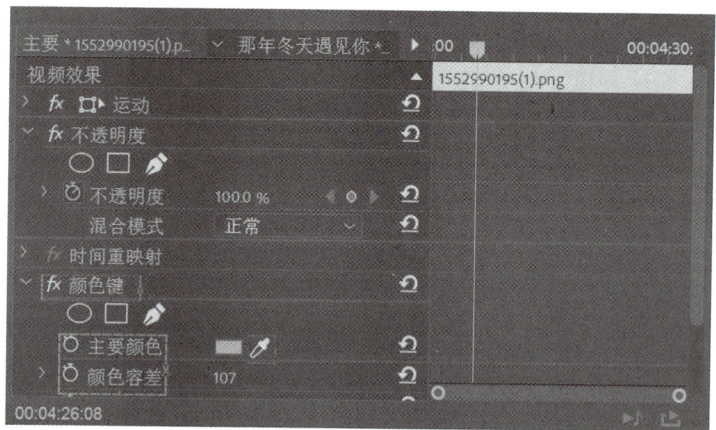

图 3-44　Adobe Premiere 中的“颜色吸管”

吸取完成后，左右拖动“颜色容差”右侧的数值，你可以看到视频中的颜色范围在不断缩小，调整至合适的数值即可（见图3-45）。

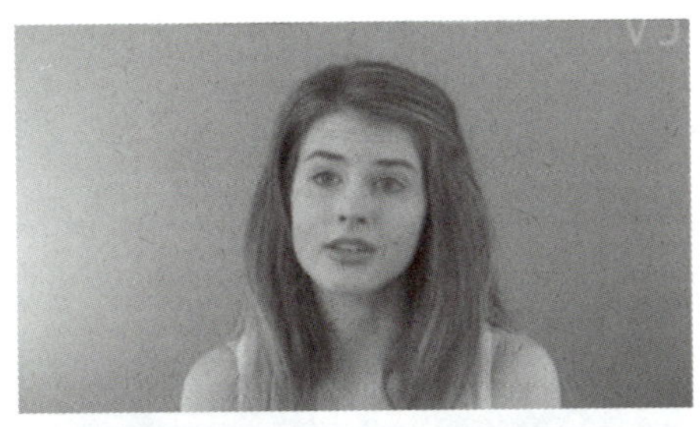

图3-45　Adobe Premiere 中背景颜色吸取后的对比

再次，将“背景视频”放置于“人物扣蓝视频素材”下方，通过剪辑调整两个素材之间的搭配，使画面内容保持和谐（见图3-46）。

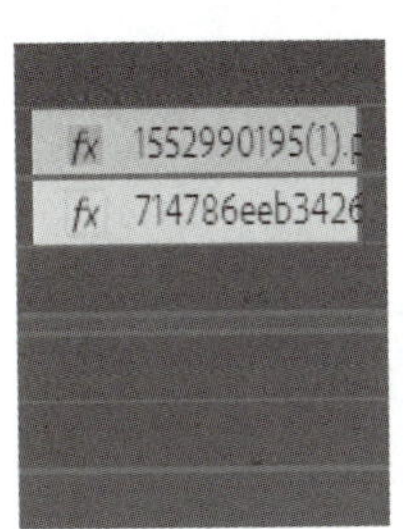

图3-46　Adobe Premiere 中替换后的视频背景

最后，制作完成后对内容进行渲染，点击“文件”—“导出”—“媒体”并对导出格式（一般为H.264）、文件名、保存路径进行设置，即可完成视频的制作。

（四）《检察制服来找茬》

这是2018年5月由最高人民检察院政务新媒体发布的一份找茬游戏式的H5页面，旨在通过寻找卡通人物所穿制服的不同之处，向人们普及检察官的形象礼仪规范。该作品既能增长群众对这方面的知识，对公务人员起到监督作用，又能增进互动，传播亲和形象。点击进入该H5页面后，用户需要找出4组图片的不同之处，每组图片均存在关乎穿着的4处不同，设定的时间为一分钟（见图3-47）。用户如果在规定时间内完成寻找即可进入下一组；如果未在规定时间内完成即视为失败，游戏结束。

图3-47　找茬游戏传播检察官形象规范知识[①]

① 最高人民检察院，《检察制服来找茬》。网址为https://file27e9e0e2a274.h5sys.cn/idea/GxwoeciE#p1。

通过既紧张又有趣的倒计时找茬游戏，该 H5 作品在寓教于乐、科普检察小知识的同时，增强了网友的互动参与度，拉近了检察机关与公众之间的距离，也给全国的司法机关进行政务宣传提供了良好的模板，增强了信息传播的趣味性。此外，其化用了日常生活中大量存在的找茬类游戏形式，方便用户了解游戏规则，使得用户参与互动几乎没有门槛限制，并能够吸引原本就热衷于此类游戏的用户，确保传播的有效性。

以下为 H5 页面中找茬效果的实现方法。

首先，将找茬图片和找茬成功后出现的“圈”都放置进舞台中（见图 3-48）。

图 3-48 在 Mugeda 中放入待用素材到舞台

其次，按“Ctrl”键并选中两个“圈”素材，同时点击右键，选择“组”中的“组合”，将这两个素材编为一组（见图 3-49）。

图 3-49 在 Mugeda 中将素材合并为一组

最后，选中编组后的素材，点击“添加 / 编辑行为”按钮并选择添加行为，选择“动画播放控制”里的“手指按下”行为即可。

第四节　H5 页面的优化与分发

一、H5 页面的优化重点

当下，制作一个 H5 作品已经不是什么难题，每天都会有大量的 H5 作品出现在朋友圈和微信推送中，但真正能够成为现象级案例且引发用户自发传播的 H5 作品仍是少数。这说明制作者不仅仅要考虑内容的呈现和架构，更要考虑如何优化作品和提升用户体验。下面我们将介绍几种提升 H5 作品的方法。

（一）注重页面的视觉设计

首先，我们要保持 H5 作品整体风格的统一性，使得每一张构图不是分割的个体而是保持联系的整体。因而，我们在不同的页面设计中应尽量选择统一的背景、相似的元素和色彩风格，或在背景不同的情况下使用一个贯穿始终的背景元素作为线索。

其次，我们要注意颜色使用不宜过多，应把整个页面当作一个视觉系统来搭配，让用户在观看时始终保持在同一个风格中，而不致在翻页后因为风格太过跳脱或缺乏连贯性而影响他们阅读体验，最终导致用户流失。

最后，相对于其他媒介来说，手机屏幕较小，且左右宽度较窄，我们放置的内容过多就会使整体页面变得拥挤，不符合移动端轻量化的阅读要求。因而，我们在设计时要具备焦点意识，将主体内容放在突出的位置并尽量精简文字与图片的内容，以突出主体和弱化搭配元素，让画面具备层次感，让用户能够快速抓住视觉重点。毕竟，用户打开移动端内容的行为往往发生在等车或者忙里偷闲的碎片化时间内，他们多是为了休闲娱乐，并不想为此付出太多精力。如果页面在几秒内没能够吸引用户的注意力，他们就会终止观看行为。

强　调

切忌用堆砌素材的方法制作H5作品。一个好的H5作品应当能够主动向用户提示重点内容，而不是让他们将时间耗在浏览和寻找重点的过程中。此外，要善用动画效果，以丰富用户的视觉感受，增强画面的动态感。尤其在页面元素过多时，我们可以通过动画让内容逐一展现和消失，在变化中体现页面设计的层次感。但我们也要克制使用动画，不宜过多添加，不宜太过烦琐，以免给用户造成视觉负担。

（二）提升页面的声音效果

目前，政务新媒体不太注重H5页面的声音效果，多数作品并没有对声音的功能进行太多的拓展。另外，背景音乐选择的随意性使得音效不能与页面很好地融合，导致用户通常会在阅读过程中把声音关掉，这大大弱化了声音能够实现的功能和效果。

然而，2018年网易哒哒打造的两个“爆款”作品《测测你的哲学气质》和《她在挣扎48小时后死去无人知晓》，则将声音作为塑造沉浸式环境和搭配转场方式的有力工具，引起了用户主动播放与收听的兴趣。与其他H5作品不同，这两个作品均使用环绕立体声代替普通的声音效果，通过左右声道的配合塑造强烈的三维立体空间感，增强了用户对页面的沉浸感和参与度。

以《测测你的哲学气质》为例，立体化的音效为用户打造了一个立体的浏览空间，将其与现实世界暂时剥离，从而使用户能够专注地沉浸于页面构建的场景中。此后，用户在点击选项时同样会触发与选项相关的不同立体声效和转场方式，这种声画配合的方式增进了场景的真实感（见图 3-50）。这种细节不足以影响整个 H5 页面的运行，但它们会大大改善用户的体验。

图 3-50 网易哒哒利用立体音效强化视听体验[①]

① 网易新闻，《测测你的哲学气质》。网址为 https://c.m.163.com/nc/qa/activity/dada_philosophy_5/index.html?spssid=0bed075b90b60d70e776fc5055620a41&spsw=1&spss=other&from=singlemessage&username=ogm9zs0ykcc0131a08b786e607c89bc96a62189041@wx.163.com。

由此可知，声音其实能够对气氛的渲染起到极其重要的推动作用，也能够在一开始为 H5 作品奠定基调，帮助勾画场景的沉浸感，增强用户的使用黏性和其对页面的好感度。特别是 3D 立体声的使用，能够通过形塑的新声音空间将用户牢牢吸引进新的场域，帮助作品减少用户流失。

除了背景音乐外，根据内容针对用户交互行为和页面场景添加辅助音效也能够激发人们的情绪，且这种音效越细致、越立体，就越能够触动用户的感官，越能达到深入人心的效果。

（三）调整文案的叙述视角

通常，网民最关心的是与自己息息相关的内容，以及引起深层人性共鸣的情感。因而，在设计 H5 作品时，我们要改变叙述视角，多从群众的需求和生活出发去设置情节和讲述故事，润物细无声地传递社会主义核心价值观。

例如，一位军人、一位母亲、一个上班族、一个家庭，这些身份背后天然地藏着故事，它们能够较容易地触动人们的情感。如果是主打情感与故事的 H5 页面，我们应当多考虑从这些身份入手展开制作。此外，与声音的表现类似，如果我们在叙事时注重故事细节的刻画和描绘，也能进一步增强情感的渲染效果，引发关注。

因此，在设计 H5 作品时，政务新媒体可以尝试将宣传内容与用户生活当中的情感痛点或认知盲点结合，契合人们的情感需求，满足人们的获知欲望，同时注重细节的刻画和描绘。

（四）增强页面的参与感和交互性

从近年热门的 H5 作品来看，获得用户青睐的作品往往具有较强的参与感和交互性，能够让用户通过动作行为触发更多的内容，甚至参与到产品的创作（如自己绘画）与传播过程中。尤其是一些测试类、游戏类的 H5 产品，它们能够根据用户的选择生成专属的定制化页面，让每个用户分享的页面都有所不同。可见，H5 页面在传递信息的同时实际上附带了用户强烈的个人气质，用户探索测试结果的过程其实也是在探索自我，因而他们更乐于主动分享。

据此，在制作 H5 时，政务新媒体应考虑如何通过插件或前端代码实现交互功能，即时反馈用户（如通过置入陀螺仪让用户转动手机即可控制小汽车的运动轨迹）或者为其生成定制化的内容。用户若能通过小的动作不断获取收益（画面的变化、音效的触发等），会更愿意完整体验作品。

强　调

我们不能完全为了交互而交互，只有充分考虑到技术与内容的结合，才能恰到好处地运用互动效果。

例如，大多数 H5 制作平台都提供了擦除效果的控件，即将两张图片叠加起来，用户通过手指擦掉顶层的一张图片后即可看到下面的图片内容。但有些作品设计粗糙，效果较差。求是网推出的《缅怀革命烈士，向未来出发》是一份完成效果较好的作品——用户可以通过手指擦除掉碑文上的灰尘，既符合实际场景，又通过交互为作品增添了一份仪式感和庄严感（见图 3-51）。

图 3-51　H5 页面的交互形式应与内容相符[①]

二、H5 页面的优化与分发技巧

许多 H5 页面的制作者起初往往考虑的是如何设计内容、如何达到传播效果以及如何优化 H5 的表达方式等。其实，能够引发高流量、高转发的 H5 页面不仅制作精良，而且顺应了用户的阅读习惯和遵循了移动网络端的分发逻辑。

① 求是网，《缅怀革命烈士，向未来出发》。网址为 https://mp.weixin.qq.com/s/Ez7dlhbPNyx555OT-a99sw。

下面，综合此前的实务经验以及腾讯推出的《移动页面用户报告》系列，我们将重点讲解一些影响 H5 页面传播效果的因素以及优化技巧。

（一）加载

加载速度是影响用户是否在 H5 页面停留的首要因素。因此，在不影响整体效果和内容的情况下，我们应尽量精简页面的构成元素和动画效果，将首屏的加载时间控制在 5 秒内。经验表明，网友的关注度是有限的，当页面加载时间过长时，大量用户会选择退出去浏览其他信息。此外，对于加载时间过长的页面（尤其是视频页面），制作者应对加载状态进行创意化设计，吸引用户等待时的兴趣和注意力，避免过于单一的进度条显示效果。

（二）投放时间

中午 12 点和晚上 10 点左右是移动页面访问的高峰期，此外，上午 9 点与下午 6 点前后移动页面也具有较高的访问热度。因为在这些时段，多数用户处于工作之后的放松状态，他们有时间从日常的工作中抽离出来，拿出手机浏览消息和消遣。因而，要想达到良好的传播效果，H5 页面最好选取这些时间段投放，具体推广时间也可视内容与针对的场景而决定。切记，过早或过晚发布 H5 页面都有可能无法让作品直达目标人群，进而影响传播效果的实现。

（三）页面数量

页面数量同样能够在很大程度上影响用户的留存。通常情况下，页面数量越多，用户流失越多，且用户的流失率在前几页是最高的。因而，制作者应精选内容，严格控制页面数量，将内容合理地分配在每一页中。经验表明，页面数量总计最好控制在 10 页以内。同时，我们应当特别注重前几页（特别是首屏）的视觉设计、语言风格和音效搭配，尽可能在最大程度上引起用户的阅读兴趣，使他们产生进一步探索的欲望。

（四）交互

在交互设计中，同样有几个原则值得我们注意，首先应避免过于复杂的交互设置。虽然加入交互模块能够在很大程度上提升用户的参与感和页面的娱乐性，但我们要遵守适度原则，不能让用户的操作太过烦琐或者让用户在此耗费太长时间。

通常情况下，由于使用目的和场景的限制，用户不会对 H5 页面抱有太多的耐心。因而，我们在交互设置上还是应该符合轻量化的规则，如在输入设置上只收集最为重要的信息，或者把“输入行为”改成“选择行为”。大量用户在浏览 H5 页面时是缺乏耐心的，他们会根据主流的使用习惯来尝试与页面交互，这就需要我们在设置交互时不能太过求新求异，要尽量符合他们的习惯，根据经验理解交互规则。

（五）视频的长度与类别

首先，与控制页面数量类似，我们同样需要控制视频类 H5 的播放长度，防止由于时间过长消解用户的观看兴趣，降低页面的吸引力。经验表明，将视频时长控制在 100 秒内是较为合理的，长于 100 秒会使用户的流失大大增加；而对于 100 秒内的视频，用户通常能够较为耐心地看完。

其次，视频的类别也会对用户的分享行为产生影响。动画类视频、剧情性视频、真人结合的互动创意视频相比其他常规采编的视频能获得更高的关注度。因而在选题和内容合适的情况下，政务新媒体可以考虑将这些类别作为首选。

最后，制作视频的保存格式应首选 H.264，因为它的体积较小、画质也高清，既能保证加载速度，也能够保证用户的观看感受。

（六）H5 类型与用户停留时间

在诸多 H5 类型中，信息展示型是最简洁和便利的一种方式，能够起到信息介绍和宣传的作用，满足政务新媒体日常的信息发布要求，但这类 H5 往往不如那些具备功能性的页面更容易吸引用户。

因此，政务新媒体如果不仅想利用 H5 发布和扩散信息，还想使用户在页面多停留的话，则需要增加互动模块，丰富页面的表达效果，让用户能够参与其中。

强　调

用户停留时间最长的多是首页和尾页（具有交互功能的 H5 除外），因此我们要特别重视这两个页面的设计和制作，不能仅仅将其看作显示标题和表示收尾的页面。首页和尾页还具有吸引用户进行下一步阅读和转发的重要功能。这提醒我们，既然用户在此停留时间长于其他页面，我们就应当把重要的信息放在这两个页面之中。

（七）页面寿命

经验表明，一个 H5 作品的热度只能持续 2~3 天。发布时间越久，它就会随着转发、转载的减少被人们逐渐淡忘。我们建议，最好在某个固定位置（比如，政务微信的功能页、政务网站与客户端中的专题页）统一放置 H5 页面，以保持相对的稳定性，延长作品的生命周期。

此外，我们还可以尝试以增加情感刺激的方式，在 H5 的内容和设计中丰富情感元素和人文精神，延长 H5 的生命周期。毕竟，赶热点的宣传常会随着时间的流逝而过期，但是富有情怀且能够凸显社会主义核心价值观的内容和表达往往会深入人心，历久弥新。这类作品可以在互联网出现相似话题点时继续被分发传播，不失为一种高性价比的内容生产方式。

（八）按钮设置

腾讯《移动页面用户报告》发现，放置在页面右边、带有明显动画元素的按钮更容易被用户点击；按钮的名称也会对用户的点击率产生一定的影响。因此，我们在进行设置时应尽量将名字取得生动、有趣，而不仅是单调的文字描述。此外，报告指出，“按钮放在第一屏时的点击率最高，第二屏骤减，最后一屏回升”，这也提醒我们在实际制作时应当科学规划按钮的放置位置。

（九）投放时的缩略图和标题

在通过微信公众号投放 H5 页面时，我们一定要注重标题和缩略图的设置。这是用户对作品的第一印象，直接影响到他们是否选择点开浏览内容。因此，我们通常会采取一个引人眼球的标题，比如采用疑问句、判断句形式来制造话题，吸引用户产生阅读兴趣。同时，我们要注意缩略图与标题内容和产品内容的适配性，以及它的显示像素和设计风格。

三、制订 H5 页面的分发方案

（一）结合各平台的特点

制作成功后，我们需要考虑 H5 页面的推广问题。考虑到不同平台的属性、传播规律以及面向的人群，我们将逐一讲解如何在各类平台发布 H5 页面。

1. 政务微信

微信作为目前拥有最大日活用户的社交媒体平台之一，拥有庞大的用户基础、基于“强关系”互动打造的信息分享平台——朋友圈，以及能够快速向公众进行信息传递的公众号平台，三者融合在一起成为发布 H5 页面的核心渠道和最佳选择。

近年来，能够产生“刷屏”式影响的 H5 页面几乎都依靠了微信平台的助力。它们一般首先经由公众号或个人号被发布出去，再由乐于分享的人群扩散到朋友圈或者微信群中；然后，通过熟人自发式的二次分享展开“病毒式传播”，在短时间内快速到达一个又一个社交关系网络中；最终，达到一定的传播规模，成为一个“现象级”的作品。

因此，政务 H5 应首先考虑在微信上发布，具体的方法有如下两种。

一是以公众号推文形式发布 H5，并搭配适宜的介绍图片和文字，这样用户既可以通过文章快速了解内容，也可以在微信内随时搜索标题再次找到此页面，使链接不至于被淹没在网络信息中。

二是在嵌入方式上，我们可以将 H5 的二维码放置在推文内，让用户扫描即可查看；我们也可通过加入“原文链接”的方法，让用户点击“阅读全文”跳转至页面，或者将 H5 的超链接直接附在推文中。当然，如果页面容量够用，在不影响版面美观性的情况下，我们可以混用上述几种方式，让用户自己选择如何打开页面。其中，我们较为推荐的方法是将二维码图片和跳转链接方式混用。这样做既能够满足一部分用户尽快观看的需求，也能够满足那些想要进一步在朋友圈分享的用户的需求。

2. 政务微博

微博定位于简短信息的实时化传播，其主要内容为数百字左右的图文“帖子”。用户更喜欢在微博中查看文字、图片和视频，而不是打开一个网页。因而，从平台特性来看，微博不是进行 H5 传播的最合适平台。但是，由于微博也是当下具有强大的传播力和影响力的社交媒体平台之一，政务新媒体应当考虑将它作为 H5 页面发布的辅助渠道。

从传播机制来看，微信是一种“强关系”的社交媒体，其中 H5 的爆发式传播更多依靠的是同一圈层群体内的分享和转发；而微博是一种基于“弱关系”嵌套式的社交媒体，可以将信息广泛传播至没有太多密切联系的人群。因此，通过微博发布 H5 页面实际在一定程度上打破了社群的阻隔，可以使 H5 页面到达微信无法覆盖的人群和社群。

在实际操作中，我们可以将作品链接直接置于微博发布内容之中，配上简短的文字介绍和配图，为粉丝介绍 H5 的内容，引导他们打开链接；或将 H5 的二维码（最好进行二次设计，使其更美观）作为图片贴在微博内容下方，让大家能够在微信上扫码观看；或者直接把二维码和简介编辑成长图，方便大家阅读和二次传播。

同样，我们还可以在微博上与其他账号合作，让它们转发，尤其是与政务大号合作，通过它们强大的粉丝数量为自己引流。

3. 其他平台

还有一些可供我们发布 H5 的其他平台。例如，头条号中就有一个用于引流的功能，我们可以在发布信息时设置一个文章的扩展链接，引入其他内容。我们将 H5 的链接放在此处，用户通过点击正文下方的“了解更多”就可以实现页面跳转，这与公众号推文里的“阅读全文”类似。因此，政务新媒体也可以尝试将 H5 页面链接发布在自己的头条号中。

此外，我们也可以通过自己的官方网页、App 进行推送；或者使用线下宣传等方式将 H5 作品的二维码和介绍制作成宣传海报、易拉宝、广告牌等，在可供宣传的区域进行张贴和放置，通过线下和线上互动的方式提升作品流量。必要时，我们可以尝试将作品推广与活动相结合，如扫二维码送礼品，通过有趣的互动形式引发受众更多的关注与参与。此外，政务新媒体也可以继续探索其他能够发布 H5 的平台，尽可能扩大 H5 作品的传播范围。

（二）留意特殊情况

1. 注意微信规则

尽管上述平台都可以分发 H5，但我们必须承认，现阶段 H5 页面的主要流量源自微信，其中又以朋友圈为访问和转发的核心场所。在这一前提下，我们的 H5 生产在很大程度上需要严格遵守微信平台制定的规则，从而避免精心制作的作品因为触犯规矩而被“封禁”。

在微信“封禁”H5 页面的众多原因中，两个最常见但也最容易被制作者忽视的因素是“诱导分享”和“诱导关注”，具体为 H5 页面中出现了鼓动用户将其分享给好友或关注相关公众号的文案，或者功能按钮，包括但不限于“分享给好友吧”“邀请好友加入”“关注我查看全部内容”。微信平台的处理方法是：一旦发现，便会停止域名访问，使该作品无法在微信上传播。

这是一个令人纠结的选择，因为我们设置这类文案或按钮的确可以很好地促进用户转发，提升浏览量，但又无疑会让作品处于管制风险里。比如，此前抖音推出的“第一届文物戏精大会”、网易推出的“饲养手册”等知名 H5 作品都曾被“封禁”。

另外，此前常见的游戏类、测试类 H5 也属于微信禁止的范围，比如性格测试、知识竞赛。但这类 H5 常处于一种管理盲区，如果没有人专门投诉，它们通常还是可以在微信上传播的。无论如何，政务新媒体都应当留意并尽量避开这些“红线”，将重心转移到提升作品品质上。更多的规定细节，请查阅《微信外部链接内容管理规范》[①]。

2. 注意流量劫持

流量劫持，大体是指网站等利用恶意软件、插件、服务器攻击、诱导等方式让用户被迫访问某些站点的行为。比如，当我们正常访问某个网站时，页面中出现了低俗广告的弹窗。但是在很多情况下，这种广告弹窗可能并非网站管理方设置的，而是属于第三方的流量劫持。

流量劫持是一种网络安全问题，劫持者既可能是黑客，也可能是地方宽带运营商。流量劫持在 H5 作品中时常出现，尤其是广告弹窗式的劫持，既会直接遮挡页面本身的内容，对用户体验造成非常大的影响，也可能造成误解，让用户误以为其是发布者也就是政务新媒体所为，滋生负面舆情。更为糟糕的是，流量劫持带有隐蔽性和随机性，制作者打开页面测试时可能不会出现广告弹窗，但是某个区域、某个运营商的用户打开就会出现。

防止流量劫持的常见方法是在站点安装 SSL（安全套接层）证书，实现 HTTPS 加密。当然，网络技术更替速度较快，对政务新媒体来说，最好的方法就是与技术团队保持沟通，按需提升网络安全等级。通常，H5 制作工具的运营平台也提供了相应的网络安全保护，但为了稳妥起见，我们最好与这些平台的客服与技术人员对接，获取他们的专业意见。

3. 利用数据分析持续优化

（1）平台自带的数据分析

H5 页面发布后，数据分析是一个常被忽略的流程。与平台运营一样，

① 腾讯公司，《微信外部链接内容管理规范》。网址为 https://weixin.qq.com/cgi-bin/readtemplate? t=weixin_external_links_content_management_specification。

它的意义在于帮助政务新媒体从业者了解这份作品的传播特点与效果，进而使其结合每一份作品的数据，总结规律、提炼技巧并改进内容生产。另外，将数据分析这一流程常态化也便于量化从业者的工作成果，将其纳入整个考核指标进行考察。

大多数 H5 制作工具都自带基础的数据分析功能。以 Mugeda 为例，当作品发布后，我们把鼠标放到后台作品列表的缩略图上，页面上就会出现“查看数据”的按钮，点击即能进入数据分析的功能界面（见图 3–52）。

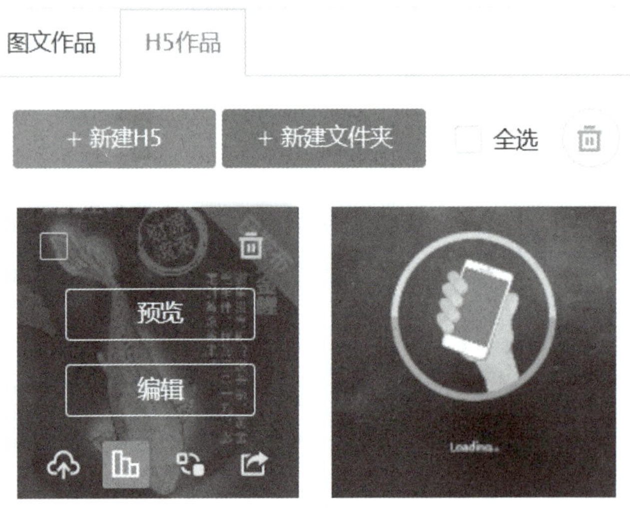

图 3–52　Mugeda 中的数据分析按钮

Mugeda 平台共提供了三种基本的数据分析。第一种是浏览量与用户数以及它们的增长趋势图。其中，浏览量对应 PV，即页面被查看的次数；用户数对应 UV，即访问页面的人数（见图 3–53）。我们将增长趋势图调整为按小时查看，便可以很容易地知道访问高峰出现在哪些时间段，以及是否出现流量“反弹”的情况。

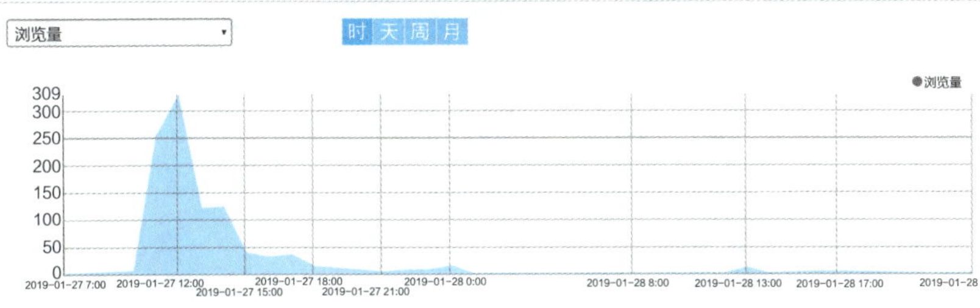

图 3-53　Mugeda 中的浏览量 / 用户数分析

第二种是传播来源分析，我们可以通过其了解作品主要在哪种渠道上传播（见图 3-54）。其中，群聊与朋友圈属于一对多的传播，面向的是更大的传播空间，需要政务新媒体格外重视。

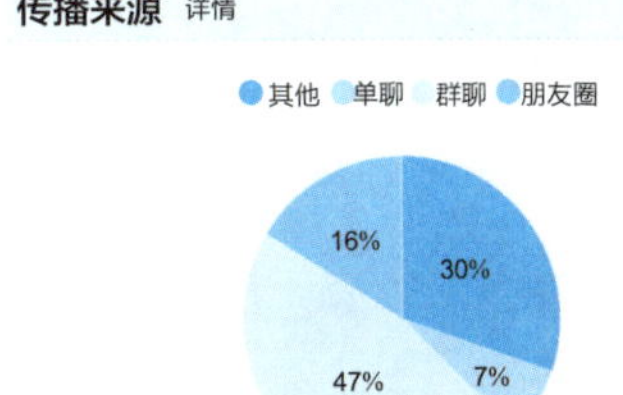

来源	浏览量	占比（%）
其他	302	30.26
单聊	69	6.91
群聊	465	46.59
朋友圈	162	16.23

图 3-54　Mugeda 中的传播来源分析

第三种是传播层级分析，我们可以通过它查看每一层传播所贡献的访问数据（见图 3-55）。假如这份 H5 作品是由公众号推送的，那么第一批点击查看的用户被视为第一个层级。如果这些用户觉得作品很好并将它分享给好友，那么访问页面的好友属于第二个层级，以此类推。如果越多的访问数据集中在后面的层级，就说明作品已形成口碑效应并被用户自发传播，极有可能取得较好的传播效果。

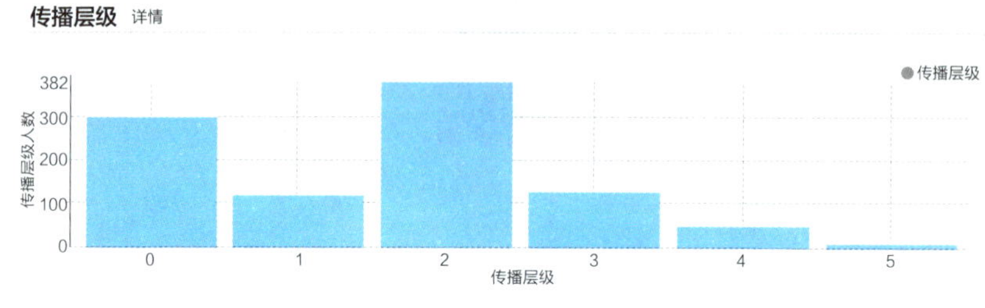

图 3-55　Mugeda 中的传播层级分析

（2）第三方的数据分析

使用平台自带的数据分析固然方便，但它们通常功能有限，或者需要我们付费。事实上，提供网页数据监测与分析服务的第三方平台已经非常多，且统计维度更为丰富，我们可以学习其基本的操作方法。

以百度统计为例，我们进入平台后选择“网站列表”并点击“新增网站”，这时其会要求添加需监测的网站域名，我们将 H5 页面的域名键入后进行确认，最后进入统计代码安装和说明的引导页（见图 3-56）。

新增网站

网站域名* 请输入网站域名

可输入如下4种域名形式：
1. 主域名（如：www.baidu.com）
2. 二级域名（如：sub.baidu.com）
3. 子目录（如：www.baidu.com/sub）
4. wap站域名（如：wap.baidu.com）

网站首页* 请输入网站首页

网站名称 待添加

行业类别 请选择...

确定 取消

图 3-56　百度统计中代码安装窗口

统计代码安装是必须经过的一步，它的意义是将用于统计分析的功能置入 H5 页面（见图 3-57）。如果是使用 H5 制作工具完成的作品，请确保平台支持代码的输入，通常是以“代码”“JS”“脚本”为名的功能按钮；如果是独立开发的 H5，请与技术人员对接解决问题。

1.新版统计代码获取（不想手工添加代码？立刻一键安装）

此代码同时适用于PC端、移动端的页面，以异步加载形式进行加载，数据更准确、加载速度更快。请将此代码复制并粘贴到您要跟踪的每个网页中。

```
<script>
var _hmt = _hmt || [];
(function() {
  var hm = document.createElement("script");
  hm.src = "https://hm.baidu.com/hm.js?e10ccb6dfeea4792763028464b2e7c34";
  var s = document.getElementsByTagName("script")[0];
```

复制代码　　高级定制代码

2.代码安装说明　安装实例　建站工具中的安装方法

（1）请将代码添加到网站全部页面的</head>标签前。

（2）建议在header.htm类似的页头模板页面中安装，以达到一处安装，全站皆有的效果。

（3）如需在JS文件中调用统计分析代码，请直接去掉以下代码首尾的，<script type="text/javascript">与</script>后，放入JS文件中即可。

如果代码安装正确，一般20分钟后，可以查看网站分析数据。

图 3-57　百度统计中代码安装说明

若代码安装成功，我们便可以检测该网站之后的访问数据。在“网站概况”部分，我们可以看到趋势图、跳出率、平均访问时长、转化次数、新老访客占比等专业化的分析指标（见图 3-58）。

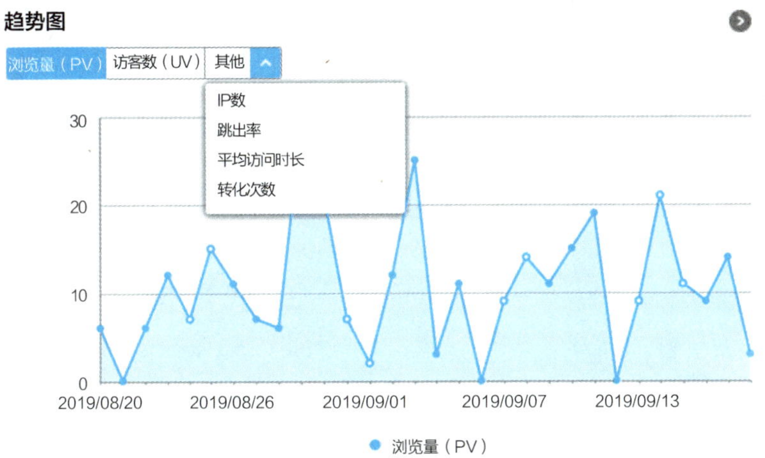

图 3-58　百度统计中趋势图结果

此外，访客的年龄、地域分布、兴趣属性及设备使用情况等指标都可以被统计并可视化呈现。这些指标对于政务新媒体来说是非常好的研究数据。它们能帮助我们了解作品传播过程中的各项指标表现，以及核心用户的基本画像，促使我们在未来的生产实践中改进设计，提供高质量的 H5 作品。

第四章

政务新媒体的视频内容生产

当前，移动通信基础设施的普及赋予了政务直播丰富的想象空间。人们拿起一部联网的手机便可以开始一场直播，不受时空限制，这意味着更多的“第一现场”可以被实时呈现。同时，直播呈现的是一种即时影像，给观看者极高的可信度和临场感。从这两个角度来看，直播能够增强政务新媒体的现场感，直播的内容维度也能加深群众对政务工作及公务人员的了解。

政务新媒体对短视频的跟进不但不滞后，而且成果丰硕。不过，政务短视频的兴起还伴随着定位模糊、过于娱乐化、存在技术障碍等问题。只有正视并为这些问题提供解决方案，政务新媒体才能最大程度地利用好短视频的宣传功能，实现寓教于乐、传递正确价值观的积极效果。

本章将基于对经典案例的分析，从政务直播、政务短视频两方面入手，结合短视频的摄制问题，有针对性地提供实操资料，帮助政务新媒体从业者跨越基本的制作门槛。

第一节　政务直播实务

政务直播的兴起有其历史渊源。在传统电视时代，问政直播节目与司法庭审直播即已出现，并成为政府与司法机构体现政务公开和促进政民沟通的常态范式。而在移动互联网普及的当下，政务直播的应用发生变化。问政与司法庭审的直播开始向网络平台迁移，微博、今日头条等应用相继开设的直播模块促使政务机构思考改变直播平台与增加直播内容的多样性，而政务新媒体担当起了变革的重任。

一、政务直播的类型

（一）政务工作直播

理论上，只要保证信息安全且得到上级批准，与政务有关的工作内容就都可以被纳入直播，并作为一项开放活动邀请群众观看。但需要注意的是，政务工作直播的核心是满足人民群众的需求，真正解决问题。

群众希望看到的是政府对一个个社会问题的认识并着手解决的过程，我们不能为了直播而直播。比如，政务新媒体中政法系统类账号占据多数，大量的政务直播多围绕着执法执勤的工作展开。一方面，政法工作与百姓的生活息息相关；另一方面，人民群众对这类带有权威性的活动具有天然的好奇心。

因此，此前各地组织的以“抓老赖”“抓酒驾”“打击传销”“庭审公开”为主题的政务直播活动取得了非常好的社会反响，既满足了群众渴望执法公开透明的心理，也发挥了政务新媒体警示教育的作用。

此外，以公益、扶贫为主题的直播活动也容易获得较理想的观看量。各地民政局、扶贫办、社会组织筹划开展的“走进乡野”“走进大山”等直播主题活动，能够让人民群众在获得视觉震撼的同时，激发他们的同理心，让他们体会到扶贫工作的不易，产生共鸣。

案例一

拓宽思路，直播内容可以很多样

需要注意的是，将常规的工作内容拿来直播其实是稍显枯燥的，因为很难激发群众兴趣的“关注点”。这时我们有必要拓展思路，将一些集中开展的政务活动开放给群众，吸引他们的注意力。

比如，“直播抓老赖”（见图 4-1），“老赖”一直是一个社会治理难题，社会影响恶劣。

图 4-1 山东广播电视台直播青岛法院“蓝色风暴”[①]

2018 年起，山东省开全国先河，鼓励法院、公安单位在其政务新媒体账号上开展“直播抓老赖”的活动。此举引发了强

① 山东广播电视台，网址为 https://weibo.com/2900118455/H4Se9tilg?from=page_1002062900118455_profile&wvr=6&mod=weibotime。

烈的社会反响，数百万网友涌入直播平台，观看执法活动。直播画面中，“老赖”的各种丑态被一一曝光，不仅起到了极佳的警示作用，也给网友树立了执法部门依法高效执行公务的正面形象。此后，“直播抓老赖”被多地效仿，成为政务直播的一个重要主题。

（二）突发事件直播

突发事件直播关注自然灾害、事故灾害与社会公共事件。尽管我们说突发事件的直播理应由专业媒体主导，但面对这类事件，政务新媒体也应该考虑通过直播的形式与专业媒体达成合作，同时转接线下的职能部门，协助事件治理并安抚公众情绪。

如果突发事件的内容与所属部门职能高度相关，那么政务新媒体应积极响应，理应比专业媒体跑得更快，以紧密追踪事件处理进程，实现政务信息公开的职能，促使事件高效解决。比如，2019 年 3 月，广州中山大学孙逸仙纪念医院发出求助信息：一颗待移植“心脏”需要从珠海紧急送到广州，希望获得两地交通部门的调度帮助。求助信息发出后，综合类账号“中国广州发布”首先发声，呼吁市民关注并让行。“广州交警”“广州公安”“广州共青团”等服务或协调类账号迅速响应，设置“请为粤 A808NN 让行”的话题标签，并与专业媒体“广州日报”联动，开通政务直播通道，对护送活体心源的行动进行实时直播（见图 4-2）。该直播吸引 50 万人次观看，成为当天微博平台最受关注的“正能量”话题。

广州日报 V

#请为粤A808NN让行#【直播：生死时速—广州珠海两地接力运送换心患者“心源”】这是一场牵动广州珠海两城、争分夺秒的“护心”接力：2019年3月29日早上，中山大学孙逸仙纪念医院南院区接到器官分配中心通知，有一例等待心源的待移植患者配对成功。中山大学孙逸仙纪念医院紧急派出救护车前往珠海市中山 展开全文

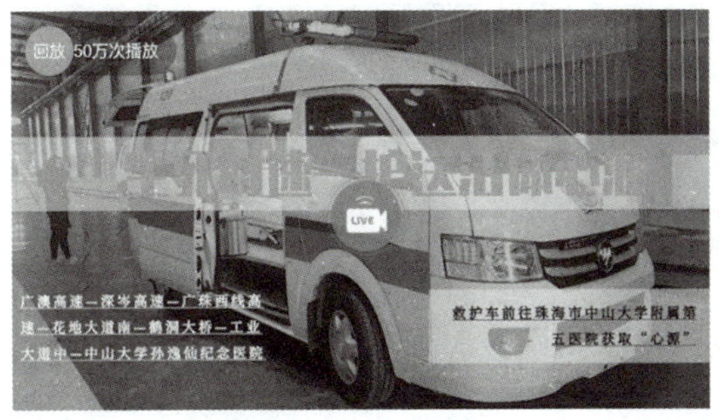

03月29日 15:02 来自 微博网页版

图 4-2　政务新媒体与专业媒体联动直播活体心源护送行动[①]

（三）专题节目直播

与上述直播类型相比，专题节目直播的摄制规格要求更高。专题节目直播一般有固定的摄制与播出时间，类似于一个广播电视节目，通常由地方广电中心与综合类账号合作出品，配合当地融媒体中心进行，在广播电视、政务网站、政务 App 等自属平台联合发布。因此，它带有官方权威发声的烙印。

专题节目直播与“网络问政”联系密切，而且，目前各地举行的问政直播活动正在由电视直播逐渐迁移到移动互联网直播。比如，由山东广播电视台摄制的“问政山东”栏目除了在电视平台播出，也建立了微博认证账号，并接入微博平台同步直播（见图 4-3），满足了越来越多的移动端观看需求。此外，一部分采访、探访节目也会以专题节目直播的形式推出，成功地将政务新媒体与地方融媒体中心的成果结合，效果显著。

① 广州日报，网址为 https://weibo.com/1887790981/Hn9SJn0gN?from=page_1002061887790981_profile&wvr=6&mod=weibotime&type=comment。

图 4-3 “问政山东”栏目会在电视与微博平台同步直播[①]

（四）活动直播

活动直播可分为大型活动与小型活动两类。

大型活动包括地方两会和地方筹备的运动会、纪念日、节日等。在这一场景下，活动直播与专题节目直播类似，有明确的准备时间和播出安排，具有较标准的摄制规格，多与专业媒体和融媒体中心合作，便于整合内容生产线，进行全媒体报道。

地方机构自行组织的公共活动属于小型活动直播，比如公开课、知识培训、便民服务推广等。这类活动通常没有标准化的摄制要求，但对直播的社交属性要求较高，因此使用微博、抖音或其他直播平台应用开播即可。

① 问政山东，网址为 https://weibo.com/2315238225/I4ukp3x8t?from=page_1002062315238225 _profile&wvr=6&mod=weibotime&type=comment。

案例二

公开课变直播课，充分利用教育功能

2019年4月，外交部领事保护中心官方微博“领事之声”对其第一次举办的“领保进校园”活动进行了全程直播。

直播长达47分钟，内容围绕海外安全和领事保护公开课进行，北京市八一中学的学生全程参与微博直播（见图4–4）。直播内容丰富多样，“旁听”这门课程的网友纷纷为这次“领保进校园”活动点赞。

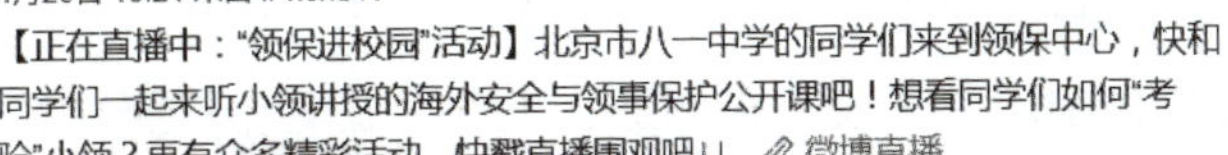

图4–4 “领事之声”对校园公开课进行直播[①]

① 领事之声，网址为 https://weibo.com/6450154939/HrSE5cmrZ?from=page_1001066450154939_profile&wvr=6&mod=weibotime&type=comment。

外交部领事保护中心对于学生和广大公众来说都比较陌生，此次“领保进校园”活动的开展不仅可以使同学们更加直观、详细地了解相关的海外安全和领事保护工作，而且可以拉近其与公众的距离。同时，在微博上开展直播可以在时间和空间上拓展此次活动的影响力，让公开课变成真正意义上的“公开”。

二、政务直播的平台

（一）自建平台

自建平台名为“自建”，其实多由政府购买社会服务，以技术团队提供解决方案的形式完成平台建设。

自建平台可以独立，也可以与融媒体中心同步建设，并包含在后者的功能架构中。由于设备采购通常也包含在整个服务中，因此这类自建平台的摄制规格更标准，可胜任大型活动直播与专题节目直播，还可接入政务网站与政务 App 的服务中。另外，与商业化的第三方平台相比，自建平台的使用更为自由，且可与开发团队持续对接，定制更符合自身需求的功能。

不过，自建平台不具有天然的用户源，需要网友自行登录相关平台观看直播，推广难度更大。另外，自建平台有较高的技术门槛，开发与运维成本都比较高，因此多由地方政府统一采购。

（二）专业媒体平台

专业媒体提供的直播平台是目前地方政府的合作方向之一，其中尤其以人民日报社推出的“人民直播”和新华社推出的“现场云”为代表——人民日报社与新浪微博一直合作建设的“人民直播”已吸引百余家专业媒体和政务新媒体加入；而新华社在 2017 年推出的“现场云”全国服务平台的发展速度也与“人民直播”保持一致。

这些平台的最大优势在于，它们具有成熟的采编通道，地方政务新媒体可以共享它们提供的政务影像素材，从而降低了采编难度，提高了内容生产效率。但遗憾的是，这类平台同样不具备社区属性，因此互动性相对欠缺。

（三）第三方平台

第三方平台又分为微博、抖音、快手、今日头条等社交媒体（资讯）平台开设的直播模块，以及一直播、花椒直播等专业直播社交应用。

选用这类平台进行直播的优势在于，技术门槛不高，对直播设备的要求也较低，且其拥有丰富的用户资源。同时，优质的直播主题会被平台扶持，给予流量推荐。这类平台具有完善的社区功能，适合政务新媒体开展互动性强的直播活动。不过，第三方平台面临着市场竞争，稳定性较差。某些平台很有可能会随着市场的激烈竞争而消失，不利于开展长期直播活动。

三、政务直播的注意事项

（一）制订稳定的播出与分发计划

在涉足政务直播后，政务新媒体要对直播内容进行明确规划，针对突发事件之外的直播提前做好时间安排。基于突发事件的直播，政务新媒体也要提前做好预案，便于及时开播。

更重要的是，这样的直播规划应该通过微信、微博平台告知群众，同时明确说明分发平台，即哪些直播会出现在政务 App、政务网站等自建平台，哪些直播会通过第三方平台开播，以便感兴趣的群众查阅跟进。

强　调

制订稳定播出与分发计划的意义在于，政务直播是一种实时情境，它给观众带来的是较强的参与感和沉浸感，是政民之间建立信任关系和情感纽带的长期过程。如果每次直播的时间间隔较长，没有稳定的直播时间，也未能在分发各平台的时候告知群众，那么这种情感关系的建立将变得非常困难，也不利于用户黏性的提升。

（二）开放评论，鼓励互动

直播期间能够开放评论功能，让网友参与讨论吗？这是一个让部分政务新媒体及对应政府机构纠结的问题。因为在他们看来，评论的内容是不可控因素，如果开放该功能可能会出现敏感内容，甚至涉及政治错误。

我们可以理解这一顾虑，但基于对当前互联网环境与各平台功能的研判，我们依然建议开放评论，允许公众互动，提升直播的活跃度和留存度。而已有的政务直播案例也表明，如果直播内容的可观赏性较强且属于体现正面价值观的事例，如环境监察执法、商品质量抽检、查酒驾等，评论区的内容基本是可控的。

强 调

为了降低直播期间开放评论带来的内容风险，政务直播可增设评论区管理员，作用类似于“客服”，其可以对网友就直播内容发出的疑问、建议及时反馈，引导公众情绪，更好地促进政民互动。另外，使用延迟直播以及评论审核的手段，利用各平台提供的敏感词过滤功能对符合要求的评论予以显示，也可以很好地将直播活动控制在安全、和谐的环境中。

案例三

政务微信推送链接，实现问政活动手机直播

2019 年 2 月，由宜宾市叙州区委、区政府主办，区纪委监委区委宣传部承办的以“聚焦一岗双责，整治形式主义”为主题的“阳光问政”直播活动成功举办。整个问政过程针对政府工作中存在的形式主义等问题展开，相关责任人负责回答公众提出的质疑，并接受公众对其工作的评断。

值得一提的是，问政过程除了在电视上直播，到场的公众可以参与质询外，网友还可以通过“清廉叙州”和“叙州之窗”政务微信提供的链接观看手机直播，“边聊边看”。这些评论会被实时反馈到节目中（见图 4-5），由此实现政府与群众真正意义上的双向沟通。

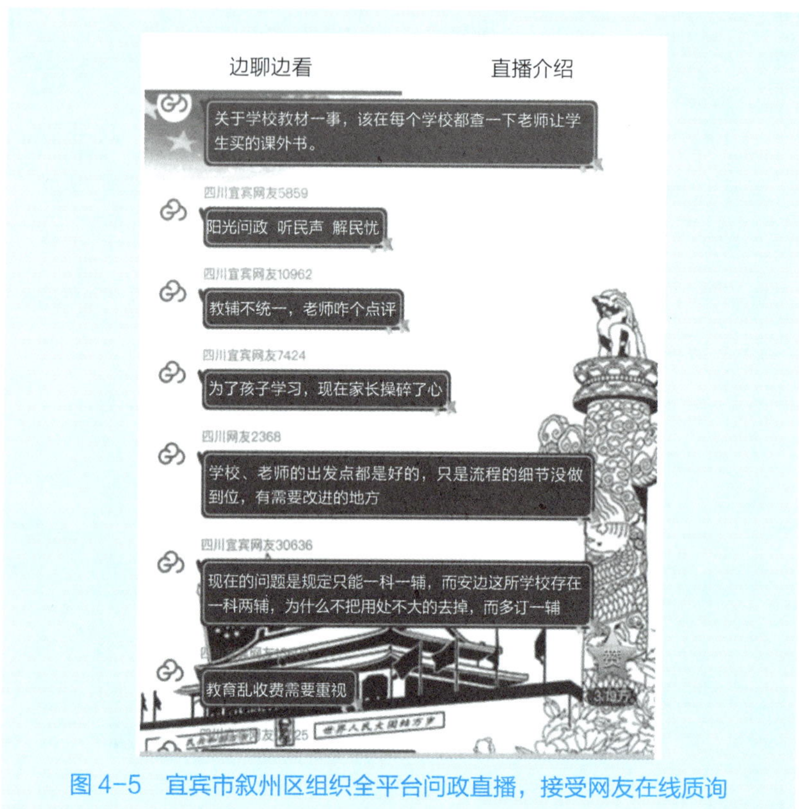

图 4-5 宜宾市叙州区组织全平台问政直播，接受网友在线质询

（三）利用直播资源，延伸内容生产

作为整个内容生产结构的一部分，政务直播的影像资料还可以被多次利用，组合成其他类型的作品，进而提高资源利用效率。比如，直播的精彩片段可以被综合采编为短视频，在微博、抖音等平台进行二次发布；整场直播活动如果反响较好或意义重大，也可以被做成图文报道，由微信公众号推送。如果是解释类、科普类的政务直播，那么网友在评论区提出的问题和疑问也值得被策划为一个答疑专题，另行编排，由微信推送。

总之，政务新媒体参与、组织的活动都是进行内容生产的宝贵素材，从业者可以“大开脑洞”，充分利用既有的资源，打通各类素材，做好全媒体内容生产。

第二节　政务短视频实务

与直播相比，短视频是近几年才出现的，但却激发了更汹涌的社会能量。中国网络视听节目服务协会发布的《2019 中国网络视听发展研究报告》显示，中国网络视频用户规模达 7.25 亿，其中短视频用户规模就有 6.48 亿。① 长至几分钟、短至十几秒的短视频满足了人们在“碎片化”阅读风潮中获取信息的需求，社交性强、生活化的特点更让它成为各大社交媒体平台最重要的流量贡献方。可以说，短视频已经成为当下新媒体矩阵的重要组成部分。

2018 年 5 月，北京市公安局反恐怖和特警总队旗下政务新媒体“北京 SWAT”入驻抖音平台，并发布了一则展现特警队员训练场景的短视频，一天之内，该账号收获了超过 250 万的点赞与 100 万的关注。惊人数据的背后显示了群众对政务账号入驻的热烈欢迎。与之相呼应，2018 年 8 月，中央网信办召开多个网络短视频正能量内容建设座谈会，将占领短视频这一新兴舆论阵地提升为一个重要任务。②

一、政务短视频的类型

（一）Vlog

Vlog 全称 Video Weblog，是博客（Blog）一词的变体，中文名可称作“视频博客”。它形似于第一人称的纪录片，强调用影像记录生活，时长短、节奏快、主题宽泛。

① 新华网，《2019 中国网络视听发展研究报告揭示八大核心发现》。网址为 http://www.xinhuanet.com//video/2019-05/28/c_1210145354.htm。

② 中国网信网，中央网信办召开网络短视频正能量内容建设经验交流座谈会。网址为 http://www.cac.gov.cn/2019-01/30/c_1124065419.htm。

2019 年是 Vlog 的风口之年，其在年轻用户中的普及速度之快、流行范围之广令人印象深刻——艾媒咨询的数据显示，到 2019 年年底，Vlog 的用户规模预计将达到 2.49 亿。[①] 与之相呼应的是主流社交媒体平台的高度重视：2018 年 12 月，微博推出 Vlog 召集令，对优质视频博主进行重点流量扶持；2019 年 4 月，抖音也宣布投入 10 亿流量支持 Vlog 创作。[②] 这些平台都是政务新媒体服务的重要阵地。

Vlog 为什么火了？此前的调研显示，六成用户认为是因为 Vlog 通常展示拍摄者自己的日常生活，内容真实、不做作。[③] 而这也理应是政务新媒体进行短视频内容生产的重要原则。

当前，政务新媒体对 Vlog 的尝试方兴未艾，但反响普遍较好。比如，自贡市公安局自流井分局局长林兵就因为拍摄 Vlog 成了“网络红人”。在 Vlog 作品中，他展示了所在分局干警出警、执勤、加班吃泡面的各类生活细节，语言质朴、场景真实，迅速收获了无数网友点赞，网友评价其“真实”“亲切”（见图 4-6）。这样的视频其实并不需要高门槛的技术和设备支持，只需要学会基础的剪辑拼接，再加上字幕即可。

强　调

对于政务新媒体而言，Vlog 形式的短视频制作门槛较低，内容自由多样，在较长一段时间内是个巨大的“流量宝藏”，需要重点关注。

---

① 艾媒网，《2019 中国 Vlog 商业模式与用户使用行为监测报告》。网址为 https://www.iimedia.cn/c400/64757.html。

② 北京商报，《抖音放开 1 分钟视频发布权限》。网址为 http://www.bbtnews.com.cn/2019/0425/297672.shtml。

③ 艾媒网，《2019 中国 Vlog 商业模式与用户使用行为监测报告》。网址为 https://www.iimedia.cn/c400/64757.html。

图 4-6　自贡市公安局林兵尝试制作 Vlog 获网友认可[①]

（二）模因

模因的英文原称为 Meme，其含义为人与人之间就某种创意与观点进行传播和模仿。

模因一词听着或许很陌生，但它的俗称"梗"应该容易被大家理解。

① 自流井公安，网址为 http://v.douyin.com/9nGPXP/。

无论是早期的“冰桶挑战”，还是当前在互联网上流行的“手势舞”舞蹈、“文字快闪”视频、“中国一点也不能少”口号等，都是模因的一种表现形式。

模因具有高度的可复制性，因此能给网友带来极高的参与感。正如它的俗称“梗”一样，当人们看见视频中的人物说出某个流行词语、做出某个流行动作或手势时，大家就能知道他想表达的“梗”是什么，这是一种仪式，也是一种约定俗成的观看习惯。因此，模因尤其受到年轻人的欢迎。

强 调

政务新媒体本身也是网络新媒体的组成部分，要学会适应网络文化的节奏。因此，政务新媒体有必要加入模因的制造中，并用主流价值观引导，借此提升政务宣传的效果，增强政民互动的能力。

以2019年在抖音、快手等短视频平台风靡的“一秒换装”挑战为例，这个模因要求拍摄者通过剪辑将自己的日常装束和化妆后的装束拼合对比，配合音乐实现酷炫、新颖的视听效果。

“济南公安”等政务新媒体账号也纷纷加入其中，推出山东最帅特警秀、山东最美女特警换装秀系列短视频，将特警的日常装束和执勤时的装束拼合对比，凸显出特警专业、干练的形象，收获了网友的好评（见图4-7）。

图 4-7　“济南公安”推出特警版“一秒换装”

案例四

嫁接模因，与青年亚文化对话

2018 年 10 月，“江苏网警”在抖音平台发布了一则短视频——《哪有恶人？扫黑除恶了解一下！》，获得 20 余万点赞（见图 4-8）。视频先用网络上很火的模因——年轻人喜欢穿写着“全员恶人”的 T 恤作为开端，在图片上以对话的形式打出“年轻人，想不到你也是恶人”，接着又打出“扫黑除恶了解一下”，然后放出民警扫黑除恶的系列照片，凸显了警察的英勇及其对人民的保护。

同时，这也是一则因吸收青年亚文化而获得成功的案例。“全员恶人”来自北野武导演的《极恶非道》的电影海报，它被抽象为模因并在青年的服饰文化、表情包文化中广为流传。江苏网警抓住了这一“热点”并将它与自身的“扫黑除恶”宣传联系起来，在视频中与青年人进行对话，并用他们的话语体系达到自己的宣传效果，更易被以青年群体为主的抖音用户所接受，也能更好地达成传播目标。

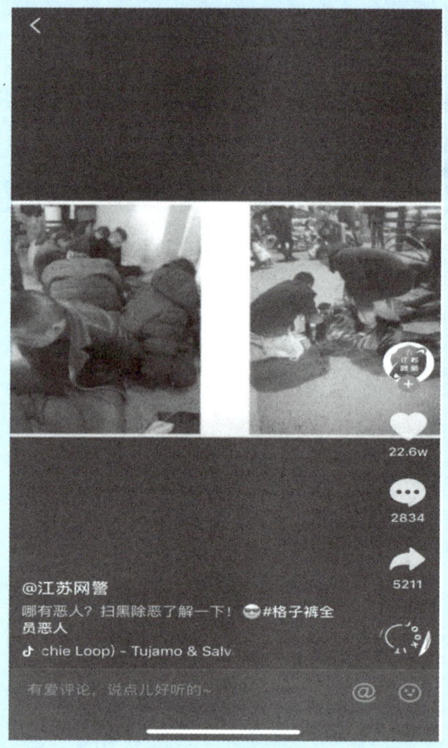

图 4-8 “江苏网警”巧用“全员恶人”模因[①]

① 江苏网警，网址为 http://v.douyin.com/9nKBrC/。

（三）专题采编

专题采编是一种综合性的短视频形式，即围绕某个话题，收集素材制作视频，帮助网友快速了解事实。专题采编带有一定的新闻属性，与政务微信的采编内容类似，只不过前者完全是以视频的方式展现的。

就目前的生产情况来看，专题采编具体可分为全国性的公共事件、地区性的热点事件以及话题盘点三种。

第一种，全国性的公共事件，即全国人民普遍关心的事件，包括但不限于重要运动会的开幕、重要政策的发布、重大纪念节日的举行等。这时，政务新媒体扮演的角色与专业媒体相似，均是自选角度组合素材，结合本地区的情况或所属单位的职能完成文案撰写和视频制作。必要时，采编团队可加入模因，让流行文化与时事相结合，使视频更为有趣。

第二种，地区性的热点事件，比如由地区政府组织的旅游推介活动、扶贫救灾计划、打黑除恶行动等。它们在政务短视频的日常内容生产中占据较大比重，采编团队可以综合现场图片和影像素材来完成。

第三种，话题盘点，即以回顾、排行榜等形式汇总某个话题的历史素材，相当于制作一个小型节目。话题盘点的内容通常丰富、活泼，很容易受到网友的欢迎，而难点在于需要花费更多精力收集素材。比如，“南京铁路公安在线”推出的“盘点 2018 奇葩报警”（见图 4-9），汇总了他们一年来收到的趣味报警案例，并借此呼吁群众正确利用 110 报警资源，从而基于泛娱乐化的风格达到服务目的。

（四）小剧场

小剧场，即带有情节且以短剧形式呈现的短视频，其内容通常聚焦民生，进行普法防骗、生活常识等方面的宣传，与群众生活息息相关。

图 4-9 “南京铁路公安在线”推出“奇葩报警”话题盘点[①]

小剧场这一形式对摄制团队的前期准备提出了新要求。为了剧情的顺利推进，演员、场景、服装、道具都要相应筹备，相比其他类型的短视频会耗费更多的物力和精力。不过，小剧场的优势也很明显——认真拍摄的小剧场作品哪怕在后期处理技艺上并不精美，但只要内容足够有趣且演员的表演足够真诚，也非常容易获得网友的认可。

更重要的是，小剧场容易产生品牌效应，一份作品可以在多个渠道分发，吸引各方用户订阅；制作质量较高的小剧场栏目也可以产生“轰动全国”的效应。比如短视频账号“民警李建国”（见图 4-10），李建

① 南京铁路公安在线，网址为 http://v.douyin.com/9n44BD/。

国所在单位为常州市公安局新北分局，他制作的视频内容涵盖了反邪教、套路贷、用电安全等方方面面的生活话题，十分有趣，仅在微博平台就收获了75万粉丝，成为一个知名的“个人政务新媒体”。

图4-10　“民警李建国”已成为全国知名的品牌政务新媒体[①]

案例五

品牌账号下设品牌栏目，形成稳定传播实力

除了让“民警李建国”成为一个品牌政务新媒体，江苏省常州市公安局新北分局还有意识地为该账号的小剧场作品设置固定栏目，进行栏目的品牌化打造。

比如，其中的一个栏目叫作“教导员的课堂”，采用短剧加嘉宾出镜讲解的复合形式。视频采用第一人称、人物对话等

① 民警李建国，网址为https://weibo.com/6216707200/HxaKKFTA7?from=page_1005056216707200_profile&wvr=6&mod=weibotime&type=comment。

方式轻松幽默地讲述黑恶势力的危害，将网络亚文化融入政务话语体系，打破了人们对政策宣讲的刻板印象，拉近了观众的心理距离。而穿插其中的幽默短剧、卓别林式默剧，以及影视作品情景的蒙太奇式拼贴，也让人们像观影一样沉浸在剧情中，体会到了其中的情感起伏（见图 4–11）。此外，视频被“中国长安网”——中央政法委新闻网站官方微博、“中国反邪教”官方微博转发，又进一步扩大了影响力。

图 4–11 “民警李建国”自建品牌栏目“教导员的课堂”[①]

这类视频的制作过程并不复杂：事先写好脚本，选择演员、地点，再按照脚本内容进行拍摄，最后将拍摄素材导入电脑进行后期剪辑加工。需要注意的是，剪辑时一定要把握好视频的节奏，政务新媒体新手可以模仿现有成熟短片的拍摄手法和故事框架。

（五）科普

科普类短视频以解读、说明性的内容为主，用于普及生活常识、前

---

① 民警李建国，网址为 https://weibo.com/6216707200/GDfdL5iUS?from=page_1005056216707200_profile&wvr=6&mod=weibotime&type=comment。

沿技术、政策、法律法规。以抖音平台为例，科普类创作者的作品播放量和分享量在全平台平均水平之上，可见科普内容的受欢迎程度。①

就目前的生产来看，科普类短视频分为两种：一种是结合公开视频资料，以画外音或嘉宾出镜的方式对某一话题进行科普；另一种是科普动画，相比用真实影像剪辑完成的视频，科普动画的生产工序较多，一般需要用到更专业的动画制作工具。科普动画的优势在于，画面可以不受制于现实物理条件，从而呈现更夸张、更生动的情节和场景。另外，科普动画的画面风格通常清新明亮，不会给观众带来视觉负担。因此，在各类作品中，动画视频总是有很高的关注度。

在科普类动画短视频中，常见的类型是 MG 动画，即扁平化的图形动画。比如，教育部政务新媒体“微言教育”推出的“看 120 秒动画，快速了解 2019 高校学生资助政策”就是一个很典型的 MG 动画（见图 4-12）。MG 动画通过组合各类图形展示场景，传递科普内容，我们也可以把其理解为一份动态的图表、图解。

图 4-12 “微言教育”使用 MG 动画进行教育资助政策科普②

① 环球网，《短视频与知识传播研究报告发布，助力知识普惠》。网址为 http://tech.huanqiu.com/launch/2019-01/14010484.html?agt=15438。

② 微言教育，《看 120 秒动画，快速了解 2019 高校学生资助政策》。网址为 http://baijiahao.baidu.com/s?id=1641018196107272575&wfr=spider&for=pc。

MG 动画一般需通过 Adobe After Effects 软件制作完成，难度和工作量都比较大。对政务新媒体来说，借助第三方的 MG 动画在线制作平台也可以满足基本需求。需要补充说明的是，科普动画的绘制方式非常多样，除了 MG 动画，还有手绘二维动画、三维动画、定格动画等类型可以选择，视觉效果各不相同。

有条件的政务新媒体可以联系更专业的商业团队定制生产。比如，国防科工局新闻宣传中心旗下政务新媒体“航小天”出品的《嫦娥家小四探月记》，就用定格动画的方式科普了嫦娥四号登月的全过程，跳出了常规形式，令人印象深刻（见图 4–13）。

图 4–13 “航小天”利用定格动画展现嫦娥四号登月场景[①]

① 航小天，网址为 http://v.douyin.com/9n4fFm/。

案例六

善用“N 分钟带你了解”之标题，激发观者兴趣

“N 张图带你看懂”“N 分钟带你了解”等图解、视频类报道已经成为会议内容报道的常见标题模式。例如，新华社 2018 年推出的《2 分钟带你 GET 修宪那些事儿》短视频通过手绘漫画形式，用通俗的语言为公众解答了有关修改宪法的各种问题（见图 4–14）。

图 4–14　新华社利用“画风新奇”的小动画科普修宪[①]

2 分 26 秒的短视频将宪法比作国家发展的“定海神针”，细数了自 1982 年至今的 4 次修宪是如何印证着时代的进步，帮助我们实现一个个生活上的“小目标”的。鲜活生动的语言，从衣食住行等方面可知可感地呈现出几次修宪给老百姓带来的实惠。轻松愉悦的音乐配以动画展示，降低了内容的枯燥感，增强了亲和力。

① 新华视点，《2 分钟带你 GET 修宪那些事儿》。网址为 http://video.sina.com.cn/p/news/c/doc/2018-03-09/124968071513.html?opsubject_id=top3。

该视频让观众清楚地了解到“年年三月看两会，今年两会不一般”，无论对于治国安邦还是医疗教育来说，修宪都的确意义重大。

（六）现场实拍

现场实拍是指未经过剪辑或只经过基本剪辑处理的实拍短视频，通常用于对某一活动或事件进行现场捕捉。比如，宜宾长宁地震期间，“长宁发布”等地区政务新媒体深入灾区，用短视频的形式从交通、医疗、教育、生活等视角向外界播发灾区信息（见图 4-15）。

图 4-15 “长宁发布”即时上传地震灾区的最新情况[①]

这些视频来自突发事件现场，力求快和真，自然来不及进行完备的后期处理，但是它们足够真实、震撼，能够让观众感同身受。因此，现场实拍的最大优势在于临场体验。如果是事态紧急或社会普遍关心的重要话题，政务新媒体完全可以考虑将未经剪辑的现场实拍视频发布，同

① 长宁发布，网址为 https://weibo.com/3515114057/HzTRQCGVP?from=page_10010 63515114057_profile&wvr=6&mod=weibotime&type=comment。

样可取得较好的传播效果。

（七）创意编排

创意编排没有具体的摄制要求，一切取决于摄制者的想法。毕竟，视频是具有极大创作空间的媒体形式，我们可以利用音乐、画面、剪辑节奏等要素编排出独有的视听语言，在几分钟内带给用户视听享受。

进行创意编排的重要原因之一是当前的抖音、快手平台内容同质化问题较为严重，只有充满创意的短视频才容易脱颖而出。比如，“魔性”舞蹈和“魔性”音乐的组合时常在短视频平台上引起热潮，但类似视频过多会让人产生“审美疲劳”。

政务新媒体“国家博物馆”的做法是，将人跳舞换成文物跳舞，以“文物会跳舞”作为宣传点，通过快速切换的画面以及欢快的音乐让陶俑呈现动起来的视觉效果（见图 4-16）。该视频新颖有趣，让一个个历史文物萌态毕现，充满笑点，迅速引发网友的讨论和模仿。从这个角度来看，创意编排也可以制造模因，成为社会热点话题的引导者。

（八）生活片段

除了发布精心设计的短视频，适量地发布一些生活片段也是一个理想选择。

生活片段类短视频与 Vlog 和现场实拍形似，区别在于 Vlog 是对一定时间段内生活视频的剪辑汇总，现场实拍则通常聚焦公共或者热点事件。生活片段可以是对公务人员值班工作的捕捉，也可以是对工作中的小事的分享。它的意义在于用生活片段拉近政民距离，呈现公务人员有血有肉的形象。

比如，政务新媒体“健康龙岗”在抖音平台上的粉丝有百万之多，其除了提供卫生科普、健康资讯，还会不时发布当地医疗从业者闲暇之余的生活片段，内容轻松、自然、真实（见图 4-17）。

图 4-16 “国家博物馆”的创意编排引发文物热[①]

强 调

生活片段不宜发布过多，因为政务新媒体的主要功能是服务人民群众，传播党和政府声音，做大做强正面宣传。生活片段不能是无意义的随手拍摄，即使是充满幽默感的视频也需要实现上述功能。而且，生活片段短视频的拍摄风格需要与整个账号的人格化形象相符。一个长期只发布正式、严肃政务信息的账号，如果突然发布一些“不正经”“抖机灵”的视频，会让用户觉得不解甚至不满。

① 国家博物馆，网址为 http://v.douyin.com/9nVr14/。

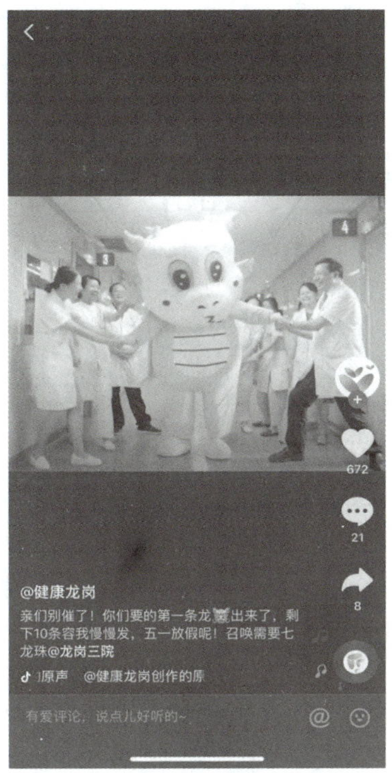

图 4-17　“健康龙岗”展现医疗从业者平凡、可爱的一面[①]

案例七

会严肃也会卖萌，生活片段也感人

已有的政务新媒体运营实践表明，政务新媒体的核心活跃用户多为 25~40 岁的中青年人群，这与社交媒体平台的核心用户群有一定的差别，尤其是 25 岁以下的用户对政务新媒体账号的兴趣整体偏低。那么，如何获得年轻人的认可？这需要软化传播形象。

① 健康龙岗，网址为 http://v.douyin.com/9WJ62v/。

我们可以尝试在短视频制作中运用“卖萌”式宣传画风软化宣传。比如，“平安重庆”在抖音平台发布的视频“碰得一手好瓷”，其分享了辖区民警在执勤路途中碰到一只小猫躺在路中间撒娇的趣味经历，配以“别报警，拎回家”的幽默文案，让人忍俊不禁（见图 4–18）。

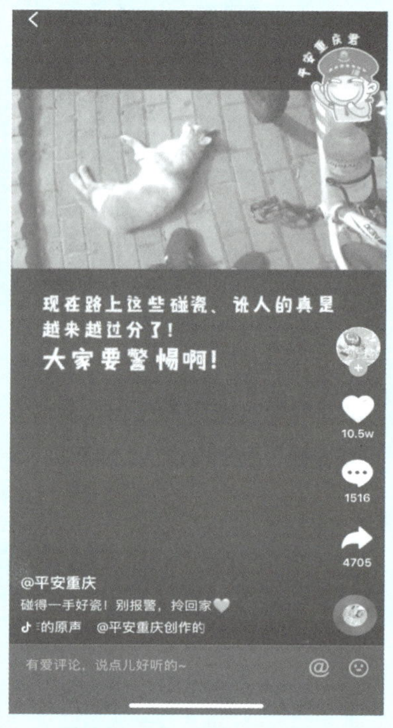

图 4–18 “平安重庆”分享猫咪实现“萌”化宣传[①]

可爱的宠物一直都是社交媒体的“吸睛”法宝，将这一元素和日常政务工作结合，更容易带来流量，增加账号热度。当然，“平安重庆”除了发表此类生活化的趣味视频外，也在重庆大巴坠江、重庆幼儿园伤人等突发事件中及时发声，凸显了专业性。

① 平安重庆，网址为 http://v.douyin.com/9nWG3M/。

二、政务短视频的策划

（一）职能定位的设计

同其他平台一样，政务短视频的运营也应明确职能，聚焦定位。频繁“蹭热点”，没有内容规划和运营方向，政务新媒体就很容易“定位模糊”。

具体来看，如果是综合性账号，短视频摄制应履行对内服务、对外宣传的双重职责，发布优质信息，让短视频账号既是本地居民的资讯服务平台，也是外界了解当地发展情况的窗口。如果是服务类账号，短视频摄制要发挥职能优势，制作发布科普类短视频，同时关注各类平台有关本地区视频的传播情况——如果有群众上传了反映本地市政建设、治安、交通等方面问题的视频，应尽快抄送线下职能部门处理。如果是协调类账号，短视频的制作与更新相对自由，应注意发挥好协助政务部门治理社会的作用；有条件的账号也可结合职能特点生产科普和解读性的作品。

案例八

借鉴专业媒体制作，打造新颖视觉效果

在媒体融合的大背景下，2018 年与 2019 年的全国两会报道成为各大媒体的竞技场。各家媒体不断推出形式各异、精彩纷呈的新闻报道，内容与表达被不断创新。

新华网的《跃然纸上看报告》视频，以政府工作报告“三维立体生长”的形式展示了政府过去五年的成就（见图 4-19）。同时，3D 可视化视频呈现了 2018 年政府工作的主要预期目标，并配以李克强总理报告的现场同期声，极具创意。该视频发布仅4天时间，访问量达到1.05亿，转载媒体数量达近千家，成为政务短视频的典范。

图 4-19 新华网利用 3D 可视化视频展现政府五年成就[①]

该视频从打开2018年政府工作报告这本书开始，以3D立体画和折纸动画“复活”书中内容，高楼大厦、公路铁路、城市乡村纷纷从书中跃然而出，活泼新颖。画面简约大气、配乐简洁明快，严肃认真的演讲式配音搭配真实数据统计，整体设计和谐统一。

（二）宣传诉求的设计

在政务短视频的策划阶段，首先要明确宣传诉求，即这段视频的功能是什么，希望达到什么样的宣传效果。具体来看，宣传诉求主要分为信息传递、形象构建、价值观引导三种。

第一种是信息传递，即这份视频的主要功能在于告知人民群众最新的时事动态、政策与法律法规、地区事务信息等，这与政务微博、政务微信中的常态信息推送一致。

第二种是形象构建，其意义在于构建和提升党政军机关及事业单位的公共形象，为优化社会治理提供舆论基础。比如，2019年4月，四川

① 新华网，《跃然纸上看报告》。网址为 http://www.xinhuanet.com/video/2018-03/05/c_129823360.htm。

凉山发生森林大火，导致30名扑火人员不幸牺牲。政务新媒体在及时发布消息的同时，也需要引导公众的情绪，构建消防队员的公共形象。通过短视频对公务人员的日常形象进行展示，更加真实可感，也更容易达到与人民群众“共情”的效果。

第三是价值观引导。短视频用镜头记录和呈现生活，用影像、声音和音乐与人民群众互动交流，更容易达到“润物细无声”的传播效果，有利于引导社会舆论，传播社会主义核心价值观。比如，2019年7月，莆田市某“摩的”司机被一男子持刀抢劫，两位市民出手相救。政务新媒体“莆田交警”将救人视频发布至抖音，迅速获得了200余万点赞（见图4-20）。可见，政务新媒体传播“正能量”无须刻板说教。

图4-20　“莆田交警”发布救人视频宣扬主流价值观[①]

① 莆田交警，网址为http://v.douyin.com/9nQwUj/。

案例九

用歌曲作载体，潜移默化传播防拐骗知识

2019年六一儿童节来临之际，为了增强小朋友的安全防范意识，内蒙古赤峰市人民检察院推出短视频——“六一快乐！一定要教会孩子们唱这首防拐骗歌谣”，以检察官与儿童合唱的方式，将生活中的防诈骗小技巧用歌词表达出来。该视频在抖音播放三日内，播放量破亿，点赞800万+，留言10万+（见图4-21）。

图4-21 “正义网”自制歌曲宣传防拐骗知识[①]

① 正义网，网址为 http://v.douyin.com/9nWDur/。

音乐和节奏通常具有更强的感染力，而通过口口传唱，更容易达到“一传十、十传百”的传播效果。对于尚没有太多文字阅读和理解能力的儿童来说，要求他们去死记硬背防骗安全知识，肯定不如让他们学唱一首歌谣来得更容易。只有因人而异地开展服务，政务短视频才能大有可为。

（三）视觉效果的设计

当你学习短视频摄制逐渐入门时，变换视觉效果来处理选题是一个重要的进阶手段。同一个选题可以有很多种视觉呈现方式，运营者如果一直使用最基础的拍摄和剪辑手段，很容易让用户产生审美疲劳。

假如政务新媒体的选题是宣传地区历史文化，目的是为当地文化活动造势，那么制作一份带有新闻专题片风格的短视频固然很稳妥，但这样的作品或许很难吸引大家广泛关注。这时，我们建议政务新媒体换个角度，为整份视频的调色、特效与镜头语言设计一套视觉方案；或者将其与街头随访、小剧场、动画等形式结合，提高观赏性，并且让内容编排风趣活泼。

如果缺乏相关经验，政务新媒体平时可以多积累一些专业媒体账号的短视频作品，从它们的视觉设计中汲取营养。比如，政务新媒体“网信河北”制作的展示邯郸成语典故的短视频让人印象深刻——这份作品创新地以沙画作为主视觉效果，伴随着沙画师的绘画，成语典故的场景依次呈现，观赏效果极佳，收获好评无数（见图 4-22）。

图 4-22 “网信河北”利用沙画宣传邯郸成语典故[①]

案例十

万物皆媒，用小事物传递大理念

严肃又重要的主题如何用轻松的方式赢得关注，这是专业媒体与政务新媒体都在思考的问题。政府工作报告起草工作的重要性不言而喻，但是，大多数老百姓对报告是怎么起草出来的、听取了谁的意见等背后详情并不了解。中国新闻网出品的视频《文具总动员——政府工作报告起草背后》针对受众想知道的问题做出了解答。

该视频用动画电影中常见的音乐剧形式，让工作人员起草

① 网信河北，《悦视 别出心裁！沙画展示邯郸成语典故》。网址为 https://mp.weixin.qq.com/s/4c5bz8yWcnlkQg06I7VkSQ。

报告时使用的铅笔、橡皮、夹子等一个个活了起来，通过它们的说唱将工作人员撰写政府工作报告的严谨和辛苦展现出来。同时，该视频也道出了政府工作报告的重要性，以及其涉及的内容、和老百姓的关系等。整部音乐剧轻松活泼，画面制作精良，文具的动漫形象各有特点，惹人喜爱，自然也赢得了惊人的观看量（见图 4-23）。

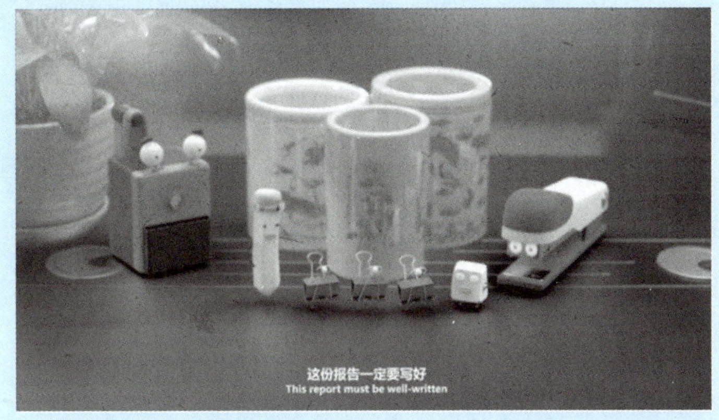

图 4-23　中国新闻网将文具拟人化，讲述政府工作报告的背后故事[①]

此外，这段视频的时长只有 3 分钟多，适合在微博、微信、客户端等转发传播、扩散。中国新闻网选择在总理做政府工作报告的前两天发布该视频，也有助于预热以及吸引百姓关注国家大事。

（四）情绪共通点的设计

在刚刚涉足短视频摄制时，许多政务新媒体都会遇到的问题是："为什么我们的作品浏览量这么低？""为什么作品评论这么少？""怎样

① 中国新闻网，《文具总动员——政府工作报告起草背后》。网址为 http://www.kankanews.com/a/2018-03-04/0018357689.shtml。

才可以实现粉丝增长？”从受众的角度来看，一个作品之所以看者寥寥，是因为它“无趣”。这里的“趣”并非一定是趣味，而是作品是否含有群众普遍关心的话题，也就是说，它是否具有拿出来讨论或者分享的价值。

因此，我们在对短视频进行前期策划时，有必要考虑作品内容是否与群众的情绪点相连，能否引起他们的兴趣。比如，我们已经分析过的“直播抓老赖”案例。为什么“抓老赖”能够引发人们的广泛关注？那是因为全社会对“老赖”有不满情绪，这种情绪驱使着人们去关心“老赖”的“下场”将是怎样的，观看流量自然会高。因此，政务新媒体要充分考虑每一个策划中的短视频作品是否有一定的社会价值并体现了服务目标。尤其要注意的是，尽管我们说 Vlog、现场实拍等短视频的最大优势在于真实性和临场感，但是这些优势同样需要通过内容的价值体现出来。

（五）娱乐属性的考量

无论是微博、微信，还是近年来崛起的快手、抖音，它们都具有明显的泛娱乐化倾向。纯粹搞笑或情绪宣泄或许会更容易赢得人们的关注，因而在抖音、快手中，以美女、猎奇为主打的模因无处不在。

那么，政务短视频是否应该为了流量和粉丝，加入纯娱乐化内容的生产中呢？答案自然是否定的。

事实上，加入无意义的模因不仅不利于政务新媒体品牌的构建，而且可能带来运营风险，损害政府形象。而网友对政务短视频的要求其实并不会像对商业化自媒体那样高，他们订阅政务新媒体主要是为了获取政务信息和相应的服务。因此，只要制作得足够真诚用心，哪怕并不精致和讨巧，政务短视频也一样能获得认可。

案例十一

挖掘本地特色，打造亲民形象

“警方微晨报”是苏州公安每天都会推送的类似早间广播的系列短视频，它在微博上是普通话版本，便于更大范围的观众能够接受；它在微信公众号上是方言版本，能够让目标受众产生心理上的接近性。该栏目同时在喜马拉雅 FM 上线，实现了微博、微信以及广播社交媒体的全覆盖（见图 4–24）。

图 4–24　“苏州公安”推出普通话和方言版播报栏目[①]

通常，该栏目首先对当日天气进行播报，然后播报警务新闻，并将观点融入其中，如“父母应该对孩子的言行起到示范作用”——通过列举孩子出事但是父母未能及时规制的案例实现安全引导和宣传。

① 苏州公安，网址为 https://weibo.com/1806686502/H0LPMAE84?from=page_1001061806686502_profile&wvr=6&mod=weibotime&type=comment。

“警方微晨报”通过“问早”拉近警察与公众的距离，提供信息服务：对可能危害到公共安全的事项进行提醒，对社会中存在的错误行为进行理性引导，没有空洞说教和生硬冷漠的灌输。此外，其根据微信信息发布更具精准化和圈子化的特征推出地方方言版本（如苏州话版本），能够更好地为本地群众服务。

这类视频的制作并不复杂，主要在于音频的制作。我们需要寻找合适的相关新闻（能够对群众起到提醒或警示作用）形成文本，再通过软件进行录音，并与音乐轨道合成，加入合适的配图输出为视频。

（六）信息安全问题的考量

政务短视频的制作固然有趣，但也存在一定的潜在风险，如版权、隐私与泄密等问题。我们需要做到如下三点。

首先，尊重视频制作中所使用素材的版权。短视频制作难免会借鉴网上流传的字体、图片、视频与音乐素材，在大部分场景下，运用这些素材不会带来版权之争，因为大部分作者是本着“共享”的精神上传这些素材的。然而，一旦产生版权纠纷，既会给政务新媒体带来法律风险，也不利于自身良好公共形象的构建。因此，在策划短视频时，政务新媒体可以考虑优先选择专业媒体摄制的视频素材，并在制作时标注来源，或者优先选择无版权或作者持开放使用态度的各类素材，降低使用风险。

其次，应注重隐私保护，尤其是出镜者的隐私保护。在大多数情况下，普通群众入镜体现正面内容视频，一般不会带来隐私侵犯问题。但是，如果涉及未成年人等特殊群体，政务新媒体则需要审慎对待。短视频摄制的隐私处理原则是：拍摄时尽可能征求被拍摄者的同意，如果不具备征得同意的条件，那么可在后期处理时对敏感信息进行模糊处理或直接删除。

最后，要注意保护国家机密。政务从业者尤其是处于某些专业技术岗位、敏感岗位的工作人员，要注意短视频可能带来的泄密风险。一个对工作场景十几秒的展示，也许就会给外方情报机构带来足够的影像参考。有关政务新媒体的运营安全及泄密问题，各地发布的运营条例已多次强调过。短视频有影音图像，信息更为详细全面，因此，政务新媒体更应当严格遵守相关条例，加强内容审核。

第三节 政务短视频制作案例解析

一、政务短视频的生产技巧

（一）常规短视频

我们首先要清楚短视频的来源大致分为两种：一种是原创素材，多用于创意视频的制作、地区事件的视频报道，由政务新媒体自行组织人员拍摄获得；另一种是网络素材，用于公共话题的视频采编，多是由专业媒体、网友拍摄发布的图片或视频等。

这两类素材并非泾渭分明，在谨慎判断版权归属、标注来源的情况下，政务新媒体通常也可以直接将网络素材用于二次制作，加入报道地区事件的视频中。

1. 下载网络素材

当搜集网络素材时，我们常会面临的一个情况是，不知应如何下载这类视频。因为它们可能首发在搜狐、优酷等视频平台，而这些平台只会以离线缓存的方式让你保存视频，无法进行二次制作。这时，你就需要用到第三方的视频下载软件。

目前，市面上有不少下载和解析视频的第三方工具，这里我们以硕鼠工具（http://www.flvcd.com/index.htm）为例，讲解如何下载网络素材。

假设，我们需要从某视频平台上下载一份名为“1949年国庆大阅兵”的视频作为采编素材（见图4-25）。具体的操作方法为：进入硕鼠主页后，在输入框键入视频页面的地址，经过后台数据解析即可直接下载（见图4-26）。

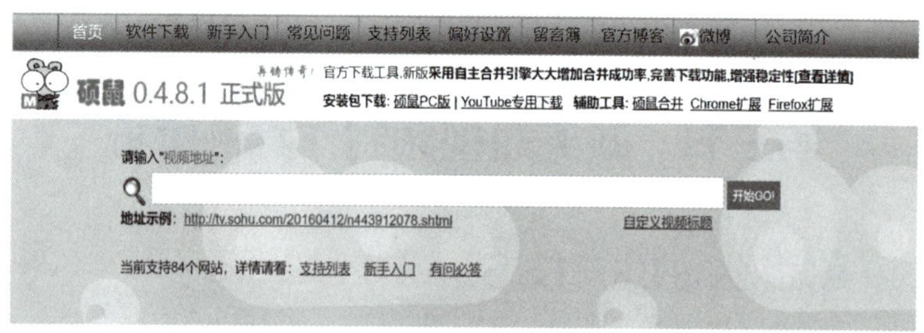

图 4-25 硕鼠网站页面提示的视频地址

当前解析视频：1949年国庆大阅兵**（搜狐视频只能用硕鼠下载）**

下载地址：**【说明：本视频由搜狐视频自动切割的5段小视频组合而成】**
http://data.vod.itc.cn/?rb=1&key=jbZhEJhlqlUN-Wj_HEI8BjaVqKNFvDrn&prod=fl......7jTVAxPPFD.mp4
http://data.vod.itc.cn/?rb=1&key=jbZhEJhlqlUN-Wj_HEI8BjaVqKNFvDrn&prod=fl......l845T0FStC.mp4
http://data.vod.itc.cn/?rb=1&key=jbZhEJhlqlUN-Wj_HEI8BjaVqKNFvDrn&prod=fl......cadSmMfqGB.mp4
http://data.vod.itc.cn/?rb=1&key=jbZhEJhlqlUN-Wj_HEI8BjaVqKNFvDrn&prod=fl......OmnljLnRtE.mp4
http://data.vod.itc.cn/?rb=1&key=jbZhEJhlqlUN-Wj_HEI8BjaVqKNFvDrn&prod=fl......E8tFVgnxfF.mp4

花费时间：0秒 用硕鼠下载该视频 高清版解析

温馨提示：想一键下载整部电视剧吗？请看这里：http://blog.flvcd.com/?p=85

图 4-26 硕鼠工具解析后提供的下载链接

强　调

考虑到内容的权威性和版权风险，我们建议政务新媒体在下载、选用视频时优先选择新华社、人民日报社等国家级媒体提供的优质素材。

2. 编辑视频

如果要在多个平台发布短视频，政务新媒体应当注意设置竖版与横版两种显示模式。一般来说，微博、微信、政务 App、政务网站以及其他传统视频平台都以横版视频为主，其尺寸在视频剪辑软件中已有预设，此处不再赘述。

（1）编辑竖版视频

在抖音、快手等平台，横版视频无法带来较好的观看体验，这就要求政务新媒体使用竖版尺寸。比如，我们从电脑端的软件输出竖版视频。以 Adobe Premiere 为例，具体操作步骤为：

第一步，在新建项目后选择左上角“文件”中“新建”选项中的“序列”，弹出设置面板。

第二步，在设置面板中选择最上一排的“设置”，然后下拉“编辑模式”，选择“自定义”，并在“帧大小”处将参数设置为1080，在“水平”处将参数设置为1920，将“像素长宽比”设置为方形像素。至此，一个竖版（尺寸）的序列就设置好了。

（2）布局字幕

当我们想要制作竖版视频时，因为比例的原因，横版的素材只会在竖版中占据一小块位置。那么，空出的地方应该怎么办？这其实涉及字幕布局的问题。

当前比较主流的处理方案是在视频上下位置添加字幕，字幕可以是对视频内容的描述，可以是对白，也可以是出品方信息。比如，孝感市公安局旗下政务新媒体“孝警阿特”，其作品上部标注出品方（账号名），下部标注人物对话与引导信息（见图 4-27）。当然，在字体、配色的美观度上，各政务新媒体可以寻求进一步提升。

图 4-27 “孝警阿特”利用上下空间标注字幕[①]

传统“上字幕”的方法需要我们根据语音内容自行键入文本，并根据时间线调整出入点，这在对白字幕的制作中显得较为烦琐。当前，网易见外、讯飞听见、ArcTime 等产品已经结合语音识别等技术推出了更智能的字幕生成工具，在人工辅助修改的情况下，它们可以在一定程度上提高字幕制作的生产效率。但是，语言识别只有在原视频环境很安静的情况下才可以保证较好的准确率，否则还是需要人工识别并键入。

① 孝警阿特，网址为 http://v.douyin.com/9WApPy/。

如果不使用上述技术，我们如何将对白文本作为字幕载入视频呢？我们可以在 Adobe Premiere 中使用“字幕”功能逐个设置，但这样的效率很低。这里提供另一种方法：

第一步，提前在记事本中键入将要作为对白字幕的内容，每一句话都需另起一行，如图 4-28 所示。完成后保存待用。

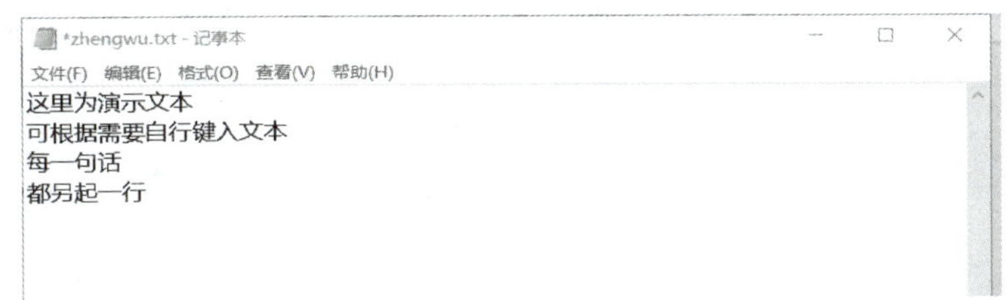

图 4-28　字幕制作的待用演示文本

第二步，打开字幕创作工具 ArcTime，选择上方“文件”中的“导入纯文本”，将保存好的文本文件导入，我们会发现预设好的文本已经放置在右上方的功能区内，且可自行调整出入节点。

第三步，依次框选复制每一句话，然后点选下方的“时间轴”功能区，在需要的时间节点按 Ctrl + V 进行粘贴，我们会发现框选的语句已经作为字幕出现在视频的时间线中（见图 4-29）。

图 4-29　字幕制作的待用演示文本

第四步，点选“导出”，决定导出到哪种剪辑工具中。因为完成第三步后，字幕其实只相当于一种外置文件，它并没有被载入视频的画面里。在 Adobe Premiere 中接着点选“XML + PNG 序列”，选择输出路径（由制作者自己选择输出到电脑的哪个位置）。同时，我们也可以在这个界面调整文字样式（见图 4-30）。

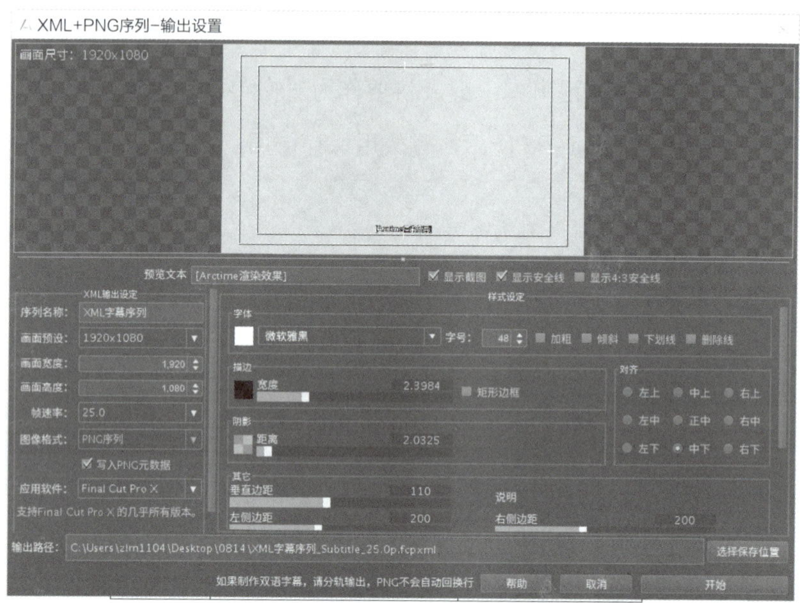

图 4-30　ArcTime 的导出界面

第五步，完成设置并点击右下角的“开始”，我们会获得多个 PNG 文件和一个 XML 文件（见图 4-31）。这个 XML 文件非常重要，它储存了不同字幕应该出现的时间节点。

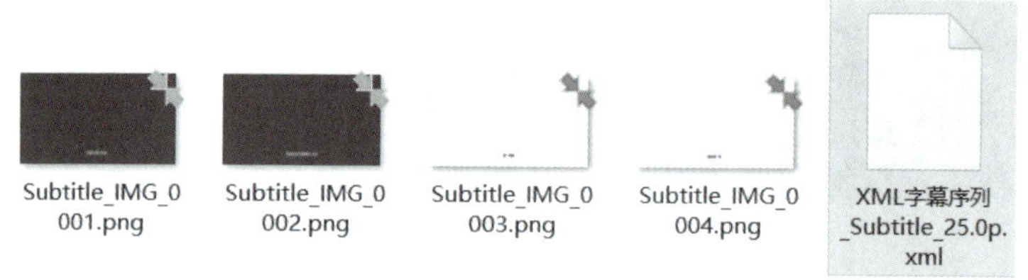

图 4-31　ArcTime 的导出结果

第六步，重新回到 Adobe Premiere，在管理素材的“项目”窗口中右键点击“导入”，选择 XML 文件并确定（请注意，只需要选择 XML

文件，PNG 文件不需要选择），我们会发现 PNG 与 XML 文件都出现在了项目的素材库中。然后，我们将 XML 文件拖选到视频序列中，所有字幕就会在视频画面中出现，且带有时间出入节点，可随视频一同导出（见图 4-32）。

图 4-32　导出的字幕文件已出现在视频序列中

强　调

根据平台、工具的不同，字幕载入、导出的方式还有很多。如果是特效字幕，我们既可以在电脑端完成后期包装，也可以利用抖音、快手、快影、剪映等应用内置的字幕工具，后者提供的模板可以很好地提高制作效率。

（3）设置封面图

视频的封面图十分重要。在选择观看哪个视频时，网友大多是根据标题和封面图两个信息判断的，而封面图由于更为直观，其引流的作用甚至大于标题。

我们比较推荐的封面图设置方案是将标题直接写在图上，这样网友在浏览信息流时就可以知道该视频的大致内容。这相当于视频的自我推荐。比如，“健康龙岗”出品的作品相对来说就比较一目了然（见图 4–33）。

图 4–33 “健康龙岗”的作品封面图已附上标题文案

封面图不需要单独制图，一般来说，应用软件会自动截取视频画面的前几帧作为封面。因此，政务新媒体在制作短视频开头的画面时，应直接以特效字幕的形式加入标题，开门见山地传递最重要或者最有趣的信息。

（二）Vlog 短视频

前面已经谈到，Vlog 是一个新兴的且极适合政务新媒体参与的短视频类型。在这一部分的技巧讲解中，我们将以“海南警方”制作的 Vlog 作品“全网首个警方抓捕 Vlog”为例展开讲授。作为政务新媒体尝试 Vlog 类短视频的先行者，“海南警方”迄今已经推出超过 30 份 Vlog 视频，涵盖执法执勤、法医、反诈骗、警犬等多个话题，内容丰富有趣，社会反响良好。

根据已有的 Vlog 拍摄实践，我们结合政务新媒体的定位与需求初步整理出了八个拍摄要点，如表 4-1 所示。

表 4-1　政务新媒体生产 Vlog 类短视频的要点

流程	序号	特　点
拍摄	1	大部分为手持镜头
	2	拍摄者会与观众、被摄者对话
	3	镜头组合：主线场景、转场镜头、自我拍摄、拍摄他人
	4	不避讳真实生活细节
后期	5	剪辑遵守基本时间线
	6	有基本的字幕和音乐引导
	7	快节奏剪辑，有时长控制
	8	在最后进行主题强化

1. 手持镜头

手持镜头最大的特点在于晃动感，主要实现方法有直接手持或使用自拍杆两种情况。Vlog 中出现大量手持镜头的直接原因是拍摄者的目标通常是记录发生在周围的生活实况，自然来不及准备三脚架、稳定器。

同时，使用手持镜头能直接带来真实性与临场感，让观众获得纪录片式的观看感受，在一定程度上满足了他们想要身临其境的心理。因此，在进行 Vlog 类短视频拍摄时，政务新媒体不必纠结镜头是否经过修正、稳定，这样反倒失去了 Vlog 的意义。如果画面抖动会严重影响观看，那么我们可以使用手持云台等带有防抖效果的设备。

2. 与观众对话

在展现时事消息的短视频中极少出现的主观镜头会在 Vlog 中频繁出现，这是 Vlog 类短视频的第二个要点。主观镜头是一种代表了拍摄者视点的镜头，它多与手持镜头一同出现，帮助观看者迅速“入戏”。因此，在 Vlog 拍摄中，作为掌镜人的拍摄者需要多次面向镜头，以自拍的形式与观众对话，交流信息并表达感受（见图 4-34）。同时，拍摄者还会利用主观视角与入镜的其他人物对话，邀请他们面对镜头，回答问题。

图 4-34 拍摄者面对镜头表达感受，与观看者对话[①]

3. 镜头组合

在具体的镜头组合上，政务新媒体应注意收集以下四类素材：跟主

① 海南儋州警方，“全网首个警方抓捕 Vlog”。网址为 http://www.sohu.com/a/325724180_115479。

题贴合的主线场景，若与警方抓捕有关，那么我们应尽可能将抓捕前的准备、实施抓捕与抓捕完成的主线内容拍摄到位；自我拍摄的镜头，与观众对话，交代信息、表达感受；拍摄他人的镜头，我们可以将其视为拍摄者对事件相关人物进行的采访；转场镜头，比如用于连接两段场景的表示时间流逝、正在路途中的镜头，否则最后的剪辑效果会显得突兀、不自然（见图 4-35）。

图 4-35　拍摄转场镜头用于场景衔接①

4. 真实生活反映

政务新媒体应当注意，反映真实生活细节也是 Vlog 的一大要点。比如，在“全网首个警方抓捕 Vlog”中，警方抓捕完成后席地而睡、煮泡面的场景也被记录在内（见图 4-36）。如果按照宣传片式的剪辑逻辑，这些非正式的场景不应该被保留，但这些场景恰恰用真实映射了抓捕工作的辛苦，强化了警务工作人员的正面形象。因此，在拍摄 Vlog 时，哪怕是一些生活细节，只要对主线叙事有帮助，我们都应该考虑摄制在内。

① 海南儋州警方，“全网首个警方抓捕 Vlog”。网址为 http://www.sohu.com/a/325724180_115479。

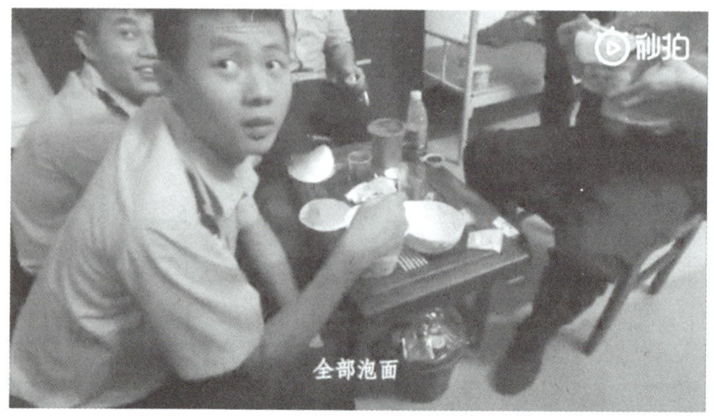

图 4-36　拍摄生活细节强化真实感[①]

5. 按时间线剪辑

到了 Vlog 的后期编辑阶段，我们在剪辑方式上推荐时间线顺序。这并非指一定要按照视频拍摄的先后顺序剪辑，而是最后完成的视频应该基本按照时间从早到晚、事件从开始到结束的顺序来叙事（见图 4-37）。这虽是一种最简单的叙事方式，但能清楚地呈现整个 Vlog 主题的起因、经过和结果，也更能凸显生活化的特征。

图 4-37　按时间线顺序串联剪辑[②]

① 海南儋州警方，“全网首个警方抓捕 Vlog”。网址为 http://www.sohu.com/a/325724180_115479。

② 海南儋州警方，“全网首个警方抓捕 Vlog”。网址为 http://www.sohu.com/a/325724180_115479。

6. 字幕和音乐引导

除了画面，我们还应当注意用字幕和音乐来引导叙事、烘托情绪。尤其是音乐，若视频剪辑能与其配合制作出“踩点”式的节奏感，将会带来更好的视听效果。

不过，除对白字幕有必要全程在视频中出现外，特效字幕和音乐这两种元素的使用应坚持适量原则。比如，在开头或结尾集中使用，或者在带有关键信息、主旨场景的地方使用（见图 4-38）。原因在于，Vlog 的优势在于它的真实感、生活化，过多堆砌特效字幕和音乐会 “喧宾夺主”，使其像一个宣传片或专题节目。

图 4-38 特效字幕的适当使用[①]

7. 时长控制

此外，我们还要尽可能严格控制整个 Vlog 作品的时长。结合各大社交媒体平台、视频平台的上传限制，并参考热门 Vlog 类短视频的时长，我们建议政务新媒体将 Vlog 作品的时长控制在 2~5 分钟之间。这一长度已经能提供较多的信息，也符合网友的观看习惯。时间过长会导致网友

① 海南儋州警方，“全网首个警方抓捕 Vlog”。网址为 http://www.sohu.com/a/325724180_115479。

失去耐心，同时也显得叙事“啰唆”。因此，政务新媒体应使用快节奏的剪辑方式，在保留主线的基础上对多余的素材进行删减。

8. 主题强化

在 Vlog 的结尾，政务新媒体应传达主旨，对主题进行强化。这并非一个 Vlog 的常见要求，但为什么我们建议在政务新媒体生产的作品中添加呢？这是因为普通网友或明星推出的 Vlog 有时只是纯粹地记录生活，没有太多公共价值和意义，而政务新媒体的任务之一就是传播和引导主流价值观。因此，我们有必要结合选题，凸显并强调想要传达的主题，而视频的结尾就是一个很容易让人留下记忆的地方（见图 4-39）。

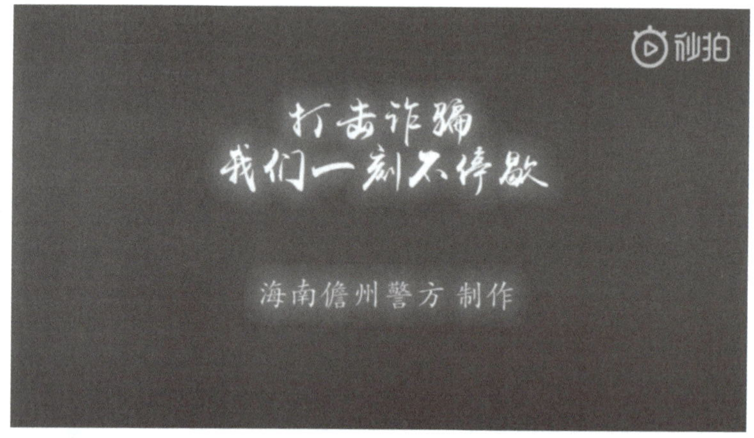

图 4-39　在结尾处对视频主题进行强化[①]

二、政务短视频的优化

（一）重视字幕

字幕是短视频的重要元素之一，它将视频的语音内容以文字呈现，或者以提取关键词的方式帮助观众筛选信息。根据当前短视频的制作情况，字幕可分为两类：第一类是对白字幕，通常位于横版视频下方；第

① 海南儋州警方，“全网首个警方抓捕 Vlog”。网址为 http://www.sohu.com/a/325724180_115479。

二类是特效字幕，即调整了字体、颜色、弹出方式后用来强调关键信息的字幕，在竖版视频中广为使用。

在实际应用中，这两类字幕均不可忽视，对白字幕呈现基本的对话信息；而特效字幕可以在视频的任意位置添加，有利于清楚地交代信息，从而配合快节奏的剪辑，给观众带来简明、直接的观赏体验（见图 4-40）。

图 4-42　“孝感公安”使用特效字幕展示视频关键信息[①]

① 孝感公安，网址为 http://v.douyin.com/9WL21A/。

字幕的添加方式分为两种：一种是基于电脑端，通过 Adobe Premiere、iMovie 等软件键入字幕，或者借助 ArcTime 等专业的字幕软件；另一种是直接通过抖音、快手自带的视频编辑功能键入字幕，或者使用快影等视频编辑软件完成制作。

具体采用哪种方法，取决于短视频的类型。如果是需要较多后期工序的专题采编、小剧场、科普等短视频类型，我们可以使用电脑软件完成；如果是现场实拍、模因和一些创意编排作品，在操作经验丰富的情况下，我们可以直接使用手机应用制作发布。

（二）剪辑“开门见山”

在碎片化的阅读时代，网友的精力有限。如何让自己的作品在浩如烟海的短视频信息流中脱颖而出呢？一个重要的剪辑技巧就是“开门见山”，即在视频的前 10 秒就交代中心内容和亮点，抓住网友的好奇心，吸引他们继续观看下去。

开门见山式的剪辑相当于作品的“自我介绍”，这在新媒体运营中是一个很重要的制作意识。以知名自媒体“毒角 show”为例，虽然它不是政务新媒体，但它的视频处理方式值得我们学习。通过快节奏的剪辑，“毒角 show”的每期视频都会在前 10 秒抛出话题，比如“5G 时代生活是怎么样的”“老美怎么看哪吒”等，话题简明、新颖，能够迅速让大家抓住重点，引发大家的观看兴趣。同时，“毒角 show”将每期话题以特效字幕打在视频封面上，可以很好地“锁住”流量，助力传播效果的提升。

（三）布局文案

文案的安排依然是政务新媒体交代信息、引导观众情绪的重要元素。因而，我们不能因为政务短视频的主体是视频而忽视文案。如果视频讲述的不是负面事件或者严肃庄重的高层政务活动，我们建议使用亲和力强、“接地气”的表达方式来配置特效字幕的文案，同时适当使用一些网络流行词汇，强化政务新媒体年轻、亲民的形象。另外，短视频发布的引导文案（也就是视频发布时的标题和介绍）不宜过长，应当简洁清晰，对视频起到推荐作用，让网友在滑动信息流时能够被吸引，激发他们继续观看的兴趣。

（四）设置情节

情节设置并非只能出现在小剧场类的短视频中。它是一种制作意识，要求我们掌握“讲故事”的能力，这与数据新闻、H5 甚至是一篇简单的推文的要求一致。

以政务新媒体科普类视频的制作为例，它可以有很多种叙述方法。比如，我们需要考虑：第一，哪种方式是最容易让观众理解的；第二，能否在讲解完一个抽象的概念后举一个生活化的案例，帮助大家理解；第三，能否将动画与真人出镜的视频结合起来，让动画呈现科学效果；第四，能否在视频开头就以画外音的方式不断设问，层层阐释问题；第五，能否有意识地设置情节，让视频内容结构清晰且丰富有趣。

（五）Tag 话题引流

Tag 就是话题标签，几乎所有的社交媒体平台都有类似功能。比如微博，如果你在文字编辑窗口输入“#×××#”（×××就是我们所取的话题名，比如“# 我和国旗合张影 #”），那么两个井号间的文字将会变成一个话题聚合链接，所有带有这个话题标签的微博将会被聚合在同一个页面，供感兴趣的网友深度浏览。抖音、快手等平台的原理也是如此，区别在于，它们只需要添加一个井号，即“#×××”。

由此可见，话题标签带来的好处是聚合话题。当希望参与某个公共话题或热点事件的讨论时，政务新媒体可以考虑添加 Tag 并发表相关内容，这样可以实现自然导流，吸引网友进入自己的账号主页。同时，积极参与热门话题标签意味着配合平台的官方活动，这样政务新媒体更容易获得平台的优先推荐资格，获得更多的关注度和流量。

（六）音乐搭配

视频的一大优势在于视听结合，因此，我们要特别重视音乐的搭配和使用。比如，不同短视频的情感基调不一样。视频如果是宣扬“正能量”、主流价值观的感人事迹或者政务活动的，那么适合使用优美、大气的音乐；如果是报道自然灾害的，那么理应选用沉重、低缓的音乐，以此类推。此外，音乐的节奏只有与画面节奏和剪辑节奏基本匹配，才会让观众产生代入感。

好的音乐搭配是制造热门视频的重要条件，尤其是在以“魔性”音乐为特色的抖音平台。音乐本身就是一个话题聚合链接，使用相同音乐的视频会聚合在一起供人浏览。这无疑提高了那些使用热门音乐的政务短视频成为“爆款”的概率。

强 调

好的音乐搭配不是“喧宾夺主”，而是让音乐服务于视频内容，成为作品的一部分，更为突出地传递主题。在尊重版权的基础上，政务新媒体从业者应当有意识地收藏音乐，对不同情感基调的音乐进行分类，从而在制作视频时最高效率地选用。

案例十二

结合热门音乐，渲染公务人员正面形象

北京市公安局反恐和特警总队账号“北京 SWAT”入驻抖音一直是政务短视频中的经典案例，其发布的第一个视频就取得了惊人的传播效果。

整个视频配以当时大热的“吃鸡”游戏《荒野行动》的主题音乐，主要展现的画面是特警进行射击和日常训练。特警队员用各种姿势持枪射击，从直升机上空降，动作潇洒帅气（见图 4-41）。

图 4-41 “北京 SWAT”结合“吃鸡”音乐宣传特警形象[①]

① 北京 SWAT，网址为 http://v.douyin.com/9WyVpC/。

这个短视频的成功绝非偶然。它契合当时的热门游戏，让网友感到亲切且新鲜——狙击射击和实战演习是玩家每天在游戏中真实进行的活动，再加上特警们散发出的“男人气质”，各类元素综合在一起“圈粉无数”，并被中青在线、新京报网、法制晚报等媒体频频提及并点赞。

该类视频的制作主要包括前期内容拍摄以及后期剪辑，剪辑画面一定要和音乐节奏完全契合，并尽量选用既热门又符合视频内容的音乐，借此增强传播效果。

强　调

政务抖音在“蹭热点”借势传播的同时，还要重视通过议程设置配合后续中长期的宣传计划。

（七）品牌意识

这里的品牌意识并非要求政务新媒体进行商业化运营，而是希望政务新媒体能有意识地对短视频账号进行品牌化打造，提升知名度，增强影响力。

打造品牌的有效方法是结合自身职能和地区特色建立常态栏目，通过高质量的内容让网友养成浏览惯性。可考虑的操作方法是为系列视频统一取名，将其作为栏目名称，并以特效字幕和引导文案两种形式对栏目名称予以强调。这样，对这个系列视频感兴趣的网友就可以通过检索关键词的方式，随时查看系列视频，跟进更新，保持关注度。

比如，政务新媒体“上海发布”就命名划分自己发布的短视频，将介绍上海风土人情、大城小事的视频划归到“探索上海”（见图 4-42）。它既是一个话题标签，也相当于一个品牌栏目。当有网友对这个栏目感兴趣时，他会记住栏目名并长期关注，账号的用户活跃度和黏性自然会提升。

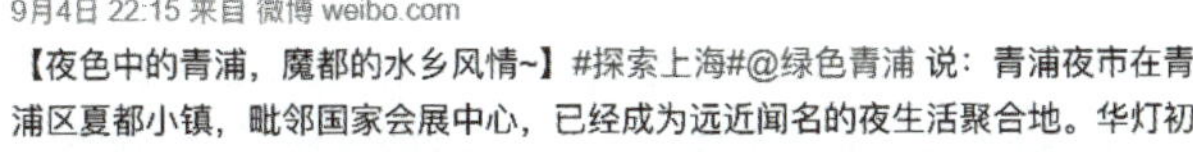

图 4-42　上海发布的系列短视频“探索上海”[①]

案例十三

普法短视频做成微电影，高质量剧作获肯定

为了更好地推进普法宣传工作，从 2018 年下半年开始，吉林省四平市公安局旗下政务新媒体“四平警事”制作并推出了 30 余个趣味普法短视频。视频内容涉及网络诈骗、无证驾驶、打架斗殴、聚众赌博、传销等诸多方面，配上幽默“接地气”

① 上海发布，网址为 http://www.sohu.com/a/325724180_115479。

的表现形式，获得了广大网友的点赞转发。

比如，2018年12月，“四平警事”发布了一个短视频——“无论你的故事多么悲伤，那都不是你犯罪的理由！”。它讲述了两个冒充102国道“张道长”和“道委吴书记”的抢劫犯因涉嫌拦路抢劫被警察批评教育的故事。幽默风趣的语言表达和“普法三人组”的精湛演技，使得该视频成为众多警务新媒体的制作标杆（见图4-43）。精致的拍摄和剧作水平是“四平警事”成功的原因。诸多网友称，这些普法短视频带给他们的感受已经不再是一个“小剧场”，而是一部真正的“电影”。

图4-43 “四平警事”凭借高质量作品成为全国政务新媒体品牌[①]

① 四平警事，网址为 http://v.douyin.com/9W5r82/。

截至2019年9月，“四平警事”抖音号粉丝量超1 300万，点赞数超6 300万，并获得“2018年度十佳政务抖音号奖”。四平市公安局的普法形式创新对相关政务新媒体的创新发展起到了良好的示范作用。

三、政务短视频的分发

（一）建立渠道分发矩阵

每一个短视频的生产都不容易，当短视频制作完成后，我们应该充分考虑如何分发，让其实现最大化的传播效果。我们需要重点关注三个渠道：第一个是微博、微信，第二个是抖音、快手等短视频社交媒体平台，第三个是腾讯、爱奇艺等视频平台。

比如，如果是科普类、专题采编类等长度更长或制作工序更复杂的短视频，我们建议政务新媒体在三个渠道同时发布，实现全网覆盖，产生话题效应；如果是现场实拍、生活片段等长度仅几十秒或带有“随手拍”风格的短视频，那么政务新媒体可优先在短视频平台发布，同时视情况在微博同步更新，传统视频平台则暂不用考虑。

（二）推进平台合作

积极与平台官方合作也是提高渠道分发能力的方法。除了积极参与官方话题、获取加“V”认证，更重要的是参与各平台组织的政务账号扶持计划，掌握最新的分发政策，有针对性地制定政务短视频运营策略。

比如，2018年8月，抖音推出了政务媒体号成长计划，为政务短视频提供线下培训、制作升级、优先分发的服务，这在一定程度上体现出商业机构对政务宣传的重视和配合。无独有偶，其竞争对手快手也将发布政务号影响力排行榜常态化，对优质政务短视频账号进行长期的流量扶持。这些对政务新媒体在短视频领域的发展来说都是利好，值得重视。

（三）注重数据分析

短视频的分发还应该建立在对自身数据的分析上。以抖音为例，每一个视频都有以下几个关键指标：浏览数（曝光数）、点赞数、评论数、分享数。其中，用户无论是在抖音平台上私信，还是保存视频到手机或是分享到微信等外部平台，都会被计入分享数中。那么，作为发布方，政务新媒体可以通过数据分析计算出哪类视频的“点赞率”“分享率”是比较高的，哪类视频最容易激发讨论，哪类视频获得了平台更多的曝光。这类指标能够反映出网友观看视频的态度、想法和关注点。据此，政务新媒体可以更好地安排短视频内容生产，进一步优化分发决策，切实提高政务短视频的运营成效。

第五章

政务新媒体的智能化发展

政务新媒体的智能化发展是我国政务服务智能化的延伸。

随着政务服务智能化水平的不断提高，政务新媒体该如何采纳和使用人工智能技术实现平台建设和内容制作的智能化呢？我们将在本章展开讨论。另外，我们也应当看到技术只是一种工具，政务新媒体既要学会“键对键”的交流，更要懂得“面对面”的沟通。

第一节　政务服务智能化

政务服务智能化是新时期我们对“互联网＋政务服务”理念的发展，也是我国全面提升电子政务建设的又一个创新之举。

一、“互联网＋政务服务”

自 1999 年政府上网工程正式启动以来，我国电子政务的发展已经走过了二十个年头。其间，我们从最初的“三金工程”“两网一站四库十二金”到今天的“互联网+政务服务”，历经了无数的探索和尝试。

2016年，国务院55号文《国务院关于加快推进“互联网+政务服务”工作的指导意见》明确提出，推进“‘互联网+政务服务’，是贯彻落实党中央、国务院决策部署，把简政放权、放管结合、优化服务改革推向纵深的关键环节，对加快转变政府职能，提高政府服务效率和透明度，便利群众办事创业，进一步激发市场活力和社会创造力具有重要意义”。该意见明确要求，“2020 年年底前，实现互联网与政务服务深度融合，建成覆盖全国的整体联动、部门协同、省级统筹、一网办理的‘互联网+政务服务’体系，大幅提升政务服务智慧化水平，让政府服务更聪明，让企业和群众办事更方便、更快捷、更有效率”。[①]

如果说早期的电子政务建设理念是利用信息技术优化政府流程，提高内部行政效率，实现政务管理现代化，那么“互联网 + 政务服务”就是为了真正实现政府职能转变，将其从管理者变成服务者。“互联网 + 政务服务”不仅是我们建设服务型政府的重要路径，也是实现法治政府、创新政府、廉洁政府的重要方法。

实现“互联网 + 政务服务”需要的不仅是新技术和工作方法。更重要的是，它需要我们时刻葆有“加强和坚持党的全面领导、坚持以人民为中心、注重政府自身建设、主动适应时代条件变化”[②]的初心。“互联网 + 政务服务”的落地和执行靠的就是政务新媒体与人民群众的有效沟通和互动。因此，深刻理解“互联网 + 政务服务”的工作理念和方法，是我们开展政务新媒体工作的根本。

本书第一章已列举了不少出现在政务新媒体平台上的“自说自话”“雷人雷语”，这些行为虽看似不可思议，但究其根本，还是因为部分政府

① 国务院，《国务院关于加快推进“互联网 + 政务服务”工作的指导意见》。网址为 http://www.gov.cn/zhengce/content/2016-09/29/content_5113369.htm。

② 新华网，《服务型政府建设在改革开放中深入推进》。网址为 http://www.xinhuanet.com/2018-09/09/c_1123400457.htm。

官员缺少对“互联网＋政务服务”精神的理解，更何谈去主动利用政务新媒体平台为人民服务。

二、智能政务

当前，人工智能的迅速发展正深刻改变着人类社会的生活，各国政府都在积极推进人工智能战略布局。

2017年，我国发布《新一代人工智能发展规划》，指出发展人工智能“将极大提高公共服务精准化水平，全面提升人民生活品质”[①]，并在“推进社会治理智能化”部分明确提到“智能政务”这一概念。

智能政务是指“开发适于政府服务与决策的人工智能平台，研制面向开放环境的决策引擎，在复杂社会问题研判、政策评估、风险预警、应急处置等重大战略决策方面推广应用。加强政务信息资源整合和公共需求精准预测，畅通政府与公众的交互渠道”。显然，在人工智能赋能的背景下，人脸识别、自然语言处理、大数据驱动知识学习、跨媒体协同处理、人机协同增强智能等技术的应用，为增强政府决策能力，提升行政效率，以及实现为企业和群众提供更精准、更高效、更有温度的服务带来了更多可能。

根据2018年12月德勤咨询公司发布的《中国人工智能产业白皮书》，我们可以看到“AI+政务服务”的应用场景主要集中在“智能服务”和“公共安全”两个方面。[②]比如，某公司推出的智能政务服务涵盖了“政府应急通知”“政务智能语音热线”“智能语音考试平台”“政务问卷调查”“智能会务通知”等（见图5-1）。

① 国务院发展研究中心，《新一代人工智能发展规划》。网址为 http://www.gov.cn/zhengce/content/ 2017-07/20/content_5211996.htm。

② 德勤咨询公司，《中国人工智能产业白皮书》。网址为 https://www2.deloitte.com/content/dam/Deloitte/cn/Documents/innovation/deloitte-cn-innovation-ai-whitepaper-zh-181126.pdf。

图 5-1　某公司提出的智能政务应用场景

在 2019 年 8 月 29 日开幕的世界人工智能大会上，上海市静安区带着全市首个“AI+ 政务”场景的应用案例——“静安政务大脑”亮相展会。

“静安政务大脑”围绕城市的三大基础要素——人口、法人和土地，将政府丰富的治理经验与庞大的政务数据、社会数据相结合，创新运用大数据、云计算和人工智能等前沿技术构建了平台型人工智能中枢。其以新一代数字技术驱动静安区政府管理工作，通过全连接、全场景、全智能的方法，将物理世界的政务深度融合，创新和重塑传统的管理模式、业务模式和运作规则。目前，其可提供智能人口预测、智能规划、智能营商、智能监管和智能区情五大基础能力输出，涉及规划、教育、招商、产业、文旅、市场监管等领域，已为 11 个政府部门提供了 23 个应用场景的支持。[①]

无疑，人工智能为提高政务服务能力带来了无限可能。这既可以是全局性的改变，也可以是局部的探索，而其中政务新媒体的智能化使用是一个重要的落脚点。

---

① 东方网，《“静安政务大脑”运用前沿技术构建平台型人工智能中枢》。网址为 https://city.eastday.com/gk/20190830/u1a15085445.html。

2019年清明小长假期间，不少梅州市市民都接到了这样一个AI语音电话："您好，这里是'梅州发布'平台，请问您能花1分钟时间了解一下森林防火注意事项吗……"这是梅州市推行"AI语音+政务"模式的首次尝试。

2019年4月4日至7日期间，"梅州发布"公众号通过AI语音系统在非休息时间以电话形式通知市民扫墓时预防山火的注意事项。其间，系统平均保持2 500条线进行外呼，最多达到2万条线同时外呼，电话数共呼出逾722万通，成功接通逾136万通，呼入咨询近20万通，并配有数据分析。而这种数量级如果通过人工呼叫，需配备6 600人工作10小时才能完成。

在应急通知、市民提醒等惠民工作方面，AI语音系统在短时间内达到了"铺天盖地"的传播效果，实现了百万级的及时告知和传达。同时，AI系统通过进行数据分析，及时了解群众的反馈信息，打通了政务服务的"最后一公里"。①

我们需要看到，5G的到来为人工智能全面应用提供了更多的机会和可能，这将是一个"万物皆媒，人机共生"的智媒时代。政务新媒体迎来了难得的发展机遇，移动化、可视化、亲民化、交互化的属性将以更加智能的方式实现，也更有可能无缝接入我们生活的方方面面。

面对机会和挑战，我们需要做的是服务"走心"，主动顺应技术变革，把握发展规律，打造智能时代有速度、有温度、有新鲜度、有广度的政务新媒体。②

第二节　平台运营的智能化

数据、算法和算力是发展人工智能的三大基础条件。在政务新媒体

① 梅州日报，《百万级及时传达 融媒体翼下生风》。网址为http://www.mzxc.gov.cn/a/xuanchuandongtai/xuanchuanyaowen/20190428/8652.html。

② 人民网，《政务新媒体既要善于"面对面"，也要学会"键对键"》。网址为http://politics.people.com.cn/n1/2019/0528/c1001-31107623.html。

平台，一方面，由用户使用行为产生的各个维度的数据被大量、源源不断地生产出来，并时时发生着变化；另一方面，政务新媒体平台自身在日常信息发布、用户互动以及多媒体协同生产过程中也产生了大体量的数据。依托于人工智能的算法和算力，政务新媒体可以根据对上述数据的分析，在运营质量和方法方面走向智能化。

一、平台基础数据分析

平台基础数据，是指在政务新媒体账号、平台运营过程中产生和积累的与账号管理、账号内容相关的数据。比如，日常发布信息的数量，发布信息的阅读量、转发或转载情况，发布内容的数量（原创或非原创）在整个传播网络中的排位，以及账号的影响因子等。

平台基础数据分析常表现为，政务新媒体主管单位、高校、第三方机构或商业机构制作发布的政务新媒体账号影响力指数或传播力排行榜等。这些数据分析通常包括地区性与全国性两部分。

（一）地区性政务新媒体的数据分析

地区性政务新媒体的基本数据分析通常会选取一段时间内微信或微博上的政务媒体账号，计算其发文数、平均阅读量、阅读总数等，最终生成一个影响力排行榜。

这样做的好处在于，智能量化各类指标并定时发布，使辖区内的政务新媒体管理者和从业者能够及时查看自身制作的内容的传播效果，比对发现运营中的问题所在。比如，发文原创性不够、标题没取好、图片没吸引力、内容不够优质、目标用户不在此平台活跃、缺乏互动等。

科学、合理运用排行榜中的平台基础数据，对地方政务新媒体而言，还有帮助各类账号之间协同发声，实现统一管理的功能。比如，上海市委网信办与市政府新闻办联合发布的“上海政务新媒体传播影响力排行榜”（见图 5-2 和图 5-3）。该排行榜依托上海市委网信办自主研发的“政务新媒体传播影响力评估平台”数据，覆盖全网各渠道，纳入了 225 个新闻客户端、246 家新闻网站、1 200 万微信公众号、3 亿多微博账号的数据，主要包括传播力榜单（考察的是各单位政务微信、微博在全网各渠道被转载的情况）、影响力榜单（考察的是各政务微信、微博在全网各渠道被转载后获得的阅读、点赞、评论等情况）两部分内容。

上海政务新媒体传播力排行榜

各区前十

(2019年7月1日-31日)

排名各区	总传播力	账号	原创传播力	非原创传播力	全网转载量	原创率(%)
1 嘉定	25 096	上海嘉定	15 817	9 189	895	39.60
		上海嘉定	39	51	185	34.58
2 长宁	24 468	上海长宁	19 553	4 672	915	62.73
		上海长宁	150	93	491	62.94
3 宝山	20 107	上海宝山	3 597	12 103	599	10.43
		上海宝山发布	3 076	1331	8 353	78.11
4 静安	17 411	上海静安	13 213	2 013	640	58.27
		上海静安	1 385	800	4 336	51.39
5 松江	17 023	上海松江	9 549	7 396	649	42.77
		上海松江发布	66	12	141	79.76
6 浦东	16 601	浦东发布	7 268	8 770	675	27.23
		浦东发布	472	91	1 000	68.33
7 黄浦	16 199	上海黄浦	14 226	1 407	491	83.33
		上海黄浦	473	93	911	80.87
8 杨浦	15 973	上海杨浦	9 690	6 059	519	43.44
		上海杨浦	157	67	406	56.82
9 青浦	14 853	绿色青浦	11 458	3 223	513	64.82
		绿色青浦	103	69	335	60.48
10 普陀	14 460	上海普陀	4 347	8 184	510	21.65
		上海普陀	943	986	4 140	55.10

*资料来源：上海市网信办政务新媒体传播影响力评估平台。

图 5-2　上海市政务新媒体传播力排行榜各区前十[①]

① 上海发布，网址为 https://mp.weixin.qq.com/s/x7VAaeY_Cw5s1jQ7Is0kyA · https://mp.weixin.qq.com/s/x7VAaeY_Cw5s1jQ7Is0kyA。

上海政务新媒体影响力排行榜
各区前十
（2019年7月1日–31日）

排名	各区	总影响力	账号	原创影响力	非原创影响力	总阅读数
1	嘉定	140 423	上海嘉定	86 064	53 994	2 455 586
			上海嘉定	155	210	–
2	长宁	126 979	上海长宁	103 141	23 634	1 105 724
			上海长宁	145	59	–
3	浦东	95 271	浦东发布	40 615	54 338	2 595 151
			浦东发布	277	41	–
4	宝山	91 496	上海宝山	19 532	70 765	1 862 117
			上海宝山发布	892	307	–
5	静安	82 541	上海静安	71 102	10 504	1 478 171
			上海静安	599	336	–
6	黄浦	80 889	上海黄浦	73 388	7 026	248 658
			上海黄浦	394	81	–
7	松江	76 139	上海松江	41 215	34 830	1 134 248
			上海松江发布	81	13	–
8	杨浦	72 912	上海杨浦	46 229	26 256	724 228
			上海杨浦	279	148	–
9	青浦	71 609	绿色青浦	54 094	16 946	875 935
			绿色青浦	389	180	–
10	金山	68 575	i金山	41 622	26 518	873 589
			金山传播	366	69	–

*资料来源：上海市网信办政务新媒体传播影响力评估平台。

图 5-3　上海市政务新媒体影响力排行榜各区前十①

这个排行榜还涉及了各委办局和人民团体的新媒体账号，如市公安局、市旅游局、市总工会、市团委等。通过计算政务新媒体发布信息的类型（原创或非原创）以及总的阅读数，该排行榜帮助我们确定了各区各类账号的传播力和影响力。

① 上海发布，网址为 https://mp.weixin.qq.com/s/x7VAaeY_Cw5s1jQ7Is0kyA・https://mp.weixin.qq.com/s/x7VAaeY_Cw5s1jQ7Is0kyA。

强　调

随着数据获取与计算能力的增强，类似这样的排行榜近年来越来越多。政务新媒体可以根据自身发展的需求，对账号运营过程中产生的基础数据进行分析与深度挖掘，反哺内容生产，实现从“内容”到“平台”共赢的智能化运营。

（二）全国性政务新媒体的数据分析

全国性政务新媒体的基本数据分析通常会以年度为单位，计算全国范围内微信或微博上的政务媒体账号的基本数据。由于需要展现和比较全国范围内政务新媒体的运行情况和发展趋势，全国性排行榜的指标设定相对更加丰富，考量的维度更加多元。

比如，2014 年年底由新华网舆情监测分析中心、新华政务直通车联合发布的《2014 年度全国政务新媒体综合影响力报告》[①]。该报告构建了包含一级指标、二级指标在内的影响力指数测算指标，来计算政务新媒体的“账号用户”“发布内容”“传播数量和质量”“用户互动”“账号间互动”等的运营数据（见表 5-1）。

表 5-1　“政务新媒体综合排行榜”指标体系

一级指标	二级指标	说　明
互动指数	互动频率	新浪微博、腾讯微博被转发、评论数，微信点赞量
	互动质量	新浪微博、腾讯微博在评估期内被评论数和转发数的比值，微信互动问答量
受众指数	受众数	微博、微信粉丝数
	认证时间	账号通过认证天数
	活跃受众	有传播动作的活跃粉丝数

① 新华网舆情监测分析中心、新华政务直通车，《2014 年度全国政务新媒体综合影响力报告》。网址为 http://www.xinhuanet.com//yuqing/127302859_14186129065111n.pdf。

（续表）

一级指标	二级指标	说　明
传播指数	发布量	发布的微博、微信总条数
	转发数	转发其他微博数量
	发布质量	发布的原创微博、多媒体微博数占比
成长指数	日均增粉量	微博、微信日均增加粉丝量
	发布量同比增长	微博、微信发布量较去年同期同比增长
	原创信息量同比增长	微博原创信息量较去年同期同比增长
	月均转发＋评论同比增长	月均转发＋评论量、微信点赞量较去年同期同比增长
内容指数	政务信息	政务信息在发布量中的占比
	民生信息	民生信息在发布量中的占比
	“B 类”信息	“心灵鸡汤、商业抽奖”等信息在发布量中占比的负数
集群指数	覆盖度	下属单位中开通政务新媒体的比例
	上级互动	转发评论上级单位微博次数
	下级联动	被下属单位转发评论次数

资料来源：《2014 年度全国政务新媒体综合影响力报告》。

在这份报告中，政务新媒体发文内容的“原创率”被用来体现账号的运营质量，“发文量”“转发量”“评论转发比”“粉丝量”等被用来综合计算和比较各政务新媒体的运营成长情况。

该报告是国内首个对全国各级政府机关在政务新媒体平台（微博、微信）上的运营表现进行综合评估的大型政务新媒体年度研究项目。它以报告的形式梳理并呈现了 2014 年中国政务新媒体的实际传播生态，分析了中国政务新媒体的运行趋势，目的是为 2015 年我国各级政府政务新媒体实现跨越式发展提供客观、准确的数据支持和思路储备。

此后，2018—2019 年人民网舆情数据中心先后推出了系列《人民日报·政务指数微博影响力报告》①。该报告由人民日报权威发布、人民网舆情数据中心制作和微博提供数据支持，评价对象包括全国所有通过微博认证的机构官方微博。评价体系包括传播力、服务力、互动力和认同

① 人民日报，网址为 http://yuqing.people.com.cn/NMediaFile/2018/0803/MAIN201808031653000432997648842.pdf。

度四个维度，指标计算的维度不仅更丰富，而且更加精细科学。

比如，“传播力”指标依据微博阅读数和视频播放量来计算；“服务力”指标以发博总数、原创发博数、视频发博数、专业发博数、主动评论数、主动转发数、私信数（次数和人数）来计算；“互动力”指标依据微博被转发数、被评论数、被@数、收私信数来计算；“认同度”指标依据微博被赞数和微博阅读数来计算。

由权威媒体统计分析政务新媒体平台运营数据的好处在于：一是能从新媒体传播规律的角度，帮助我们更加全面地了解各类账号运行的实际效果；二是能纵横比较各类账号的优劣势，避免同质化发展，帮助我们找到自己服务的抓手。

除权威媒介机构之外，一些第三方平台或者商业机构也分析了全国或者某行业的数据经济，其中有关政务新媒体平台部分的数据研判，也为我们的智能化运营提供了宏观层面的参考。

比如，2019 年 5 月 21 日，腾讯研究院发布的《数字中国指数报告（2019）》全面呈现了我国 31 个省、自治区、直辖市和 351 个城市的数字化发展趋势。[①]报告显示：“互联网 + 政务服务”这一让“群众跑腿”变为“数据跑路”的服务管理新模式正在被越来越多的政府部门采用。数字政务正在由沿海向西部、北部地区纵深发展，呈现出“入口上移、服务下沉”的发展态势，对营商环境、区域经济的带动作用持续显现；云计算在政府部门的普及程度进一步加深，政务用云量大幅增长。整体看来，我国的数字政务服务向“多服务汇聚、全流程在线”方向不断深化。

综上所述，单从政务新媒体平台运营角度，我们需要分析自身账号的基础数据，实时追踪账号的粉丝数、关注数、阅读量，以及点赞、评论、转发等指标。同时，我们不能仅仅只分析自己的账号，还要经常将自己

① 腾讯研究院，《2018 中国“互联网 +”指数报告：中国数字经济版图初现》。网址为 https://www.tisi.org/5025。

放在各个渠道，以及整个政务新媒体乃至社会经济发展的大环境中进行对比分析，以此观测自身的情况，找准当前的定位与可改进的空间。

二、用户数据分析

政务新媒体不仅要有满足群众“点餐”的能力，更要有“端菜”的本事。要想实现服务的在线化、个性化、智能化，政务新媒体必须要准确了解服务对象的真实想法和需求。

用户是谁？用户需要什么样的内容和服务？他们通常会以什么样的方式了解政务信息？他们解读信息的能力和效果如何？这是政务新媒体运营时最关心的问题。

政务新媒体账号在与用户的互动中产生了大量的数据。通过大量用户使用行为的数据积累、机器学习，我们可以深入地分析和了解用户的偏好与需求，并为每一位用户标注几十个甚至上百个标签，如阅读时间、阅读频次、阅读偏好、行为特征、社交关系等，从而形成对应的用户画像和知识图谱。这就是我们所说的政务新媒体为用户画像。

政务新媒体服务的对象既包括自然人，也包括法人。

（一）为企业画像

专门服务于企业的政务新媒体肩负着双重任务，即既要指导和帮助企业，又要将企业风貌很好地展示给公众。我们需要通过大数据分析为企业贴标签，了解它们的特点，进而对政务新媒体进行定位。

比如，国务院国资委新闻中心的新媒体政务平台“国资小新”。“国资小新”主要负责发布国资委及下属的国有企业动态，目前已在微博、微信、今日头条、抖音、快手、哔哩哔哩、人民日报客户端等 19 个新媒体平台开通账号，累计粉丝过千万。

“国资小新”的迅速发展得益于其设计之初对所服务企业的充分了解。它通过分析 466 万条关于国资央企的舆情大数据，为央企画像、贴标签，据此确定了国资小新“四位一体、以人为本”的定位。“一是公共利益代言人，二是国企网上发言人，三是微公益发起人，四是朋友圈知心人”，这四点充分体现了“国资小新”一起参与国资监管、一起推进国企改革发展的服务目标。①

为了进一步地改变原有舆情里央企的负面标签，“国资小新”打造了一个聚合 12 家知名央企卡通形象的“卖萌有度、服务贴心，接地气、聚人气”的“央企卡通部落”。从中国华电的“华小电”、中国电建的“吉娃”、中国电科的“小推”到中国核电的“华龙宝宝”、中化集团的“小化”等，12 个凸显央企不断强化品牌意识、承担社会责任的落地的卡通形象，充分诠释了更为全面和生动的央企文化新内涵。②

经过这一系列举措，在 2018 年的国企关键词云中，国企形象变得中性、客观和正面，活力、创新和负责任的国企形象逐渐显现出来。可见，通过大数据分析为企业画像并从中发现问题，能够为我们的政务新媒体服务精准定位。同时，政务新媒体又可以从数据中发现规律，进一步服务企业。

比如，2017 年年底上线运行的商务部政务新媒体“商务预报”App。它通过对全国 3 万余家企业直报数据的加工与分析，全面获取了国内商品流通状况和经济动态。此外，这些数据又为“商务预报”引导市场发展，服务企业经营、行业发展提供了可靠的信息支持。目前，“商务预报”已经建成了“中央—省—市—县”四级平台，为各地群众提供全面的信息服务，为社会各界人士把握传播商务动态、预测市场发展变化提供了

---

① 环球网，《政务新媒体“国资小新现象”专家研讨会会议纪要》。网址为 http://opinion.huanqiu.com/plrd/2019-06/15008308.html?agt=15422 。

② 中新网，《国资央企卡通落地北京欢乐谷 线上线下为爱而抖》。网址为 https://www.chinanews.com/business/2018/06-01/8528319.shtml。

有力的帮助。

从大数据分析中找准企业的刚需，激发它们的参与感并提供智能服务，无疑已经成为政务新媒体服务的三个重点。为企业画像也能够帮助地方综合类政务新媒体打通各行业间的数据壁垒，让信息多跑路，百姓少跑腿。

比如，福建省的中小企业一直以来较多，分布行业较广，而已有的线下申请办理商事登记业务手续复杂、流程长。在对企业情况摸排后，福建省推出政务新媒体“闽政通 App”，并于 2019 年 6 月开通了在线刻章申请功能。这项功能可依据企业需求自主选择公章材质、类型及数目并提交，取章人收到领章通知短信后，可凭本人有效身份证及取章码至所选的公章刻制企业领取印章，“最多跑一趟”，大大缩短了企业刻章时间。①

（二）为用户画像

习近平总书记在2016年2月19日党的新闻舆论工作座谈会上指出，“要适应分众化、差异化的传播趋势，加快构建舆论引导新格局。要推动融合发展，主动借助新媒体传播优势”。② 而构建用户画像就是实行分众化、差异化传播的有力辅助手段。刻画精准的用户画像有利于政务新媒体了解目标人群的内容偏好，挖掘潜在的用户群体，精准定位用户诉求，进而调整自己的服务内容和方向。

以传统媒体转型为例，它们致力打造的个性化内容分发系统就是以勾勒用户画像为前提的。比如，今日头条、抖音等正是通过用户画像构建需求相应模型，极大提升了获客效率，并在此基础上完成了个性化内

---

① 新华网，《闽政通 App 三大新功能上线 新企业可在线自助刻章》。网址为 http://www.fj.xinhuanet.com/yuanchuang/2019-06/19/c_1124642230.htm。

② 新华社，习近平主持召开党的新闻舆论工作座谈会。网址为 http://www.xinhuanet.com/politics/xjpzymtdy/index.htm。

容分发和推送，提高了用户黏性。

目前，一些发展较好的政务新媒体也开始注重与高校和媒体机构合作，以开展用户画像研究。比如，2018 年 12 月，腾讯大粤网和中山大学联合发布了《2018 广东政务微信数据报告及用户画像》，深度剖析了广东政务微信用户的使用行为和用户心理，指出广东政务微信忠实的用户群以年龄 31~40 岁、大学学历、月收入在 3 000~10 000 元的政府和国企事业单位人员、私营企业主或自由职业者为主，这些信息能够为广东省的新媒体运营提供进一步的参考（见图 5-4）。

图 5-4　广东政务微信的用户画像（2018 年）①

2016 年，今日头条公布了根据后台大数据分析出的政务用户画像，指出头条的政务用户以 50 岁以上用户为主，男女比例接近 7 ： 3，其中男性更关注纯时政的信息，如中纪委、八项规定、中央军委；而女性更关注生活化的游客、疾病、牛奶、婚姻等信息。

通过对用户特征、行为偏好进行分析，政务新媒体可以真正根据用户的需要来对内容进行调整，流量和点击率自然也会提高。掌握了这种方式后，我们可以对不同平台上的用户画像，避免草率地给账号定位，从而造成用户流失。

① 南方都市报，《政务新媒体用户画像首次披露！广东互联网政务论坛在深举行》。网址为 http://www.sohu.com/a/283050646_161795。

此外，已有智能技术对用户的数据分析和构画已经可以在多个平台上协作，并能通过关联分析预测他们未来的行为。比如，已在电子商务领域中普遍运用的决策树方法、贝叶斯分类算法、支持向量机、神经网络方法及时间序列预测方法，它们能够从消费者的个人信息，以及商品、消费行为等多种信息中提炼出主要特征，再利用机器学习算法进行模型训练，以预测消费者的未来购物行为。

目前，我国的人工智能技术正从“专用”走向“通用”，正从“不能用”走向“可以用”。[①] 只要抓住人工智能技术的红利，为即将到来的智能社会服务，政务新媒体就大有可为。

（三）用热图分析实现用户画像

政务新媒体可以与第三方平台合作为用户画像，即请它们协助提供账号上用户的情况和使用行为。目前，政务新媒体主要使用的工具之一是热图分析。

热图分析为解读平台内部的用户行为提供了极大的便利。它能够生成一个可视化的图像，通过色彩“热”或“冷”的模式差别来检测用户最感兴趣的页面区域，或者用户在某一时段重点关注了哪些信息。以往，对网站用户的行为分析一般是通过客户访问过的内容和没有访问过的内容、浏览路径、频繁访问页面、相关页面来进行的，从而分析用户群体的构成及其动态改变等特点。而在新媒体环境下，特别是在使用手机移动端时，我们还要将用户的点赞、评论、转发、关注等“交互”行为纳入考量范围内。

比如，作为全球最大的 360° 和 VR 视频内容平台，优兔（YouTube）在 2017 年 6 月 22 日推出了热图分析功能，即通过对用户在 360° 视频

① 新华网，《人工智能技术面临拐点 未来将如何发展》。网址为 http://www.xinhuanet.com/politics/2019-02/23/c_1124153626.htm。

中视线焦点聚集区域的数据进行收集整理，来分析在一个可自由观看的媒介中，观众的视线会更多聚焦在哪些位置。结果发现，75% 的观众在观看 360° 视频时，视线仍然只集中在 90° 的区域里，因而优兔成功地预测了未来视频风口的 360° 视频也许并不如想象中那么美好（见图 5-5）。

图 5-5　基于用户访问热图优化业务决策[①]

通过这个案例，我们可以看出热图能够通过观察用户与页面之间进行的交互与选择过程，洞察用户的使用行为和内心想法。他们为什么没有点击或注意到某一位置？可能是由于没有看到、对内容不感兴趣，或是设计不符合他们的阅读习惯，也可能是由于页面上方存在一个低触及率的板块，使得他们直接跳转出了页面。如果能够得到这些信息，政务新媒体运营者就能及时调整页面设计和内容布局，给用户带来更好的体验。

目前，国外的热图分析工具主要有 CrazyEgg、Clicktale、Inspectlet、

① VRroom，《YouTube 提供热图分析：75% 的观众在 360 度视频中只看正前方》。网址为 https://vrroom.buzz/zh-hans/vr-news/qu-shi/youtubeti-gong-re-tu-fen-xi-75de-guan-zhong-zai-360du-shi-pin-zhong-zhi-kan-zheng。

Google、Analysis 等。国内也有一些软件具备热图分析的功能（如百度统计中的热图分析），我们可以用它们为政务新媒体做网站上的用户画像。而针对移动应用数据中的用户画像，有些网站提供了用户精准个像、用户画像实时场景识别等服务。[①] 具体见图 5-6 与图 5-7。

图 5-6　某网站针对手机移动端用户的精准画像分析

图 5-7　某网站针对手机移动端用户画像场景识别

有些平台（如百度移动统计、腾讯移动分析等）推出了在线统计分

① 黄文彬、徐山川、吴家辉，《移动用户画像构建研究》，发布于《现代情报》。

析工具，它们可以帮助政务新媒体对移动端用户行为进行分析、预测。比如，腾讯移动分析是一款支持主流智能手机平台的专业移动应用统计分析工具，开发者可以极速嵌入统计 SDK，实现对移动应用的全面监测，实时掌握产品表现，准确洞察用户行为（见图 5-8、图 5-9 和图 5-10）。

移动应用统计

支持Andoid、iOS主流操作系统
支持原生应用及Hybird应用统计分析
提供App精细化应用统计分析服务
用户活跃情况 一目了然

HTML5应用统计

支持H5类型应用、网页、游戏
实时数据效果监控、自定义统计
多维度掌握与业务运营状况

微信小程序分析

小程序实时分析、环境分析
支持高级自定义事件打点统计分析
完美补充微信基础统计能力

图 5-8　腾讯移动分析平台的主要业务

实时用户轨迹

页面地址：入口页面URL　提交

访问时长：全部　0~30s　30~60s　1min~3min　3min~5min　5min~10min　10min以上

访问来源：全部　直接访问　内部跳转　外部搜索　外部链接

访问页数：全部　1页　2页　3~5页　6~10页　11~20页　20页以上

访问地域：全部　地域组合

图 5-9　腾讯移动分析平台中实时用户分析窗口

详细数据　已导出CSV

访问时间	地域	用户类型	用户id	来源	入口页面	最后停留页面	访问时长
▸06:10:06	山西省	老用户	3007712256	直接访问	duo.qq.eom/h5/#/index	duo.qq.eom/h5/#/index	—
▸04:27:35	云南省	老用户	7758684160	直接访问	duo.qq.eom/h5/#/index	duo.qq.eom/h5/#/index	—
▸04:24:49	山东省	新用户	3653843968	直接访问	duo.qq.com/h5/#/currency-fast?refer=app	duo.qq.com/h5/#/currency-fast?refer=app	—
▸04:23:59	山东省	老用户	9260532736	直接访问	duo.qq.eom/h5/#/index	duo.qq.eom/h5/#/index	0分27秒

图 5-10　腾讯移动分析平台中实时用户分析结果示例

第三节　内容生产的智能化

目前，人工智能在专业媒体内容生产中的应用越来越频繁，已经开始渗透到消息源获取、新闻采写与分发、互动反馈等方面。对于国家级政务新媒体来说，它们更具有采纳人工智能新技术的能力和优势，可以借此助力内容生产。对于省市及县级政务新媒体而言，了解当前内容制作层面人工智能技术的前沿动态将有助于它们迎头赶上，找准发展方向。

一、智能传感器采集

传感器相当于人类器官的延伸，在信息感知的准确度和广度上具有更明显的优势。

无人机可被视为一种飞行的传感器。它小巧轻便、机动灵活，较少受到场地限制，可以通过俯拍获取到人们平时难以观察到的各种信息，或是靠近人们难以到达的事故现场。因此，在媒体报道的应用场景中，无人机多用于一些重大灾难事故或者重大庆典活动的报道中。例如，在2015年“8・15”天津港爆炸事件中，新华网启用无人机队迅速飞抵现场，航拍滨海爆炸事故现场，完成了记者们无法完成的任务。在2016 年全国洪灾的报道中，无人机对受灾情况的探查帮助政府有条不紊地应对了灾情。

其实，无人机最常见的使用方式是在宣传片、短视频拍摄景色时，通过远景、全景、延时摄影和俯瞰的视角充分展现宏大的场面，给受众带来不同的视觉效果。比如，在 2016 年 G20 杭州峰会报道中，新华社 G20 航拍团队的记者们利用无人机将杭州的美景网罗殆尽，完美地呈现在观众面前。

而在政务新媒体当中，无人机多被交警用于对车流进行实时监控，通过画面随时提供道路信息，为人们的出行提供服务。这也很好地展现了交警工作的日常，增进了群众对交警工作的理解。比如，2019年1月春运期间，广东省深圳市公安局交警支队官方账号“深圳交警”发起了

“48小时不间断整治行动”“平安春运交警同行”等话题。话题的切入点是“深圳交警无人机亮相，要不要来站个粉儿”，同时在微博中插入了关于无人机上岗工作的抖音视频链接（见图5-11）。

深圳交警

1-19 04:12 来自小编雅娴丷Android

十关注

#48小时不间断整治行动##平安春运交警同行#
深圳交警无人机亮相，要不要来站个粉儿👀 @深圳交警机动训练大队 #在抖音，记录美好生活#
瞅！深圳交警无人机！ 🔗网页链接 复制此链接，打开【抖音短视频】，直接观看视频！ 深圳交警的秒拍视频

4 384次观看

图 5-11　深圳交警微博关于无人机[①]

此外，利用公众对无人机技术的好奇，以及无人机表演产生的震撼视觉效果，也能为政务新媒体提供宣传的由头，让公众产生阅读兴趣。

比如，2019 年 8 月，在东方卫视第六季《中国达人秀》节目中，700 架无人机在夜幕中呈现出一个个令人叹为观止的画面，蛟龙号、天宫一号、70 周年、五星红旗……点亮了整个夜空。头条新闻微博敏锐地抓住了这让人激动的场景，将节目中无人机展示的精华部分剪辑为一段

① 深圳交警，无人机亮相。网址为 http://t.cn/E55Zj1v?m=4330268675010811&u=1792702427。

时常约 4 分钟的视频，配以“我爱中国”的话题标签，以及“硬核的科技实力，强烈的文化自信，为国家的繁荣昌盛而感到骄傲自豪！做永远的护旗手，为祖国妈妈点赞！”等文字，达到了非常好的传播效果。该微博的点赞数达到 15.6 万次，评论 1 万条，视频观看 661 万次，一度成为微博热门话题（见图 5–12）。

热门

头条新闻
8-18 10:00 来自微博 ... 已编辑

#我爱中国# 【#中国达人秀# 700架#无人机点亮五星红旗#】达人秀史上参演人员最多的节目来了！选手带着700名特别的队员——无人机，在夜幕中呈现出一个个震撼画面，蛟龙号、天宫一号、70周年、五星红旗……点亮了整个夜空！硬核的科技实力，强烈的文化自信，为国家的繁荣昌盛而感到骄傲自豪！做永远的护旗手，为祖国妈妈点赞！ 头条新闻的微博视频

娱乐频道 国内综艺 · 661万次观看

图 5–12 头条新闻上关于 700 架无人机的报道[①]

未来，“媒介作为人体的延伸”，还将延展出更多的智能传感器。它们将广泛地存在于各种环境、各种物体以及人身上，从过去人力无法企及的层面获得数据，也就是那些被遮蔽了的巨量数据。这些不同维度

① 头条新闻，《700 架无人机点亮五星红旗》。网址为 http://t.cn/AiQhlmQ2?m=4406804807602011&u=1618051664。

的数据、图像，都将为政务新媒体从业者获取信息提供便利，给广大人民群众带来全新体验。

二、智能采写

智能采写是指运用人工智能技术辅助写稿，完成文案写作、编辑以及校对工作。它是一种人机协作的内容生产过程。

目前，智能采写主要运用于我国的媒体行业，主要方式有两种。第一种是基于结构化数据、知识库或优质资源直接生成文章。快讯和大部分知识类文章就是基于这类技术方案生成的，因为原始稿件是直接通过数据分析聚合或知识推理而成的，因此具有一定的原创性。

这种写作方式根据既有模板或训练数据快速生成程式化内容，在地震等有信息发布经验的突发事件中，优势明显。比如，2017年，九寨沟发生地震，由“中国地震台网”官方微信发布的智能新闻仅仅用时25秒。同样，在体育赛事、财经类新闻的日常信息发布中，机器写作也更具效率。记者无须到场，机器就能将相关数据匹配至日常报道模板中，快速完成报道并实时发布。比如，近年来出现了一批用于新闻写作的“智能机器人”算法程序，如新华社的“快笔小新”、第一财经的“DT稿王”、今日头条的“张小明”、腾讯财经的“Dream writer”等。

近年来，随着人工智能机器学习能力的增强，机器人能够完成赋诗、作画、写对联等更具智慧和创造力的工作。比如，2019年1月29日，由央视网、网易新闻和百度联合推出的智能春联H5不仅能对出寓意美满的春联，还能“看脸”（见图5-13）。该作品以生成定制化的春联为主要目的，让用户能够通过“刷脸”和“填字”两种方式完成。基于用户输入的姓名或短语，该作品依靠后台强大的数据库进行信息检索和迅速匹配，生成与用户输入信息契合的春联，充满了趣味性和参与感。

图 5-13　百度智能写作技术在春联 H5 中的应用[①]

第二种是在已有稿件的基础上通过内容分析聚合生成新的文章，属于辅助类写作。大部分资讯聚合类文章，如话题盘点、事件脉络、热门要闻回顾等都属于此类。这类写作是以人为主进行创作，机器会为创作者提供素材、知识、模板，以及完成后的润色和校对等服务，一定程度上提高了创作效率。

我们如果以“智能采写”“AI+ 媒体”“智能写作”“机器人写稿”“机

① 央视网、网易新闻、百度大脑，《春联 AI 满 纸短情长》。网址为 https://chunlian.news.cntv.cn/。

器人写作”“人工智能写作”为关键词进行搜索，就会发现有大量提供上述智能写作和编辑的第三方平台。比如，某智能写作平台声称自己具有五大 AI 创新写作功能，可以做到“智能成稿、标题推荐、智能改写、质量检测、全网发文”。在此，我们不一一列举相关平台，请大家按需检索。

强　调

当前，机器写作只是辅助内容生产，技术成熟度仍需提高。政务新媒体采写内容要严格遵守相关规定，为保证内容质量和信息安全，必须谨慎选择第三方平台。

三、智能影音编辑

在融媒体环境下，人们接触媒介的渠道丰富多样。而在移动化场景下，人们习惯用指尖频繁地在各个信息平台之间进行切换。

面对海量信息，在移动化、碎片化的阅读环境下，吸引读者的注意力成为内容生产者最关心的问题。研究证实，人们的视觉更善于捕捉色彩丰富、具有动感的图像，并形成较为深刻的记忆，而对文字的阅读和感知相对较差。然而，无论是图形、图像还是视频，都有一定的技术门槛和制作难度。

人工智能技术为辅助我们实现图形、图像的可视化，以及视频制作提供了更快捷的方法，主要表现在以下四个方面。

1. 减少视频制作前检索素材的时间

对于视频创作者来说，收集素材是一项繁重的工作。比如，使用一个千兆字节的镜头，我们需要先浏览和观看大量视频文件，找到合适的素材，然后手动标记素材（颜色、面孔、位置、动作等）、产品或公司徽标。人工智能技术可以帮助我们通过自然语言搜索视频并自动标记，短时间内找到想要的素材，并查找正确的视频剪辑。

2. 分析和预测视频的传播效果

通常，传统视频制作者会通过观看已有作品来判断哪些音频、视频、图像更受欢迎。而当我们使用人工智能技术时，其中的深度神经网络可以自动生成元数据，帮助我们判别哪些已有素材的效果更好和主要观看的人群，借此预测视频的传播效果。

3. 简化制作流程

在已有的素材库中，内容创建者开发了一系列规格不同的缩略图、闪存卡和摘要，以满足不同视频平台（如微博短视频、抖音等）、不同观看终端（移动设备、平板电脑和其他设备）的要求。人工智能技术能够同时计算视频中的全局摄像机路径，或者一帧帧图像的上下移动情况，实现视频的多个宽高比编辑，并快速生成适合各个平台的视频内容。

4. 无缝集成视频和音频

通常，视频还需要通过后期制作将音频与视频同步，而人工手动调节声级、调整对话时间以匹配人物的口形，或者协调音乐和声音效果，过程复杂。人工智能技术可以帮助我们自动消除不必要的跳跃切换、暂停或单词，使得每个镜头都能无缝衔接，还可以帮助我们查看整个视频目录，识别最佳镜头。最后，在色彩校正和匹配方面，人工智能技术可以帮助我们自动识别脸部肤色和环境颜色，优化效果。[①]

目前，我国已有专业媒体运用人工智能技术打造了集制作、编辑与发布为一体的视频生产平台。比如，新华社的短视频智能生产平台

① 参见 https://theblog.adobe.com/create-unique-high-performance-ads-videoadai。

“媒体大脑 · MAGIC 短视频智能生产平台”，其视频生产速度和效果已达到秒级——2018 年全国两会数据可视化视频，生产用时 15 秒；2018 年中国国际进口博览会生产视频 554 条，最快一条耗时 13 秒（见图 5-14）。

图 5-14 MAGIC 短视频智能生产平台主页

2019 年 8 月 26 日，新华智云联席首席执行官徐常亮表示，已有 25 款媒体机器人率先在“媒体大脑 · MAGIC 短视频智能生产平台”上集成应用，目前累计帮助用户处理媒资超过 1 000 万条，生产短视频 30 万余条。

这 25 款媒体机器人主要分为两类。第一类是助力新闻人“采集”新闻资源的媒体机器人，共有 8 款，分别为突发识别机器人、人脸追踪机器人、安全核查机器人、文字识别机器人、数据标引机器人、内容搬运机器人、多渠道发布机器人、热点机器人。第二类是助力新闻人“处理”新闻资源的媒体机器人，共有 17 款，分别为智能会话机器人、字幕生成机器人、智能配音机器人、视频包装机器人、视频防抖机器人、虚拟主播机器人、数据新闻机器人、直播剪辑机器人、数据金融机器人、影视综快剪机器人、体育报道机器人、会议报道机器人、极速渲染机器人、用户画像机器人、虚拟广告机器人、一键转视频机器人、视频转 GIF 机器人。[①]

除了专业媒体开发的平台之外，目前还有一些第三方平台提供人工智能技术辅助的视频和交互图像生产，比如国外的 Biteable、Learn Lumen5、Samurai、Moovly、RawShorts 等。上述平台常用的操作方法为：

第一步，扫描分析。用户上传自己的视频脚本，平台通过机器算法学习扫描文本以确定故事板的主要概念。

第二步，组装视频大纲。通过算法找到与用户上传脚本匹配的资源库，放置在时间轴上形成语音旁白。

第三步，自定义和共享。用户检查视频内容并根据需要调整，使用平台编辑器进行修改，实现全网发布。

我国某公司推出的人工智能视频在线制作平台“智影”也提供类似服务，其声称可以在线帮助用户快速将文字自动转化为视频。用户只需要上传文字内容，该系统就会基于关键字、人名、事件等信息解析自动匹配相关视频素材，快速生成视频（见图 5-15）。此外，更具创新要求的制作者可在生成内容的基础上进行素材调整并精细剪辑。

这类工具尽管在功能完善性、匹配准确性上还需要进一步升级，但它们提供了影音编辑的智能化方向。至少从一个长期的维度来看，它们具备全面应用的可能。

① 中国新闻出版广电报，《新华智云发布 25 款自主研发媒体机器人》。网址为 https://www.chinaxwcb.com/info/555969。

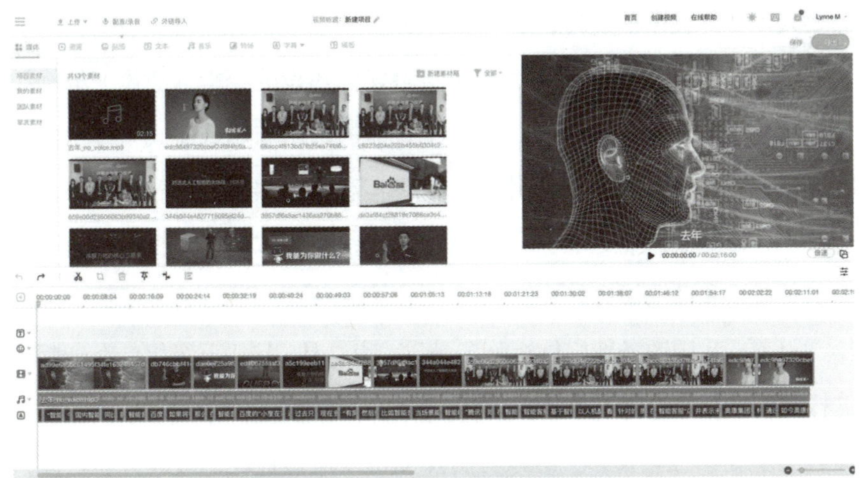

图 5-15　智影平台的视频生成界面

第四节　问题与展望

未来，我们或许将从人机协作走向人机合作，甚至人机共生。人工智能将在创新智慧生活、服务智慧政府方面发挥更为重要的作用。

政务新媒体要学会理解和使用人工智能技术，至少应在现阶段关注、跟进智能化的小应用和大趋势，在互联网信息传播的舆论阵地中找到自己的位置，形成自己的影响力和话语权。因此，我们不仅要有打造优质精品账号的能力，还有学会协同合作，建设强有力的政务新媒体矩阵。

一、善用技术，打造智能化的政务新媒体矩阵

如今，传播渠道融合、传播队伍组织再造、传播话语能力提升、传播生态舆论主导已成为新媒体时代国家治理体系和治理能力现代化的关键。随着人工智能的深入应用，政府政务处理流程将不断被简化、优化，公共服务的效果将更加人性化与个性化。因此，政务新媒体矩阵的建设

需要人工智能技术的加持，更需要创设智能化政务的治理新范式。

我们可以考虑借鉴当前国家各级融媒体建设的经验，建设“纵横结合”的政务新媒体矩阵，并运用人工智能的技术与思维建成整体协同、响应迅速的政务新媒体矩阵体系，最终实现实时共享信息、多种媒体联合发声，有效扩大信息传播的广度和深度，积极掌握话语权，快速有效地引导舆论和疏通民意。

目前，我国政务新媒体矩阵多是省、市、县（区）三级组合在一起。这样做的好处是能够发挥集群优势，协调一致共同发声，提高行政效率。通过上下级相互转发，上级政务新媒体可以监督管理下级政务新媒体，有效扩大信息的传播力和影响力。

（一）省市级政务新媒体

省市级政务新媒体可以借鉴同级融媒体“中央厨房”的建设方案，打造自己的智能化矩阵。

“中央厨房”源于餐饮业，原指连锁餐饮企业统一采购、集约化半成品或成品的生产场所，经“中央厨房”生产处理的半成品或成品被配送到各个连锁店，在进行二次加工或配菜组合后进行销售。这样做的最大好处是，通过集中规模采购、集约生产来降低成本，实现价廉畅销的目标。

媒体借用“中央厨房”这个概念，指的是采集同一个内容素材进入全媒体数据库，媒体内各类传播渠道、子媒体根据自身需要对这些素材进行二次加工，生产出各种形态的新闻产品，并按照介质特点、传播需要通过多种媒介逐级分发。其核心是通过内容的集约化制作实现新闻信息的多级开发，从而达到整合媒体力量、提升传播效率、节约资源、扩大影响力的目的。

尽管各省市级“中央厨房”的实践不尽相同，但“新旧融合、一次采集、多种生成、多元发布、全天滚动、多元覆盖”是基本共识。省市级政务新媒体可以学习“中央厨房”的新型采编流程，通过智能化技术加工生成适配不同平台的多种新闻产品，打造强有力的政务新媒体矩阵。

1. 采编流程再造

“中央厨房”要求传统媒体与新媒体混编，成立大编辑部，改变过去集团内各家媒体单兵作战的模式，实现集中采访、资源共享、统一审稿的一体化模式，有效降低新闻采集成本和人力成本。

政务新媒体可以学习人民日报“中央厨房”的采编联动平台（见图5-16），建立总编调度中心，在处理不同的采访主题和类型时，调动采编联动平台内擅长不同领域的记者对信息进行采访和编辑，并交由技术人员进行深层次加工。相比于传统的采编流程，这种运作模式打通了原先不同采编部门之间的沟通壁垒，使得采集信息更为及时和全面。

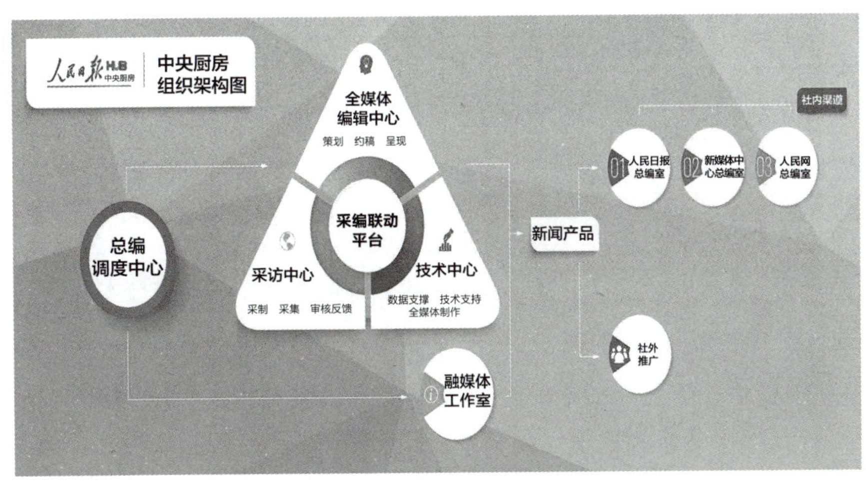

图5-16　人民日报“中央厨房”采编联动平台

在具体的采编步骤上，尤其是重大节日和活动的报道上，政务新媒体可以借鉴“中央厨房”前、后直播间+集约编排的模式。比如，广西日报传媒集团在大型活动报道方面，依托“中央厨房”，用前、后台同步直播的方式分别制作各具特色的新闻内容产品，继而生成融媒体报道，打造优质精良的新闻内容；编排方面则采取“横纵向结合”模式——横向即连续日期的节目编排，纵向即每日围绕不同主题形成当日的优势特色节目，这种模式有助于媒体对相关活动的报道内容进行深度解读，便于读者理解。

此外，政务新媒体还可以引入新闻写作机器人，重构新闻采编的流程。过去，传统媒体的新闻生产需要经过新闻收集、编辑加工制作再发布的过程，而机器人生产新闻主要通过数据采集、数据加工、自动写稿、编辑分发四个环节进行，无论是在生产内容的精准化、生产速度的便捷化还是在生产时间的全天候上都将实现一大步的跨越。新华社的“快笔小新”、今日头条的“张小明”、湖北广播电视台的“云朵”都是成功且可被借鉴的机器人写作代表。

更为重要的是，机器人写作能通过大数据技术分析用户的爱好、阅读兴趣与习惯，形成用户画像，建立用户的个人爱好模型，从而提供个性化写作与推送服务，实现内容生产的千人千面，增加用户对政务新媒体的黏度，提高传播效果。

2. 善用智能化技术

“中央厨房”本质上是助力传统媒体互联网转型的先进技术解决方案，是一种先进的技术理念。在打造省市级政务新媒体矩阵时，我们首先需要搭建一个全新的技术平台，以此来收发各种新闻，通过整合不同业务单元实现跨媒体内容共享，真正做到“一次采集，多元生成”。

具体来说，采编人员先将采集的内容汇聚到技术平台，各部门根据不同平台的需求二次生产新闻成品，再通过多元渠道传播。比如，新媒体团队将新闻内容“网络化改造”后发布于各个互联网平台，电视制作团队将原内容加工后为报纸、广播等媒介提供新闻素材，以此避免重复性信息收集，提高资源利用率。

此外，政务新媒体应当考虑配备专门的技术研发、视觉推广、运营管理人员，以有效地提升工作内容创意转化，确保推广速度和效率。比如，增加客户端移动助手，充分利用 H5、VR、AR 等技术，提升产品制作的水平和传播效果。

如前文所述，视频具有较强的传播力，未来政务新媒体在视频制作方面可以考虑综合现有资源，建设全媒体演播室，打造超高清、全媒体跨界转播平台，实现超高清同步制作、多终端同步播出。同时，政务新媒体可以利用智能拆条技术快速精准地对视频碎片化处理；通过语音识别技术进行新闻稿的获取；使用基于大数据的语义分析技术提取关键字用于智能编目；通过脸部识别技术建立脸部特征库，用于信息素材的管理和视频的播前检查。

3. 拓宽分发渠道

首先，政务新媒体可以学习各省市级报业集团的融媒体，以“报 + 网 + 端 + 微 + 刊 + 屏”的多介质、多形态、立体化的媒体生态打造自己的媒体矩阵，增强综合传播力与影响力，打造政务媒体主流舆论阵地。例如，广州日报报业集团打造了“报 + 网 + 微 + 端 + 院”的融媒体矩阵，其中“院”指的是数据和数字化研究院，主要以数据挖掘、数字新闻传播为主要业务；同时，“广州 +”客户端平台与 160 家政务新媒体建立合作关系，借助融媒体矩阵深度集成政务、便民服务等信息。这也给政务新媒体矩阵的打造以新启示：是否能利用省市级现有融媒体矩阵的分发渠道扩大政务服务信息的传播平台。此外，长沙广电的移动车载分发渠道也值得政务新媒体借鉴，即利用公交车、出租车、地铁、磁悬浮等交通工具在碎片化时空中传递政务信息。

其次，在信息分发时，政务新媒体需考虑不同平台的传播逻辑，以适合其传播的形式来传达重要信息。对于报纸类的传统媒体渠道，政务新媒体可以对重点内容进行深度解析，满足部分用户的内容需求；而对于微博、微信这样的社交媒体平台，政务新媒体应该用更年轻化、更快捷化的形式（如 H5、短视频等）来提高传播效率，以此形成多种平台的共鸣共振。

最后，在不同渠道的分发顺序上，政务新媒体可以学习人民日报推行的“波纹理论”——在突发新闻报道过程中，以新媒体为快速报道平台，利用传统媒体进行深度采访报道，如水波纹一般形成立体而多层次的传播形态，建立“移动端先行播发、网络跟进报道、电视整合播发”的新机制。在播发顺序上，首先是移动客户端，然后才是网络多维跟进、电视整合播发，这样的分发顺序适应了移动互联网时代用户阅读新闻的习惯，有助于政务新闻在最短时间内被用户获悉。

（二）县级政务新媒体

县级政务新媒体服务的内容和对象更具地方特色，体量较小，人员和资金调配能力相对较弱，因而可以考虑采取与县级融媒体中心合作的方式，同时充分利用好省市级的优质资源开展工作。

1. 内容层面

在内容建设上，县级融媒体栏目相对完整，内容形式较为丰富，内容更新频率普遍较快，县级政务新媒体可以将地区公共服务内容融于县级融媒体之中，如公积金、婚姻登记预约、机动车违章记录、医疗挂号等，借助融媒体的采编力量提高政务信息的传播力。

此外，县级政务新媒体要学会利用省市级的优质内容资源，将县级政务新媒体与省市级政务新媒体平台指挥系统打通，形成连接省、市、县的新闻素材库和新闻生产链，实现资源互联互通、信息上下互动，包括新闻宣传、舆论引导、用户数据等。一方面，县级政务新媒体要主动向上级媒体“喂料”，让新闻真正走出去，扩大发布和传播渠道；另一方面，县级政务新媒体要通过与县、乡、村微信公众号等宣传平台融合，构建微信矩阵，并通过县级融媒体中心连接县域内各个政务信息孤岛，形成省市县联合发声，实现同频共振、二次传播，放大传播效应。

当然，县级政务新媒体也需要逐渐研发出属于自己的本地融媒体移动终端，从而自主生产与用户生活密切相关的内容，形成较强的用户黏性，扩大影响力。

2. 技术层面

县级政务新媒体可以学习县级融媒体与省市级融媒体合作的经验，借力省市级政务新媒体弥补自身技术力量薄弱的短板。2018 年 5 月底，县级媒体青田传媒集团与浙江广电集团签订了融媒体技术平台建设合作协议，以省广播电视主干传输网为基础建立省市县媒体间互联互通的信息高速公路，为县级媒体提供网站建设、App 开发及运维服务等有力的技术支撑。县级政务新媒体可以尝试与省市级政务新媒体建立“云平台”，利用云计算同步省市级政务新媒体中心内容库中的素材，在此平台上完成纸媒的编审流程、排版校样等工作，并统筹上下政务新媒体的宣传任务、重大选题策划等。

此外，县级政务新媒体要利用好县级融媒体中心现有的大数据分析、无人机拍摄、AR、VR 等技术，以整合新闻内容，丰富新闻表现形式，推动政务新媒体矩阵的形成。例如，江西广播电视台赣云融媒体平台在 2019 年全国政协十三届二次会议开幕时启动“央媒 + 省市县”四级联动模式，依托赣云融媒体平台全媒体矩阵同步直播开幕盛况。县级政务新媒体在报道类似重要大会或活动时，可以积极与当地融媒体中心合作，充分利用“现场云”等技术解析会议热点话题，传播政务信息，打通从中央到地方的传播链路。

3. 渠道层面

县级政务新媒体需跟上时代潮流，尽快注册新浪微博、抖音、快手等官方账号，尤其是深受老百姓喜爱的相关短视频平台，以利用有趣的政务短视频宣传地方旅游、特色文化等，发展产业经济。

如果县级政务新媒体开设、运营属于自己的各种客户端有资金和人员方面的困难，可以尝试与地市级单位合作，以地市级名义开设客户端，在客户端内再分流到各县级行政区。这样做的好处是，县级政务新媒体的日常维护成本能有所降低，但受众基数却可以大大提高，用户也可以同时查阅县域和市里的相关政务信息。

比如，近年来，安徽省成功运营了“安徽发布”“安徽省人民政府发布”“安徽纪检监察”“文明安徽”“安徽国土资源”“合肥市人民政府发布”等一批在全省乃至全国具有较大影响力的政务新媒体。这些政务新媒体形成了完整的省市县三级党务、政务信息发布和政策解读的新媒体矩阵，为安徽省各级党委政府发布权威消息、加强政民互动、引导网上舆论、壮大正面宣传提供了重要载体和平台。①

除了建设传统的线上媒体矩阵，渠道层面的另一种智能化转向是将线上与线下资源整合，打造基于物联网技术的媒体产品。比如，成都市温江区司法局与人工智能公司合作推出的普法机器人——“温小法”。作为一个实体机器人，“温小法”自带屏幕，能通过人机交互的方式向执法机构、企业与个人提供全方位的法律咨询服务，而这一功能的实现正好借助于政务微信“法韵温江”与它的大数据连接。这种线上与线下产品的互通为政务新媒体的渠道建设打开了新的思路，也是智能化潮流的有力体现。②

4. 用户思维层面

县级政务新媒体要想打通信息传播的“最后一公里”，最快捷、

① 安徽新媒体集团，《安徽新媒体集团打造覆盖全省的政务移动矩阵》。网址为 http://www.ahxmt.com/system/2018/11/02/007998453.shtml。

② 四川观察，《观观逛展② | 来西博城 1 号馆邂逅“温小法”》。网址为 http://kscgc.sctv.com/sctv/redian/2019/09/28/800823_shared.html?from=timeline。

高效地连接用户就是工作重心。政务新媒体本身掌握着大量本地用户数据，就要善于利用此优势，借助大数据技术实时掌握用户的动态，构建与用户的双向服务和反馈机制。同时，政务新媒体要针对媒体矩阵不同终端的稿件的转载、传播情况进行分析，从而提供全方位的决策指挥体系。

例如，鄂尔多斯市东胜区县级融媒体中心按照“网络政务宣传＋线上民生服务”的职能定位积极服务地方建设发展，结合地方独特的民族文化与经济社会现状，将媒体宣传重心与建设任务下放到群众身上，注重新闻产品的宣传性和群众性，开辟出了差异性的发展路径。

目前，县域级用户还不习惯于留言、转发等互动方式，县级政务新媒体需要依托微博、微信等平台增加与用户间的互动，鼓励用户提出自我需求，随时为用户提供最新的政策和信息。此外，在与用户沟通信息时，县级政务新媒体要善用有图有文字、诙谐有趣的网络用语和表情，拉近与用户间的距离，从而提高政务新媒体的服务性功能，形成较强的用户黏性，真正做到“上接天线、下接地气”。

（三）与自媒体横向合作

除了纵向联结之外，与专业媒体、自媒体等横向结合，打通流量通道，一定程度上也能够扩展政务新媒体的影响力。

除了微博、微信，大鱼号、企鹅号、头条号、百家号等自媒体平台的重要性也不容被忽视。它们拥有较大规模的用户群，更重要的是，在写作、分发、数据分析等层面，它们都提供了比较前沿的智能技术。

其中，大鱼号是阿里文娱体系为内容创作者提供的统一账号，是为内容生产者提供“一点接入，多点分发，多重收益”的整合平台。在大鱼号上创作的内容能够在包括 UC、土豆、优酷、淘宝在内的等多个平台进行分发。企鹅号是腾讯旗下的一站式内容创作运营平台，在企鹅号上创作的内容可以通过微信、QQ、QQ 空间、腾讯新闻、天天快报、QQ 浏览器、应用宝、腾讯视频、NOW 直播、全民 K 歌十大平台进行分发。头条号是今日头条旗下的自媒体平台，内容制作者可以通过今日头条、西瓜视频、抖音、火山个人主页等平台发布作品。百家号是百度搜索引擎旗下的内容制作与发布平台。

据了解，已有不少地方政务新媒体与上述自媒体平台展开了合作。比如，2018 年 6 月，长沙市委宣传部、长沙市委网信办等 22 家市直单位集体入驻了百家号。

需要注意的是，以入驻第三方自媒体平台的方式拓展政务新媒体的影响力也会存在一定的风险。比如，自媒体平台的大量“洗稿”行为不仅侵犯了内容原创者的版权，更挤压和侵蚀了他们的网络生存空间。“洗稿”并不是一个法律意义上的专用名称，它主要针对自媒体平台对媒体原创文章未经授权的转载和改变行为。现在也有不少“洗稿”针对的是网络爆文或者一些营销推广文案等。

虽然“洗稿”生产出的内容短时间内会吸引大量读者，但这种不劳而获的收益模式会极大打击原创作者的积极性。与此同时，自媒体平台又用通过“洗稿”获得的流量变现进一步去“洗稿”其他作品，在这种恶性循环下，“洗稿”最终将破坏整个网络内容市场的正常运营。能被“洗稿”的不仅是文字作品，音乐作品或类电作品（以类似电影摄制的方法完成的作品，如短视频）等也可能遭遇侵权。

此外，为了圈地，各大自媒体平台越来越趋向封闭和割裂；为了聚集人气和招揽粉丝，平台内容缺乏审核，质量低下；而为了提升流量，平台内又多是循环引用着自家平台生产的信息和咨询。如此往复，不仅会影响政务新媒体的声誉，还会在一定程度上形成“信息茧房”，影响政务新媒体的服务效果。

由算法推送的信息，通过相似的内容构筑了一个狭小的空间并将人们包裹在其中，对更多信息传达至用户端口的渠道进行了阻隔。人们被束缚在自己封闭的小空间内，只能关注到算法根据他们喜好推荐的信息，而对其他信息一无所知。以新浪微博为代表的社交媒体平台信息量十分庞大，用户需要从中选取自己感兴趣的内容接收。用户按照自己的喜好对信息进行过滤和选择，进而造成“信息茧房”。

在这样一个“信息茧房”中，人们选择接受自己喜欢的信息，拒绝圈外不同意见的进入，从而产生回声室效应。而在某些极强的群体压力下，人们往往会放弃自己的原有立场，转而拥护群体所共有的观念，造成思想单一甚至网络暴力等负面影响。更为可怕的是，算法推荐的技术黑箱使身处“茧房”中的大多数人无法意识到这种运作机制的存在，反而误认为自己看到的就是整个世界的全貌。

由于自媒体平台监管的问题，账号被盗、被黑等情况也时有发生，信息安全堪忧。比如，2019 年 9 月，某大学官微账号被黑，相继发布数条不良信息。虽然事后数小时内当地警方介入调查，但负面影响已经造成，无法挽回。

我们可以看到，借助人工智能技术，政务新媒体在资源整合、数据共享方面有了更多的机会和空间，但随之而来的信息安全、版权保护和信息茧房等问题也需要我们高度重视。

二、用“心”服务，科学审核与激励创新并重

（一）智能技术助力用“心”服务

在智能场景之下，政务新媒体的建设要更加强化服务功能，推动越来越多的政府工作“看得见”、政策“摸得着”、事项“掌上办”，提升政府服务效率。

1. 精简政务账号，清理僵尸号，提高办事效率

政务账号冗余和重复定位账号过多在一定程度上会加重基层人员的工作负担，造成分管单位、负责人员含混，遇到事情互相推诿，并导致群众办事流程烦琐，自然也就无法真正体现政务新媒体为群众服务的核心要义。

2018年以来，广东、江苏、浙江、山西等省对政务僵尸号进行了清理，不断推动政务信息和政府服务的集成化，有效避免了“一哄而上、一事一端、一单位一应用”等政务信息服务中的乱象，不断简化群众办事流程。在未来，各地将针对政务新媒体的管理问题开发更智能的实时指标监测平台，更准确地完成精简工作，实现新媒体矩阵的动态调控。

2. 鼓励开发更为实用的工具、服务平台，方便群众办事

实用性是政务新媒体的关键所在，其可以在内容服务和使用体验等多个环节实现。

（1）内容服务方面

近年来，南京市政府联合相关开发单位共同开发了一款集成南京各类生活信息的城市级公众服务移动应用软件——“我的南京”。这款软件的优势在于，紧密贴合与民众生活密切相关的信息，并对各职能业务进行了智能整合；即一款软件汇聚多方信息，成为地区性的“超级 App”。

“我的南京”软件主要分为城市频道和个人频道两个部分。在城市频道中，群众可以了解与南京城市生活相关的信息，包括政务、交通、医疗、文旅等多方面，其基本可以满足城市生活的多重需求（见图5-17）。在个人频道中，群众可以了解与个人生活相关的信息（如生活费用交纳、公积金、政务事项办理、社保查询等多种信息）。此外，该软件还开通了同名官方网站，并在软件内部增设人工客服窗口为用户提供操作指引，降低使用门槛；还提供语音服务，进一步加强了软件使用的便利性。

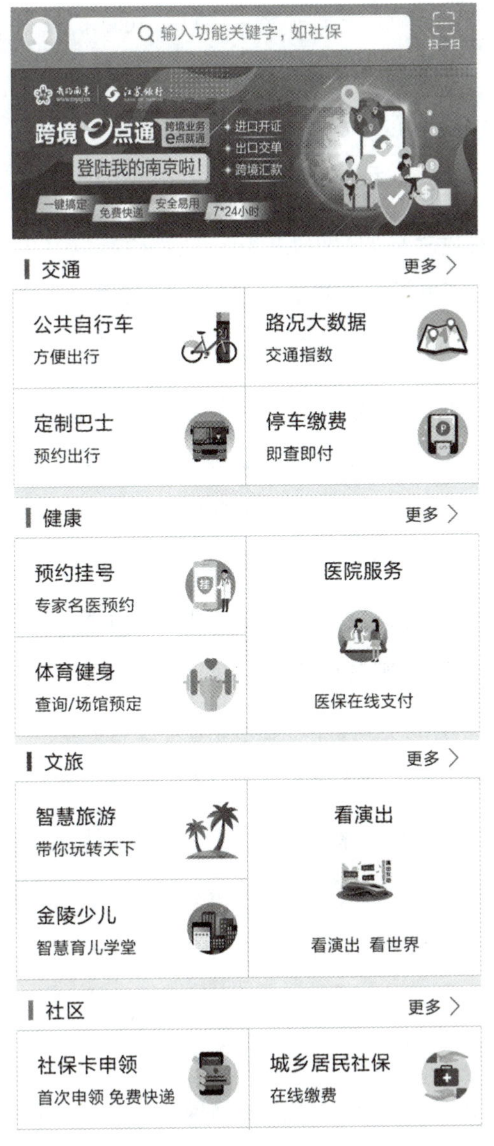

图 5-17　“我的南京”App 中的城市频道版面

除了掌上服务外，在政府单位办事点加入智能设备也可以为提高政府工作效率和切实提升群众办事体验提供保障。比如，2019 年 3 月，“互联网 + 政务服务”体验区在南京政务大厅投入使用，该区域将政务微信、政务客户端、智能终端机等平台整合运作，可以协助群众办理事务，简化工作流程，也可以弥补人工服务的不足。

（2）使用体验方面

从理念上看，政务智能化可以为群众办事带来多种便利，但在实际操作中，智能信息系统的定期维护和实时更新是提升群众办事体验的重要一环。比如，2018年，天津落户政策颁布之后，由于需求过多，“天津公安”系统多次崩溃，并且时常发生黄牛塞号的情况，本来便民的智能设备反而增加了群众办事的困难程度。

政务新媒体若想切实提升群众信息服务体验，一是要在服务内容上联系群众生活；二是要在操作方式上简便快捷，加入多种指引方式和操作方法，解决“数字鸿沟”带来的障碍，比如针对老年人的操作系统要尽量简洁、字体放大等；三是要在服务内容上加强聚合性，设“万能软件”，以一个软件切实服务群众；四是要加强系统的定期维护和实时更新，以群众反馈为基准更新，以系统优化为目的更新。

智能政务的运用需要各个环节的相互配合，需要鼓励创新，也需要规范运营。只有这样，智能政务才能充分发挥服务群众的积极作用。政务新媒体作为政府与群众之间的桥梁与纽带，相关单位对它们的信息制作和发布以及相关服务系统应该有更高的标准和更严的要求。

（二）科学审核

审核环节为政务新媒体的健康发展保驾护航，同时也对政务新媒体的内容和质量提出了要求。审核环节在政务新媒体的良性运营中发挥着重要的方向指引作用，因而围绕政务新媒体的审核制度需要科学有效、切中要点、落到实处。

2018 年 12 月，国务院办公厅印发的《关于推进政务新媒体健康有序发展的意见》，从总体要求、明确工作职责、加强功能建设、规范运维管理、强化保障措施五个方面系统地向各省市地方政府解读了什么是政务新媒体，以及如何将政务新媒体做好等问题。

2019 年，国务院办公厅发布了政府网站与政务新媒体的检查指标，明确了政务新媒体应该呈现的内容和更新的频次，并且通过单向否决以及扣分指标（100 分）和加分指标（30 分）设置了政务新媒体建设和运行中的审核机制和鼓励机制。

1. 内容审核

政务新媒体选择呈现的内容是群众及时了解政策内容、迅速获得需求信息、有效监督政府的重要途径。内容审核制度的建设旨在为基层从业者划清工作红线，明晰职能范围，同时给予相应的工作指导。

内容审核制度应当涉及对政务新媒体的内容选择、内容呈现方式、内容表达准确度、内容更新频次的评估。比如，在国务院提出的政府网站和政务新媒体考核指标中，对于严重表达错误、泄露政府机密、色情暴力等内容选择方面的重大错误要实行一票否决，对于首页及栏目不更新、更新迟缓等内容更新频次方面的错误提出了相应的惩罚措施，对于内容以及服务等功能不实用问题要予以减分，对于政策解读不准确、不清晰等情况则会被勒令出具整改意见。

此外，甘肃省政府办公厅近日下发落实《国务院办公厅关于推进政务新媒体健康有序发展的意见》，明确指出了政务新媒体内容审核的几条红线和几点要求，即政务新媒体要严格内容发布审核制度，坚持分级分类审核、先审后发，严把政治关、法律关、政策关、保密关、文字关。

内容审核制度的实行需要明确人员分工，清晰权责范围。温州市政府提出了内容审核分级制度，不仅对信息类型进行了分类，而且对内容审核的流程以及相关职能范围进行了规划（见表 5-2）。

表 5-2 温州市政府内容审核分级制度演示

级别	二级审核	三级审核	四级审核
信息类别	转载类信息	报送类信息和除“突发公共事件、热点敏感问题、舆情回应等信息”外的制发类信息	制发类信息中的“突发公共事件、热点敏感问题、舆情回应等信息”
审核流程	处室（中心）负责人 ↓初审 综合处负责人 ↓核发 发布	处室（中心）负责人 ↓初审 分管领导 / 县（市、区）外办负责人 ↓终审 综合处负责人 ↓核发 发布	处室（中心）负责人 ↓初审 分管领导 ↓二审 办主要领导 ↓终审 综合处负责人 ↓核发 发布

资料来源：http://wqb.wenzhou.gov.cn。

内容审核制度的提出对政务新媒体相关工作人员的素质提出了较高要求。政务新媒体的内容建设需要一支编发能力、舆论研判能力和回应引导能力都很强且应急处置经验丰富的队伍。政务新媒体要代表政府发声，向普通百姓解释最新的政务信息和政策动态，因而对政务信息的严谨性的要求是极高的——政务新媒体的内容呈现需要简洁、清晰、准确、易懂。

在内容审核的智能化应用方面，已有互联网公司推出了智能审核管理系统，即采用机器辅助、人工主导的方式，预先利用 AI 对视频、图片、文本等媒体要素进行合规判断，提高内容采编的安全性（见图 5-18）。同时，智能审核管理系统可统筹一个区域内所有政务新媒体的采编、发布情况，建立流程明确、责任清晰的审核通道，为政务新媒体的内容审核提供新的技术方向。

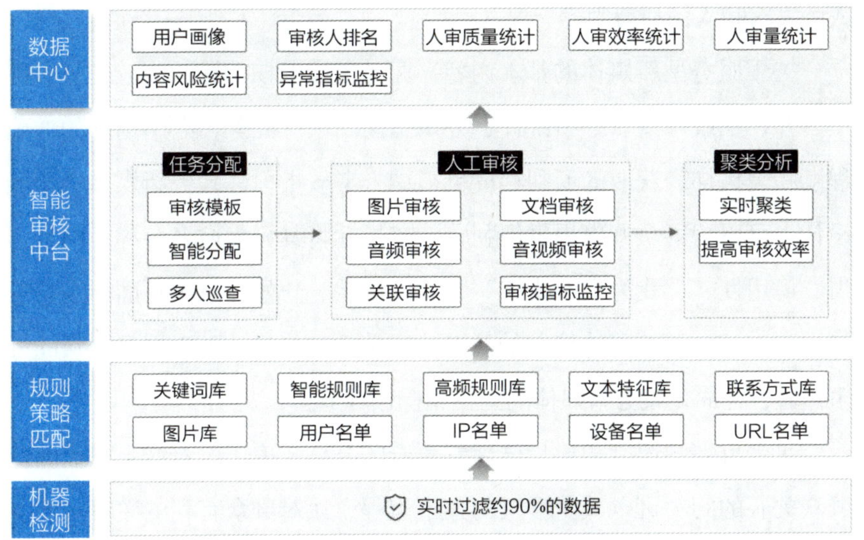

图 5-18　某平台推出的智能审核管理系统

2. 服务效果审核

服务效果的审核主要分为三个部分：第一是平台日常维护和平稳运行情况；第二是平台的服务内容是否符合群众需求；第三是群众互动的速度与质量。对于平台服务效果的严要求是体现政务新媒体服务性的关键环节。

比如，国务院提出的政务网站和新媒体考核指标将站点无法访问、首页不更新、内容不更新、栏目不更新等视为单向否决的指标。若政府部门的网站或新媒体无法打开，政务内容不实时更新，形同虚设，就毫无发挥服务群众积极作用的可能性。

平台服务内容需要符合群众的需求。如今，以“买粉”“强制群众点赞”等博取眼球、换取政务新媒体人气的乱象已经开始得到严肃整治。表面数据的粉饰既无法真正打动民心，也不能体现为人民服务的宗旨，反而增加了基层工作人员和人民群众的负担。政务新媒体若想真正获得民心，成为让人民欢迎的新媒体，那么从内容到使用体验都必须以人民需求和人民利益为第一要义。

关于服务型新媒体的基本内容，国务院的考核指标认为应当包含事项公开、在线申请、办事统计、办事指南四项。此外，办事信息的准确程度和表格样表获取的便利程度也被纳入考核指标。政务新媒体的功能设计也可以为群众办事提供便利，考核指标将其分为域名名称、网站标识、可用性、“我为政府找错”、站内搜索、一号登录、页面标签、兼容性和IPv6（互联网协议）的改造。完善的功能设计可以提升群众的办事体验，并简化政务新媒体的查找和操作环节。

平台反馈的速度和质量体现着政府的办事效率。政府线上积极回应群众关心的问题可以减少群众的办事流程，让对群众有利的政策真正发挥作用，也可以增强群众的遵纪守法意识，让群众有效避免生活中不必要的麻烦。此外，公开政务留言既可以展现政府部门的工作成果，让群众对政府工作进行有效的监督，也可以给群众在历史留言中找答案的空间，减轻政府工作的负担。

在服务型新媒体的建设中，人工智能技术可以发挥更为积极的作用：一是在平台日常维护的过程中可以搭入人工智能对平台的健康运营进行监督，建立平台的预警机制；二是在平台内容的实时更新中可以充分发挥人工智能在智能采写环节的优势，减轻基层工作人员的工作负担；三是在平台的服务内容选择环节可以用大数据对群众的需求进行总结和推测，多多接入群众需要的生活信息；四是在群众互动环节中可以利用人工智能助手对常见问题进行初次回答，通过常见问题的筛选接入人工服务，从而减轻有关工作人员的压力。

比如，浙江省搭建的智能政务服务平台“浙江政务服务网”，其实现了分类问题实时智能回复的功能（见图 5-19）。

图 5-19　浙江智能政务服务网站版面

3. 人员考核

政务新媒体的发展在一定程度上给基层工作人员带来了工作上的压力与挑战，但这是发展服务型政府的必然要求。政务新媒体在政府工作中扮演着十分重要的角色，因而加强对政务新媒体的考核，筛选适应政务新媒体发展的人才十分必要。

人员考核的原则有三点：一是加强分工，权责分明；二是加强群众监督；三是将政务新媒体考核结果纳入个人年终绩效指标，对个人进行科学有效的鼓励和批评。

加强分工、权责分明的要点在于，针对政务新媒体运行中的各项工作进行细分，将责任落实到个人，形成一套行之有效的内部协作体系，避免工作失误时的相互推诿，也避免工作奖励时的分配不均。比如，广东省政府办公厅将政务新媒体运行中的职责逐渐细化，形成“省政府办公厅主管全省政务新媒体工作，各地级以上市、各县（市、区）人民政府办公室（厅）负责主管本地区政务新媒体工作，省直各部门办公室或指定的专门处室负责主管本单位政务新媒体工作”的格局，并且清晰了它们的职能范围——“上述主管单位负责推进、指导、协调、监督政务新媒体工作。行业主管部门要加强对本行业承担公共服务职能的企事业单位新媒体工作的指导和监督”。

加强群众监督，将重点放在政务网站和政务新媒体的互动环节和群众意见通道环节。群众是政务新媒体的主要服务对象，群众对政务新媒体的想法和意见应当在政务新媒体的运行中发挥重要作用。比如，《江苏省办公厅关于推进政务新媒体健康有序发展的实施意见》就提出，有条件的政务新媒体要开设纠错入口，方便网民参与检查监督，发挥“啄木鸟”的作用。另外，江苏省将在各级政府门户网站政务公开专栏统一开设政务新媒体“好差评”入口，方便群众“吐槽”，协力推进政务新媒体健康发展。

另外，将人员考核结果纳入年终绩效指标，并对个人进行科学有效的表扬和批评，旨在将政务新媒体的平稳运行与个人发展挂钩，有利于加强工作人员的责任感与使命感。

同时，政务新媒体的人员考核也在整个政务工作考核的大框架中，值得将智能化的考核方法纳入其中。各地陆续建设的智能化绩效考核系统就提供了考勤管理、工作进度、电子查岗等功能，利用硬件设备与机构网络连接实现了对包括政务新媒体从业者在内的政务工作人员的监督。

（三）激励创新，迎接人工智能时代

1. 观念创新

人工智能的发展为多个领域带来了颠覆性的变化。政务新媒体的“新”不应该仅仅停留在发布平台和操作流程上，还应该用新的观念来适应智能新媒体的生产与应用，用新的思维来指导服务工作。

观念创新体现在政府相关部门对于政务新媒体的理解中。人工智能的迅猛发展既为多个领域带来了希望，也为多个领域带来了恐慌。因而，政府相关部门首先应当科学研判政务新媒体目前还存在哪些问题，同时学习、了解人工智能究竟可以为政府工作和政务新媒体的更好发展带来哪些可能性。

人工智能可以联通城市多产业的公共事务数据库，并且进行精准的数据分析、预演，为政府决策提供帮助。2018 年 11 月，在乌镇互联网大会中，中奥科技技术总裁认为，利用人工智能进行精准服务、分析，真正促进城市政务管理的自动化、流程化、智能化，是人工智能技术赋能政务服务的重要输出。未来的政务服务将集合大量公共事务知识与决策智慧，通过对政务数据和判例的大量输入和学习，最终形成具有高度信息传输与快速高质量决策的智慧体系。大规模数据库的录入可以为政府决策树立全局意识，为政府工作和决策带来多种可能。

人工智能加入城市社区可以为政府部门的政务服务带来便利。在 2019 年世界人工智能大会（WAIC）上，思海辉政务智脑机器人“小华”充分展现了它在处理政务文件和群众互动时的敏捷性。据统计，人工智能加入后，政务服务部门平均节省了 30% 的业务办理时间，提升了 60% 的业务办理效率，并且也为办事居民平均节省了 40% 的等待时间，真正将智慧政府便民服务的主张落到了实处。

2. 技术创新

政务新媒体要充分认识到人工智能的可能性，并且积极搭建适合人工智能发展的环境，在政务新媒体矩阵中接入人工智能平台，同时搭建相应的应急和预警系统。

首先，搭建适合人工智能发展的环境。《关于推进政务新媒体健康有序发展的意见》对政务新媒体与政府网站稳定性、安全性和先进性都提出了一定的要求。人工智能对网络环境存在着一定的需求，因而搭建先进的网站系统对于其长远发展具有积极作用。此外，人工智能是一把双刃剑，因而网络的持续平稳运营需要相关专业人员的实时监控。

其次，积极培养或引入人工智能人才。人工智能平台的搭建和维护需要一批政治觉悟高且专业能力过硬的人才加入。积极培养或引入人工智能人才是促进技术创新的重要途径，这批人才也应当能够带领政务新媒体走在人工智能前列，明确人工智能语言，而不是一直被科技推着走。

再次，积极与第三方单位合作。政府人才库始终是有限的，积极与走在前列的科技公司合作可以让政务新媒体博采众长，始终保持先进性。比如，2019 年 7 月 15 日，商务部电子商务和信息化司与京东人工智能事业部达成协议，合作发布了政务智能问答机器人，并在商务部官网、官方微信公众号正式上线。该智能问答机器人具备“人工智能 + 政务”能力，可 24 小时在线为百姓提供政务信息查询和办事指南等服务。

最后，搭建相应的应急和预警系统。这是人工智能接入政务新媒体的必然要求。政务新媒体中存在大量的群众隐私和财产等个人信息，其需要切实保障群众的隐私和财产安全，而应急和预警系统的搭建能为政务新媒体的平稳运行提供最后一道防火墙。

总体而言，智能平台的搭建为政府工作带来了切实利益，提升了政府部门的工作效率，也真正贯彻了政府为人民服务的宗旨。政务新媒体不仅要在内容服务上体现人民的需要，而且要在平台运行中简化群众办事流程，切实保障群众的利益，为人民群众办事带来积极效益。

政务新媒体是政府与群众之间的桥梁，在一定程度上代表着政府的耳目和大脑，即听群众意见，为群众说话，替群众着想。因而，政府必须对政务新媒体实行高标准、严要求，加强内容、服务效果、人员三个方面的考核。

人工智能的快速发展为整个社会带来了巨大的机遇，我们只有不断学习和了解人工智能时代群众的思维方式、办事方式和实际需求，清晰认识到人工智能为政务工作带来的可能性，才能够保障政务服务始终与时俱进并得到人民群众的欢迎。